DELIUS KLASING

Jutta Rabe

DIE ESTONIA

*Tragödie
eines Schiffsuntergangs*

Delius Klasing Verlag

Die Deutsche Bibliothek – CIP-Einheitsaufnahme

Rabe, Jutta:
Die Estonia: Tragödie eines Schiffsuntergangs/Jutta Rabe. –
1. Aufl. – Bielefeld: Delius Klasing, 2002
ISBN 3-7688-1267-7

1. Auflage
ISBN 3-7688-1267-7
© by Delius, Klasing & Co. KG, Bielefeld

Die Rechte an sämtlichen Abbildungen liegen bei der Verfasserin,
so weit nicht anders gekennzeichnet.
Schutzumschlaggestaltung: Buchholz/Hinsch/Hensinger, Hamburg
Druck: GGP Media, Pößneck
Printed in Germany 2002

Delius Klasing Verlag, Siekerwall 21, D-33602 Bielefeld
Tel.: 0521/559-0, Fax: 0521/559-113
e-mail: info@delius-klasing.de
www.delius-klasing.de

Inhalt

Warum dieses Buch?

Ungeklärte Fälle der Zeitgeschichte üben auf jeden Menschen eine gewisse Faszination aus. Dieser Faszination kann auch ich mich als investigative Journalistin im Fall der untergegangenen Ostseefähre ESTONIA nicht entziehen.

Immer wieder gab und gibt es neue Hinweise, Fakten, Zeugenaussagen und Untersuchungen, die den Fall interessant machen. In 14 TV-Dokumentarfilmen und Reportagen habe ich über die verschiedensten Aspekte dieser größten zivilen Schiffskatastrophe in Friedenszeiten berichtet. Ich habe mit einer Vielzahl von Überlebenden gesprochen, habe Schicksale der Hinterbliebenen verfolgt, habe Kontakte zu allen ermittelnden Behörden und Kommissionen, Angehörigen-Organisationen, der Bauwerft sowie beteiligten Politikern aufgebaut. Doch je intensiver ich die Hintergründe dieses Untergangs recherchiere, desto mehr entdecke ich fahrlässig schlampig geführte Ermittlungen durch Experten und Behörden, die meiner Meinung nach nicht der Wahrheitsfindung dienen, sondern etwas ganz anderes sind: Vertuschungsversuche, Urkundenfälschungen, Beweisvernichtung und Falschaussagen von Ermittlern bei gleichzeitiger Unterdrückung von Zeugenaussagen, die für die Rekonstruktion des Geschehens wichtig wären.

Dieses Buch ist das Ergebnis meiner Recherche. Es beinhaltet auch einige Hypothesen, die von den vorliegenden Fakten gestützt werden, die aber nicht oder noch nicht bewiesen werden können. Kurz gesagt: Hier muss weiter recherchiert werden, denn von einer Aufklärung ist der Fall ESTONIA noch weit entfernt.

Jutta Rabe

Ein Schiff ist gesunken

Ich werde nie vergessen, wie ich im Herbst 1997 abends alleine in meinem Stockholmer Hotelzimmer saß. Ein befreundeter Journalist hatte mir einen Vorabdruck des Abschlussberichtes der Ermittlungen im Fall ESTONIA der Internationalen Havariekommission (Joint Accident Investigation Commission, kurz: JAIC) übergeben, und ich hatte mich in mein Hotelzimmer eingeschlossen, um den 228 Seiten starken Bericht zu studieren. Schließlich hatte ich, wie die Hinterbliebenen der Opfer, die Überlebenden der Katastrophe, hunderte von Journalisten und die interessierte Öffentlichkeit seit drei Jahren auf dieses Untersuchungsergebnis gewartet.

Es hatte viele Ungereimtheiten im Fall ESTONIA innerhalb der letzten Jahre gegeben, über die ich für das deutsche Fernsehen berichtet hatte: Zeugen, die nicht gehört worden waren oder die man nach deren eigenem Bekunden eingeschüchtert hatte, und Beweismittel, die verschwunden waren, und manches andere Merkwürdige, doch ich hatte nicht daran gezweifelt, dass alle offenen Fragen im Abschlussbericht der JAIC geklärt werden würden.

Die JAIC war noch am Tag des Untergangs eingesetzt worden und bestand aus je drei Vertretern aus Schweden, Finnland und Estland. Den Vorsitz hatte Andi Meister, der estnische Transportminister.

Der schwedische Ministerpräsident Carl Bildt hatte vor laufenden Fernsehkameras und in Anwesenheit und mit Zustimmung seiner Amtskollegen Mart Laar (Estland) und Esko Aho (Finnland) am 28.9.1994 in Turku auf einer ersten Pressekonferenz erklärt: »... die Untergangsursache muss rückhaltlos aufgeklärt werden. Die schwedische und die finnische Regierung sagen hierzu jede Unterstützung zu. Das Schiff und die Leichen sollen so bald wie möglich geborgen werden.« Der schwedischen Zeitung *Dagens Nyheter* hatte er am 29.9.1994 zur Sorgfältigkeit der Untersuchung der Untergangsursache versichert: »Jeder Stein wird umgedreht werden.«

Auch der estnische Präsident Lennart Meri wurde von der schwedischen Zeitung *Dagens Nyheter* in einem Artikel, der am 3.10.1994 erschien, aus einem Interview vom 2.10.1994 zitiert: »Es darf nicht der geringste Zweifel darüber bleiben, dass Estland eine komplette Aufklärung über die Katastrophe will.«

Doch nichts dergleichen war der Fall. Ich traute beim Lesen meinen Augen nicht: Sollte hier eine Untersuchungskommission tatsächlich die Behauptung aufstellen wollen, dass bei der ESTONIA durch »einige starke

Wellen die Schlösser des Bugvisiers gebrochen waren«? Wollte sie wirklich behaupten, dass sich dadurch das Visier löste und die dahinter liegende Autorampe aufriss, damit innerhalb von Minuten tausende von Tonnen Wasser auf das Autodeck strömten, die ESTONIA umkippte und innerhalb weiterer 30 Minuten komplett auf den Meeresboden sank?[1]

Widerlegten nicht einfache Regeln der Physik diese Behauptungen? Und: Dieses Szenario stimmte nicht mit den Aussagen von Überlebenden überein.

Ein Schiff von der Größe der ESTONIA hat tausende von Kubikmetern Luft in den Räumen unterhalb des Autodecks. Bei einem massiven Wassereinbruch auf dem Autodeck kann das Schiff zwar seine Stabilität verlieren, würde sich dann aber auf die Seite legen, kentern und kieloben zumindest noch viele Stunden, wenn nicht Tage schwimmen. Ein Beispiel dafür lieferte das Kentern der JAN HEWELIUS vor Rügen im Januar 1993. Das Schiff schwamm nach dem Umkippen noch fast zwei Wochen kieloben im Wasser. Außerdem berichteten überlebende Passagiere der ESTONIA, die ihre Kabinen unterhalb des Autodecks auf Deck I hatten, dass sie Wasser auf ihrem Deck gesehen hatten, noch bevor das Schiff Schlagseite bekam, das heißt, dass es außer dem Wassereinbruch über die geöffnete Autorampe noch mindestens einen weiteren Wassereinbruch gegeben haben musste.

Doch nichts davon fand ich in dem Bericht der JAIC. Jedoch hatte man für das Unmögliche eine Erklärung parat: Konstruktionsmängel am Visier, die Verriegelungen seien zu schwach dimensioniert gewesen. Damit hatte also die deutsche Meyer-Werft in Papenburg den schwarzen Peter, die das Schiff 1980 gebaut hatte.

Die Schlussfolgerungen zur Ursache des Untergangs unterschieden sich im Schlussbericht also nicht von der ersten Presseerklärung der JAIC, die am 4. Oktober 1994, sechs Tage nach dem Untergang des Schiffes, veröffentlicht worden war. Zu diesem Zeitpunkt hatte man mit einer ordentlichen Untersuchung noch gar nicht angefangen, und auch das abgerissene Visier des Schiffes war noch nicht geborgen worden. Dass die Untersuchungspraxis nicht den UNO-Regelungen entspricht, die für Schiffskatastrophen existieren, soll hier nur am Rande erwähnt werden.

---

1 Abschlussbericht der JAIC vom 3. Dezember 1997.

8

Wurde die ESTONIA versenkt?

27. und 28. September 1994:
kein Tag wie jeder andere

Am frühen Abend des 27. September 1994, kurz vor 19 Uhr[1], kämpften sich Carl Övberg und ein estnischer Geschäftspartner duch den zähen Straßenverkehr zum Hafen von Tallinn durch. Da Övberg dringend zurück nach Stockholm musste, wollte er die Fähre ESTONIA auf jeden Fall noch erreichen. Er wusste, dass er spät dran war, und deshalb ärgerte er sich sehr darüber, dass die Anfahrt zum Estline-Terminal von Uniformierten blockiert wurde. Mit dem Auto konnte man also nicht, wie normalerweise üblich, direkt an den Terminal-Eingang heranfahren. Kurz entschlossen verabschiedete er sich deshalb von seinem Geschäftsfreund vor der Absperrung und machte sich die letzten hundert Meter im Laufschritt auf den Weg. Er habe Glück, so sagte man ihm am Ticketschalter, denn die ESTONIA habe Verspätung und würde erst gegen 19.15 Uhr abfahren.

Carl Övberg war also der letzte Passagier, der an Bord der ESTONIA ging.

Er gesellte sich erst einmal an der Rezeption im Empfangsbereich auf Deck IV zu anderen wartenden Fahrgästen, die auch keine Kabine im Voraus gebucht hatten. Auf früheren Reisen hatte Carl immer eine Kabinenreservierung gehabt, nur diesmal war dafür keine Zeit mehr gewesen. Durch seine häufigen Fahrten auf der ESTONIA wusste er aber, dass man mit etwas Glück auch noch direkt an Bord eine Kabine bekam. Carl war selbstständiger Kaufmann und handelte mit Maschinen. Er lebte und arbeitete seit einigen Jahren in Schweden, war aber auch an einer Maschinenbaufirma in Estland beteiligt. Deshalb hatte er viele Fahrten zwischen Stockholm und Tallinn und umgekehrt hinter sich gebracht, im Sommer wie im Winter, bei gutem wie schlechtem Wetter. Er kannte sich mittlerweile hervorragend auf der ESTONIA aus und hatte im Laufe der Zeit alle Restaurants und Bars besucht und diverse Kabinen bewohnt. Deshalb war er nicht allzu glücklich, als er an diesem Abend nur noch eine Kabine auf Deck I erhalten konnte. Deck I lag unterhalb des Autodecks. Instinktiv störte er sich daran, dass man auf diesem Deck praktisch unterhalb der Wasserlinie

---

1 Alle Zeitangaben entsprechen, sofern nicht anders angegeben, estnischer Zeit, das war die offizielle Bordzeit der ESTONIA; z.B.: 19.00 Uhr estnischer Zeit entspricht 18.00 Uhr deutscher und schwedischer Zeit.

war. Er zögerte einen Moment. Sollte er vielleicht doch lieber oben auf Deck VI im Bereich der Liegesessel versuchen, etwas Schlaf zu bekommen? Das Personal an der Rezeption reagierte gereizt auf seine zögerliche Haltung, sodass er sich nolens volens für Deck I entschied. Überhaupt fiel ihm an diesem Abend auf, dass die Leute von der Crew ziemlich nervös und gereizt schienen – im Gegensatz zu früheren Reisen. Er dachte, es läge an der bevorstehenden Schlechtwetterfahrt, denn schon in Tallinn hatte ein heftiger Wind geweht und im Radio hatte es erste Sturmwarnungen für die Ostsee gegeben.

Für die wichtigen Verhandlungen am nächsten Tag aber musste er fit sein, und deshalb brauchte er jetzt Schlaf. Also nahm er Kabine Nr. 1049 auf Deck I. Das war im vorderen Drittel des Schiffes. Nachdem er sein Gepäck in der Kabine verstaut hatte, ging er in eines der Restaurants zum Essen, danach in die Bar. Aber schon beim ersten Bier wurde er sehr müde, kehrte in seine Kabine zurück und legte sich ins Bett. Doch richtig schlafen konnte er nicht.

Auch Per-Erik Ehrnsten, der finnische Marketing-Manager einer deutschen Spirituosenfirma, war an diesem Tag an Bord der ESTONIA. Gemeinsam mit seinem Chef war er ziemlich spät an Bord gekommen. Die beiden hatten eine Verabredung mit dem Chef-Purser der ESTONIA, denn die Firma hatte bereits Verhandlungen mit der ESTONIA-Reederei Estline über die Belieferung mit alkoholischen Produkten aufgenommen. Alle trafen am Empfang auf Deck IV gegen 18.45 Uhr ein.

Per-Erik und sein Chef brauchten für das Einchecken rund 15 Minuten, und während sein Chef um Punkt 19.00 Uhr einen erwarteten Anruf über Handy entgegennahm, fiel Per-Erik auf, dass das Schiff immer noch mit Lkws beladen wurde.

Per-Erik bekam die Kabine auf Deck VI mit der Nummer 6304. Er ging noch in einen der Tax Free Shops, um etwas einzukaufen, und traf dann seinen Chef und den Purser im Seaside-Restaurant, wo alle zusammen ein Abendessen einnahmen.

Man saß bis 20.30 Uhr in diesem Restaurant und ging danach in die Baltic-Bar, die ebenfalls auf Deck VI lag.

Per-Eriks Chef war müde, verabschiedete sich bereits um 20.45 Uhr und überließ es Per-Erik, mit dem Purser die verschiedenen Bars des Schiffes aufzusuchen, um sich einen Eindruck über das Ambiente und den Alkoholkonsum an Bord zu verschaffen. Die Firma hatte einige Erfahrung mit dem Verkauf von Alkohol auf Fährschiffen, denn sie betrieb dieses Geschäft bereits seit vielen Jahren auf den meisten anderen Ostsee-Routen.

Daher war Per-Erik die ESTONIA auch schon von ihren früheren Fahrten unter finnischer Flagge als VIKING SALLY und später als WASA KING vertraut.

Gegen 21.00 Uhr bemerkte Per-Erik zum ersten Mal, dass der Seegang stärker wurde. Kurz vor 23.00 Uhr hatte Per-Erik alles gesehen, was er sehen wollte, verabschiedete sich vom Purser, ging in seine Kabine und legte sich ins Bett. Da er nicht gleich schlafen konnte, las er noch in seinem Buch für ca. 15 bis 20 Minuten, um dann aber doch in einen leichten Schlaf zu fallen.

Der Schwede Pierre Thiger war ungefähr 45 Minuten vor Abfahrt der ESTONIA an Bord gegangen. Er hatte eine Kabine auf Deck IV bekommen, doch hatte er nur seine Sachen verstaut und war sofort wieder losgezogen, um an Bord zu bummeln. Zuerst ging er zum Tax Free Shop und danach ins Restaurant. Gegen 23.00 Uhr verließ er das Restaurant wieder, hatte aber überhaupt keine Lust, sich schon zu Bett zu begeben. Unternehmungslustig streunte er ein wenig auf den Decks herum und traf dabei einen alten Bekannten, Alti Hakkanpää, einen Finnen, der aber schon seit mehreren Jahren in Schweden lebte.

Beide gingen schließlich zusammen in die Karaoke-Bar auf der Steuerbordseite im hinteren Teil von Deck V, um noch ein paar Gläser zu leeren. Die Stimmung war ausgezeichnet. Pierre Isaksson, ein bekannter schwedischer Sänger und Entertainer, hatte sein Publikum gut im Griff. Es gefiel auch Pierre Thiger und Alti Hakkanpää, und so setzten sie sich an die Bar.

Kurz vor 01.00 Uhr estnischer Zeit teilte Isaksson mit, dass er nicht pünktlich um 01.00 Uhr Schluss machen würde. Es war seine letzte Vorstellung auf dem Schiff, und er wollte so lange weitermachen, wie es dem Publikum gefiel. Daraufhin stieg die Stimmung noch mehr, und es wurde ausgelassen gelacht und gesungen und getanzt.

Genau zu dieser Zeit rief aus Stockholm Peter Barasinski seine Frau Carita an. Die junge Schwedin war kein Passagier an Bord der ESTONIA, sondern beaufsichtigte die Ausbildung von estnischem Restaurantpersonal. Sie teilte sich diesen Job mit ihrem Mann. Peter gehörte deshalb zur anderen Schicht und war daher an Land in Stockholm.

Peter und Carita waren beide mit der Gastronomie auf großen Fährschiffen vertraut, obwohl Peter früher als Funkoffizier auf den Schiffen der staatlichen polnischen Fischtrawler-Flotte gefahren war.

Er hatte vor Jahren in Schweden um Asyl gebeten und erhalten. Dann hatte er sich zum Barmanager auf Fährschiffen hochgearbeitet und war vor zwei Jahren Carita begegnet: hübsch, blond, eine Schwedin wie aus dem Bilderbuch. Er hatte sich Hals über Kopf verliebt, und es gab für ihn vom ersten Tag an keinen Zweifel, dass er die Frau seines Lebens gefunden hatte. Dieses Traumpaar war immer noch verliebt wie am ersten Tag. Carita hatte vor ein paar Tagen eine kleine Operation am Augenlid gehabt und anschließend über Kopfschmerzen geklagt. Peter, der eigentlich seine Freischicht von 14 Tagen zu Hause verbrachte, hatte daraufhin angeboten, für seine Frau an Bord der ESTONIA einzuspringen. Aber im letzten Moment hatte sie es sich doch anders überlegt und war an Bord gegangen, um ihre Schicht, die noch bis zum 29. September dauern sollte, zu Ende zu bringen.

An diesem Abend turtelten die beiden wie üblich eine Weile am Telefon. Carita erzählte von der Geburtstagsparty einer Kollegin, die im Aufenthaltsraum der Crew stattfand, wohin sie vielleicht noch gehen würde. Peter war etwas besorgt wegen der gerade erst überstandenen Operation, aber Carita beruhigte ihn, da es ihr schon viel besser ging. Peter verabschiedete sich liebevoll von seiner Frau, schaute noch ein wenig ins Fernsehprogramm und schlief dann sehr bald ein.

Carl Övberg fand keinen richtigen Schlaf. Er neigte nicht zu Seekrankheit, aber die starken Bewegungen des Schiffes ließen ihn nicht zur Ruhe kommen. So lag er im Bett und döste ein wenig. Plötzlich hörte er ein ihm sehr bekanntes Geräusch, wie er es von der Visierhydraulik her kannte. Danach folgten einige schwere Schläge wie mit einem großen Vorschlaghammer.

Er richtete sich in der Dunkelheit auf und lauschte. Eine Weile geschah nichts. Er stand auf und machte Licht. Dann setzte er sich aufs Bett und zündete sich eine Zigarette an. Er lauschte, und ein paar Minuten vergingen. Da er aber nichts weiter hören konnte, entspannte er sich und wollte sich schon wieder hinlegen. Doch da passierte es: ein mächtiger lauter Knall, gefolgt von einer starken Erschütterung, deren Vibration Carl durch Mark und Bein ging. Er kam eindeutig vom Bugbereich.

Carl dachte, dass die ESTONIA vielleicht mit etwas zusammengestoßen oder auf Grund gelaufen sei. Für harte Wellen waren diese Schläge viel zu stark und zu »metallen« gewesen. Er zog schnell ein paar Kleidungsstücke an und schaute hinaus auf den Korridor, wo auch andere besorgte Passagiere ihre Köpfe aus den Kabinen streckten.

Alle Alarmglocken läuteten jetzt in ihm. Weg! Nichts wie weg von hier unten! Hin zur Treppe und so schnell wie möglich hoch zum Deck VII, dem Außendeck!

Auch Pierre Thiger vernahm den starken Knall, obwohl er sich vier

Decks höher und weiter hinten im Schiff befand und von lauter Musik und der ausgelassenen Stimmung in der Karaoke-Bar umgeben war. Das war ungefähr eine Viertelstunde, nachdem der Sänger Isaksson seine Open-End-Ansage gemacht hatte. Es war ein Schlag, der allen das Gefühl vermittelte, dass er das Schiff abrupt stoppen ließ. Es war eine Erschütterung, die durch das gesamte Schiff ging.

Auch Pierre Thiger dachte sofort, die ESTONIA sei auf Grund gelaufen. »Was war das?«, fragte sein Bekannter Hakkanpää.

Keiner konnte dieses Geräusch deuten, doch da unmittelbar danach nichts passierte, wurde in der Karaoke-Bar weiter getanzt und gesungen.

Doch dann gab es einen zweiten, wieder mit starken Erschütterungen verbundenen Knall. Die Gläser in der Bar wackelten und fielen aus dem Regal.

»Los raus hier«, sagte Pierre Thiger zu seinem Bekannten, »hier stimmt was nicht.«

Beide sprangen von ihren Stühlen und wollten losrennen, als das Schiff plötzlich weit nach Steuerbord überholte. Einige Leute fielen von den Stühlen, und auch Pierre Thiger und Alti Hakkanpää mussten sich plötzlich festhalten, um nicht zu fallen.

Wie von Furien gehetzt rannte Carl Övberg zur nächst liegenden Treppe. Ihm war klar, dass er sich unterhalb des Autodecks befand, dass ihn also noch sechs Decks vom rettenden Außendeck VII trennten. Er ahnte, dass nur eine schnelle und konsequente Flucht sein Leben retten konnte.

An der Treppe geschahen dann mehrere Dinge gleichzeitig: Das Schiff holte über, sodass es zeitweilig Lage von 30° bis 40° nach Steuerbord machte, und Carl blieb mit dem Ärmel seiner Jacke am Treppengeländer hängen. Um wieder frei zu kommen, musste er einen Schritt zurück und sich teilweise umdrehen.

In diesem Moment sah er, wie Wasser unter Hochdruck auf den Korridor sprudelte. Das Wasser kam aus Entlüftungsrohren, den so genannten Schwanenhälsen, die eine Verbindung zu dem unter Deck I liegenden Deck 0 hatten. Er sah auf der gesamten Länge des Korridors Wasser, viel Wasser.

Carl befreite seine Jacke und rannte, so schnell er konnte, die Treppe hoch. Dabei stand er mit einem Bein auf der Wand, die zum Boden geworden war, als das Schiff nach Steuerbord überholte. Er lief weiter, als die ESTONIA wieder hochkam, wartete, ob sie erneut überholte, lief dann weiter und arbeitete sich so zu Deck VII hoch. Dieser Vorgang wiederholte sich einige Male.

Er begegnete nur wenigen Leuten. Die meisten hatten offenbar nicht so schnell reagieren können. Als er das rettende Deck VII erreichte, hatte die ESTONIA eine permanente Schlagseite von 30° bis 40° nach Steuerbord. So konnte man im Innern des Schiffes nur noch die Wände der Korridore als Lauffläche benutzen.

Carl hörte eine Ansage durch die Lautsprecher: »Mr. Skylight!« Die Bedeutung dieses Codes kannte er nicht, eine Warnung an die Passagiere wäre ihm sinnvoller erschienen.

Per-Erik Ehrnsten wachte auf, als sich Carl bereits auf der Flucht nach oben befand. Auch er registrierte merkwürdige Geräusche, metallene Schläge, die er vorher so noch nie gehört hatte und die er nicht zuordnen konnte. Aber auch er ahnte, dass etwas nicht stimmen konnte. Er hatte gerade noch Zeit, seine Hose anzuziehen, da holte die ESTONIA über.

Sein Aktenkoffer rutschte vom Sofa, das lose Mobiliar in seiner Kabine knallte gegen die Wand und versperrte ihm die Tür. Er ließ seine Sachen liegen, räumte die Tür frei und rannte nur mit der Hose bekleidet zur Treppe, die auf Deck VII, das Außendeck, das Deck mit den Rettungsbooten führte.

An der Treppe begegnete er drei Besatzungsmitgliedern, die von achtern durch den Innengang kamen. Alle hatten wetterfeste Kleidung an und Taschen bei sich. Da Per-Erik ein wenig Estnisch spricht, konnte er verstehen, was einer der Männer ärgerlich in sein Walkie-Talkie brüllte. Er widersprach offenbar einem Befehl, der von der Brücke gekommen war. Da die drei durch dieselbe Tür mussten wie Per-Erik, um ins Freie zu gelangen, versuchte Per-Erik ihnen zu folgen.

In diesem Moment holte die ESTONIA zum zweiten Mal über. Die drei Besatzungsmitglieder waren schon an der Tür und konnten hinausklettern, Per-Erik aber rutschte zurück. Doch einer der Männer gab ihm die Hand und zog ihn mit kräftigem Schwung hinaus aufs Freideck. Kaum draußen, beobachtete Per-Erik, wie dieser Mann sofort sein Walkie-Talkie wegwarf und sich mit seinen Kollegen bemühte, eine Rettungsinsel aus den Halterungen zu lösen.

Nachdem Carita Barasinski das Telefonat mit ihrem Mann Peter beendet hatte, traf sie sich mit einigen anderen Kollegen auf dem Korridor. Carita wohnte, wie viele Besatzungsmitglieder, auf Deck VIII. Angeregte Gespräche mit einigen Kollegen waren noch in vollem Gang, als das Schiff weit überholte. Die Crew, die schlechtes Wetter durchaus gewohnt war, dachte zunächst nur an eine Wetterverschlechterung. Und so unterhielt

15

man sich weiter, da das Schiff sich wieder aufrichtete. An eine ernsthafte Gefahr dachte hier noch niemand, denn es gab keine warnende oder vorbereitende Durchsage. Feuer- und Katastrophenalarm waren schon einige Male geprobt worden, und so vertraute man auf die vorgeschriebene Notfallprozedur.

Erst als das Schiff wieder überholte, erkannte man auch hier die Ernsthaftigkeit der Situation. Carita holte aus ihrer Kabine noch ihre rote Helly-Hansen-Segeljacke, streifte sie über und rannte dann zusammen mit drei Kollegen, einem Mann und zwei Frauen, ebenfalls in Richtung Deck VII.

Sie kamen zwar gut voran, jedoch waren die Wände der Korridore inzwischen zu Laufflächen geworden und die Querkorridore zu tiefen Schächten, über die man hinüberspringen musste. Eine Kollegin direkt vor Carita schaffte das nicht und fiel in einen dieser tiefen Schächte. Carita bemühte sich sofort um sie. Sie rief nach ihr, aber es kam keine Antwort. Die anderen warteten, doch als jede Antwort ausblieb, spornten sie Carita an, schnell über den Korridorschacht zu springen.

Carita zögerte, wertvolle Sekunden flossen dahin. Als sie schließlich sprang, waren die Kollegen schon bis zum Ende des Korridores weitergelaufen. Carita hatte Mühe, sie einzuholen.

Pierre Thiger und Alti Hakkanpää hatten es inzwischen zum rettenden Außendeck geschafft. Eine ganze Gruppe von Menschen aus der Karaoke-Bar war ihnen gefolgt. Alle hatten Schwimmwesten übergezogen.

Die Steuerbord-Schlagseite nahm jetzt langsam zu. Pierre verlor Hakkanpää aus den Augen, fand sich aber Minuten später dafür mit Isaksson auf der Reling sitzend wieder. Beide waren über die Reling geklettert, die, bedingt durch die starke Steuerbord-Lage, jetzt fast den höchsten Punkt des Schiffes bildete. Pierre hatte beschlossen, so lange wie möglich auf dem Schiff zu bleiben, weil er sah, dass es einen schrecklichen Kampf um die wenigen Plätze in den Rettungsinseln gab. Er bemerkte in der Ferne die Lichter der anderen Ostseefähren und war sich mit Isaksson einig, dass alles gut enden würde. Sicherlich würde bald Hilfe kommen, und so lange würde man es hier auf der Reling wohl aushalten.

Während er sich eine Schwimmweste holte, stand Per-Erik Ehrnsten mit dem Rücken zur Wand im vorderen Bereich des Schiffes, kurz hinter der Brücke auf der Backbordseite. Auch er sah die zwei anderen Fähren, die Silja Europa und das Viking-Schiff Mariella vorbeifahren, und auch er war ganz sicher, dass diese Schiffe schnell zu Hilfe kommen würden.

Die ESTONIA drehte sich weiter auf 45° und dann langsam weiter auf 90°. Per-Erik verlor die Männer der Crew aus den Augen, als diese sich auf einer Rettungsinsel in Sicherheit brachten, und wunderte sich sehr über das rücksichtslose Verhalten dieser Besatzungsmitglieder. Eigentlich, so hatte er immer gedacht, sollte die Crew in einem Notfall den Passagieren helfen. Aber hier schienen diese Regeln nicht zu gelten.

Er kämpfte sich weiter nach vorn, wo er eine aufgeblasene Rettungsinsel sah, die sich auf der Backbordseite des Schiffes befand. Es saßen schon viele Menschen drin. Aber noch bevor er sie erreichte, wurde sie von einer größeren Welle weggetragen. Er versuchte dann zusammen mit einem anderen Passagier ein Rettungsboot loszumachen, was aber keinen Erfolg hatte, da sie beide die Verriegelungen nicht lösen konnten.

Das Schiff drehte sich weiter auf 120° und gab ein Pfeifen und Fauchen von sich, als die restliche Luft entwich. Dann wurde Per-Erik von einer Welle, die über das Deck spülte, zur anderen Seite des Schiffes gestoßen, wo er sich schließlich an eine Rettungsinsel klammern konnte.

Carita lief zu diesem Zeitpunkt noch hinter ihren Kollegen her, die die rettende Tür zu Deck VII schon erreicht hatten. Nur noch wenige Meter trennten sie. Doch unmittelbar vor der Tür, die ins Freie führte, ging plötzlich eine andere Tür auf, die vorher verriegelt gewesen war, und Carita wurde zurück bis an den Fahrstuhl geschleudert. Fünf Meter trennten sie jetzt von der rettenden Öffnung ins Freie. Fünf unüberwindbare Meter, denn die ESTONIA hatte inzwischen rund 45° Schlagseite, und die rettende Tür stand deshalb jetzt fast über Carita.

Die Kollegen riefen Carita noch aufmunternde Worte zu, warfen einen Feuerwehrschlauch zu ihr runter, doch Carita konnte sich nicht mehr daran nach oben ziehen. Die ESTONIA drehte sich auf 90°, und damit spülte jede Menge Wasser in die rettende Türöffnung.

Die beiden Kollegen konnten sich an einer Rettungsinsel festhalten und überlebten. Carita versank mit der ESTONIA.

Pierre Thiger musste seinen Platz auf der Reling aufgeben, als das Schiff sich immer weiter auf die Seite drehte. So kletterte er zuerst ganz auf die Backbordseite des Schiffes, und da das Schiff immer schneller über das Heck zu sinken begann, arbeitete er sich Meter für Meter Richtung Bug vor. Fast ganz vorn angekommen, machte er eine merkwürdige Entdeckung: Er sah ein ca. vier bis fünf Meter großes Metallstück am Bug hin und her pendeln. Er hielt es zuerst für eine Stabilisatorenflosse, aber da die Stabilisatoren mittschiffs im Bereich von Deck 0 angebracht waren, ergab das keinen Sinn. Doch er hatte keine Zeit, darüber nachzudenken. Das Schiff sackte weiter, und er musste sich entschließen, ins Wasser zu springen. Er schwamm, so schnell er konnte, weg vom Schiff, denn er wollte nicht in den Sog des untergehenden Schiffes gelangen. Nach etwa 50 bis 60 Metern drehte er sich um.

Helles Mondlicht beschien jetzt gespenstisch die Szene. Die ESTONIA trieb fast vollkommen kieloben, und das Heck war bereits gesunken. Der Bugbereich ragte hoch aus dem Wasser, und Pierre konnte klar erkennen, dass das Bugvisier fehlte. Dann sank der Bug des Schiffes ins Wasser und versank in der brodelnden Ostsee.

Peter Barasinski wurde um 02.30 Uhr in Stockholm aus dem Schlaf gerissen. Ein guter Freund von Estline rief ihn aus dem Büro an: »Peter, die ESTONIA ist gesunken, schalte deinen Fernseher ein.«

Peter glaubte, in einem Traum gefangen zu sein, einem Albtraum.

Dann las er im Tele-Text weiß auf schwarzem Grund: »Die Fähre ESTO-NIA ist um 01.48 Uhr gesunken.«

Sofort rief er Caritas Eltern und Freunde an. Er sagte mir später: »Tausende von Gedanken schossen mir durch den Kopf, und einer bohrte sich in mein Herz: Carita.« Er rief weitere Freunde an, schaltete das Radio ein, suchte von einem Sender zum anderen. Das Unglück durfte nicht wahr sein.

Carl Övberg hatte es zu diesem Zeitpunkt bereits geschafft, sich in eine Rettungsinsel zu ziehen. Er wurde von der Rettungsbesatzung eines Helikopters aufgenommen und auf direktem Weg nach Hangö an der finnischen Küste ins Erkenäs Krankenhaus geflogen.

Per-Erik Ehrnsten gelang es ebenfalls, in eine Rettungsinsel zu kommen, und er wurde als einer der Ersten von einem Helikopter aus dem Wasser gezogen. Zusammen mit dem Finnen Jukka Ihalainen wurde er von diesem Helikopter am frühen Morgen ebenfalls nach Hangö geflogen und dort bis zum Abend des 28. September medizinisch betreut.

Per-Erik litt an starker Unterkühlung und hatte sich bei seinen Bemühungen, in der Rettungsinsel einen Plastikbeutel mit Verbandszeug zu öffnen, einen Schneidezahn abgebrochen. Ansonsten war er unverletzt und konnte schon am frühen Abend von seiner Familie abgeholt werden.

Auch Pierre Thiger konnte sich in eine Rettungsinsel ziehen. Von dort wurde er von einem Helikopter auf das Fährschiff SILJA SYMPHONY gebracht. Anschließend transportierte man ihn in ein Krankenhaus in Helsinki, aus dem er, da unverletzt, mit einigen anderen noch am Abend des

28. September in das Hotel Haga in Helsinki umquartiert wurde. Dort wartete er einen ganzen Tag auf die Befragung durch die Polizei, die dann auch erfolgte, aber nach Pierres Ansicht viel zu oberflächlich durchgeführt wurde. Man war an seinen detaillierten und wichtigen Beobachtungen überhaupt nicht interessiert. Als er später dann auf einer Aussage vor der JAIC bestand, wurde dieses Ansinnen zuerst vom schwedischen Leiter der JAIC, Olof Forssberg, abgelehnt. Als sich Pierre Thiger jedoch nicht abwimmeln ließ, nahm Forssberg schließlich die Aussage auf Tonband auf.[1]

Peter Barasinski kämpft seit dem Tag des Unterganges der ESTONIA um den Leichnam seiner Frau, um ihn auf ihrem Heimatfriedhof in Uppsala zu beerdigen. So hatte er es ihr eines Tages versprochen, als beide kurz nach der Hochzeit zusammen über den verträumten Friedhof von Uppsala geschlendert waren. Dieses Versprechen möchte er halten – noch heute.

Am Morgen des 28. September 1994 ging die Katastrophennachricht an alle Nachrichtenagenturen der Welt. Gegen acht Uhr erfuhr auch ich in Berlin davon. Mein Partner Kaj ist Finne, und er griff sofort zum Telefon, um seinen Vater in Helsinki zu erreichen. Dort hatte man bereits seit dem frühen Morgen mit angehaltenem Atem die Nachrichten verfolgt.

Da wir häufig Reportagen für die Sendung Spiegel TV machten, zögerten wir nicht, gerade in diesem Fall unsere Mitarbeit anzubieten. Die Redaktion in Hamburg hatte bereits ein Team nach Stockholm und eines nach Tallinn geschickt und dabei nicht gewusst, dass die Rettungseinsätze von der finnischen Küstenwache in Turku aus geleitet wurden. Also bekamen wir den Auftrag, die Berichterstattung in Finnland abzudecken.

Sofort setzten wir uns mit einem befreundeten Journalisten-Paar in Verbindung. Taina und Harry hatten früher jahrelang als Korrespondenten des finnischen Fernsehens in Deutschland gearbeitet. Harry hatte eine eigene Kameraausrüstung, und das war absolut notwendig, denn sämtliche verfügbare Technik war von den internationalen TV-Sendern bereits angemietet worden.

Wir flogen, so schnell es ging, nach Helsinki und fuhren von dort mit einem Mietauto nach Turku an der finnischen Westküste. Hier waren das finnische Krisenzentrum und die Einsatzzentrale der Küstenwache.

Sofort trafen wir uns mit Taina und Harry, die bereits den ganzen Tag in unserem Auftrag gedreht hatten. Allerdings hatte es noch keine Gelegen-

---

1 Aussage von Pierre Thiger unter Eid vor dem Notar der deutschen Expertengruppe. Seine Aussage bei Forssberg jedoch wurde weder ausgewertet noch beachtet.

heit gegeben, mit Überlebenden zu sprechen. Zu den Krankenhäusern zu fahren war zwecklos, da waren Taina und Harry schon etliche Male vergeblich gewesen. Von der Küstenwache hatten sie jedoch eine vorläufige Liste mit den Namen der Überlebenden erhalten. Darauf fanden wir drei deutsche Namen: Manfred Rothe, Georg Sörnsen und Siegfried Wolff.

Kaj schätzte die Lage so ein, dass die Verletzten vermutlich in verschiedenen Krankenhäusern lagen, aber dass man die Unverletzten und ganz besonders die Ausländer gemeinsam in irgendeinem Hotel untergebracht hatte. Er kannte nur ein Hotel, das für solche Katastrophenzwecke angemietet wurde: das Hotel Haga in Helsinki.

Ich rief dort an und bekam von der Nachtrezeption eine ausweichende Antwort. Das war für uns Hinweis genug, dass sich die unverletzten Überlebenden dort aufhielten und wahrscheinlich auch die drei Deutschen.

Wir gaben an Taina und Harry den Auftrag, selbstständig in Turku am nächsten Tag weiter zu filmen und fuhren noch in dieser Nacht zurück nach Helsinki. Wir kamen im Morgengrauen dort an und trafen in der Hotelhalle auf eine Psychologin, die mit der Vorbereitung einer Trauerversammlung beschäftigt war. Es waren rund 30 Überlebende in diesem Hotel, und bisher wussten auch sie nicht, wer außer ihnen überlebt hatte.

Als die Psychologin erfuhr, dass Kaj Finnisch und Deutsch spricht, bat sie uns, als Dolmetscher bei der späteren Versammlung dabei zu sein.

Wir sagten zu.

Es war ein erschütterndes Erlebnis, als bekannt gegeben wurde, dass nur rund 145 Menschen den Untergang überlebt hätten. Die drängendste Frage für die Anwesenden war in diesem Moment, ob ihre nächsten Angehörigen oder Freunde unter den Geretteten waren. Doch keiner der Betreuer hatte eine Liste der Überlebenden. So zeigten wir erst den drei Deutschen unsere Liste, und danach wurde das Stück Papier stumm herumgereicht. Einige brachen nach ein paar Sekunden in Tränen aus, anderen fehlte selbst dazu die Kraft, denn keiner fand den Namen eines Angehörigen oder eines Freundes.

Was sagt man einem Menschen, der gerade seinen besten Freund verloren hat? Was kann man tun für einen Mann, der auf einem umgekippten Rettungsboot stundenlang eine schwer verletzte Frau festgehalten hat und sie ganz kurz vor der Rettung aus Erschöpfung nicht mehr halten konnte? Wie tröstet man einen Mann, der seinen frierenden Kollegen bis zum Schluss in Gespräche verwickelt hat, damit dieser Mann in Bewegung bleibt, nicht stirbt, und der dann, als der Rettungshubschrauber ihn bereits an Bord gezogen hat, merkt, dass sein Kollege von den Rettern zurückgelassen wurde, weil kein Platz mehr im Helikopter war?

Der Stolz einer jungen Nation: ESTONIA

ESTONIA im Hafen von Stockholm.

Nachdem sich Estland, wie auch Lettland und Litauen, 1991 von Russland für unabhängig erklärt hatte, gingen alle politischen und wirtschaftlichen Bestrebungen dahin, sich schnellstens an den Westen anzubinden. Dafür brauchte man vor allem eigene Fährverbindungen nach Finnland und Schweden. Deshalb wurde mit Unterstützung des westlichen Nachbarstaates Schweden von der schwedischen Reederei Nordström & Thulin und der estnischen Staatsreederei Estonian Shipping Company, kurz ESCO, ein so genanntes Jointventure beschlossen und die Estline Shipping Company Ltd. mit dem Ziel gegründet, mit einer eigenen Fähre einen Dienst zwischen Tallinn und Stockholm aufzunehmen.

Dafür wurde das Fährschiff WASA KING aus Finnland gekauft und in ESTONIA umbenannt. Da aber die Estline Shipping Company Ltd. im Schiffsregister von Zypern eingetragen werden musste, auf Verlangen der Banken, die den Kauf finanziert hatten, hätte die Fähre ESTONIA eigentlich die zypriotische Flagge führen müssen, und der Heimathafen wäre Limassol gewesen. Über einen Trick kam die Estonia dann aber trotzdem zur ersehnten estnischen Flagge: Man gründete in Tallinn die Gesellschaft E-LINE. Mit dem Minimum an Haftungskapital von nur ca. 2.500 DM, das wiederum zu gleichen Teilen von N&T und ESCO gehalten wurde, mietete E-LINE dann die Fähre auf Basis einer so genannten Bareboat Charter Party[1]. Das hatte den Vorteil, dass die Estonia in Tallinn ins Bareboatregister eingetragen werden konnte und fortan als Heimathafen Tallinn beanspruchen, die estnische Flagge führen und mit estnischer Besatzung fahren durfte.

Da diese neue E-LINE aber nicht in der Lage war, die Pflichten eines Reeders zu erfüllen, also eine qualifizierte Besatzung zu stellen, nautisch/technische Kontrollen und eine professionelle Wartung des Schiffes durchzuführen, alle Risiken ordentlich zu versichern und vieles mehr, wurden alle diese Tätigkeiten wiederum auf Basis eines so genannten Shipmanagement-Vertrages auf ESCO übertragen. ESCO stellte jedoch nur die Besatzung und leitete alle anderen Aufgaben mittels eines weiteren Untervertrages an den Partner N&T weiter.

Die Gehälter der Besatzung kosteten zu diesem Zeitpunkt in Estland lediglich rund 20 Prozent einer vergleichbaren schwedischen Crew, und für die Besatzung war ausschließlich ESCO zuständig. Nordström & Thulin war für alles andere, also die Wartung des Schiffes, Reparaturen, Versicherungen, Finanzen etc., verantwortlich, gleichzeitig hatte man ihnen ein Mitspracherecht bei der Auswahl der Kapitäne und leitenden Offiziere zugestanden.

Für die Vermarktung und für alle kaufmännischen Angelegenheiten der neuen Fährlinie Tallinn–Stockholm gründeten die Partner N&T und ESCO die Estline AB, Stockholm, mit einer Tochtergesellschaft in Tallinn, an der wiederum N&T und ESCO zu gleichen Teilen beteiligt waren.

So hatte man eine geradezu ideale Vertragsstruktur geschaffen: Die billigen Arbeitskräfte kamen aus Estland, und alles andere war unter schwedischer Kontrolle. Und: Man minimierte alle Haftungsrisiken aus dem Betrieb einer großen, technisch verhältnismäßig komplizierten Fähre mit einer jungen und unerfahrenen Crew.

Für die schwedische Reederei Nordström & Thulin, die kaum über Erfahrungen mit großen Fährschiffen verfügte, sondern vorwiegend im

---

1 Bareboat Charter: Internationaler Fachausdruck beim Chartern, wenn nur das Schiff (ohne Kapitän und Crew) gemietet wird.

Tanker- und Bulkcarrierbereich tätig gewesen war und immer noch ist, war dies ein sehr gutes Geschäft, denn abgesehen von den enormen Kosteneinsparungen bei der Besatzung hatte Hans Laidwa, einer der Verhandlungsführer für Nordström & Thulin und Exileste, auch noch bei der schwedischen Regierung ein 10-Jahres-Monopol herausgeschlagen. Damit brauchte die schwedische Reederei innerhalb der nächsten 10 Jahre keine Konkurrenz auf dieser neu aufblühenden Strecke von und nach Estland zu befürchten. Ein einmaliges Geschenk des schwedischen Staates an N&T, das nicht nur wettbewerbsverzerrend wirkte, sondern auch unter EU-Gleichstellungsbedingungen bis heute nicht überprüft und aufgearbeitet wurde. Einige Leute erwähnen in diesem Zusammenhang immer wieder gerne, dass das Vorstandsmitglied von N&T, Sten Christer Forsberg, und der damalige schwedische Premierminister Carl Bildt alte Studienfreunde gewesen seien. Und was für die Schweden ein gutes Geschäft, war für die Esten ein Traum, der in Erfüllung ging: Das Schiff wurde zum Symbol einer jungen Nation in Freiheit.

Anfang 1993 wurde das Schiff von Estline für den Fährdienst zwischen Tallinn und Stockholm übernommen. In einem prächtigen Outfit fuhr die ESTONIA fortan als Stolz dieses Landes über die Ostsee. Die internationalen Medien berichteten von der Indienststellung, Staatsgäste wurden auf der ESTONIA begrüßt und befördert, und einen Job auf diesem Schiff zu ergattern stand für junge estnische Seeleute im gleichen Rang wie in der Nationalmannschaft zu spielen.

In dem gut gemeinten Bemühen, dem jungen Staat schnell den Anschluss an den Westen zu verschaffen, hatte man dabei aber eines nicht genügend beachtet: Die ESTONIA war gar nicht gebaut für die tägliche Fahrt quer über die Ostsee.

Die ESTONIA war 1980 von der deutschen Meyer-Werft in Papenburg für die finnische Reederei Sally AB als VIKING SALLY gebaut worden und hatte seitdem im geschützten Gewässer der Schären zwischen Finnland und Schweden als Passagier- und Autofähre ihren Dienst unter wechselnden Besitzern und Namen getan.

Sie war im Einklang mit den internationalen SOLAS[1]-Regeln mit eingeschränkten Sicherheitsauflagen gebaut worden. Und da ihre vorgesehene Route niemals mehr als 20 Seemeilen von Land entfernt verlaufen sollte, also ausschließlich ein Betrieb in küstennahen Gewässern vorgesehen

---

1 SOLAS: Abkürzung für Safety of Life at Sea Convention.

Bolag	Nationalitet	Ägare
ESTLINE MARINE CO LTD	Cypern	50% ESTONIAN SHIPPING CO LTD 50% NORDTHULIN LUXEMBOURG S.A.
E-LINE LTD	Estland	50% ESTONIAN SHIPPING CO LTD 50% NORDTHULIN LUXEMBOURG S.A.
ESTLINE AB	Sverige	50% ESTONIAN SHIPPING CO LTD 50% NORDSTRÖM & THULIN AB
ESTONIAN FERRY SERVICES LTD	Estland	100% ESTLINE AB
ESTONIAN SHIPPING CO LTD	Estland	100% Estniska Staten
NORDSTRÖM & THULIN AB	Sverige	Börsnoterat svenskt aktiebolag
NORDTHULIN LUXEMBOURG S.A.	Luxemburg	100% NORDSTRÖM & THULIN AB

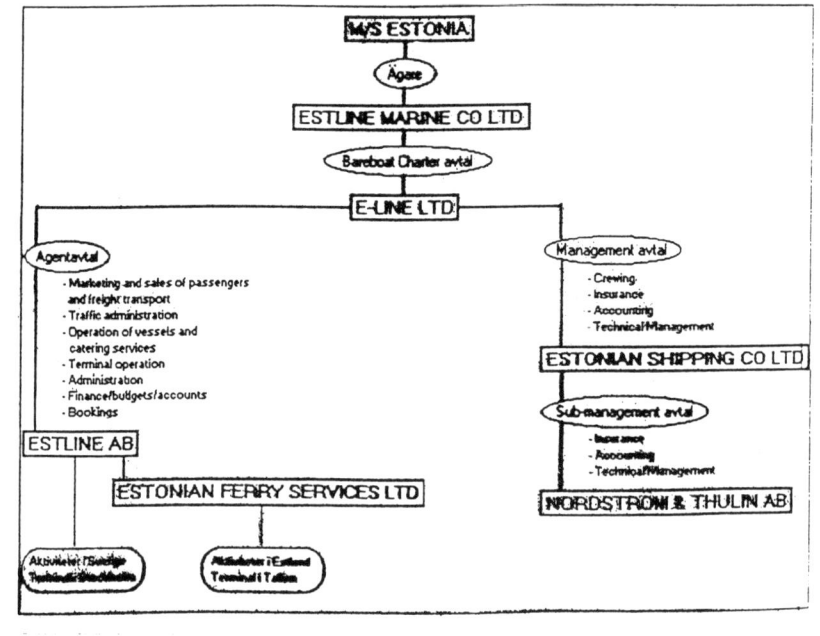

Eigentümerstruktur ESTONIA.

24

PASSENGER SHIP SAFETY CERTIFICATE

No   2PA

This Certificate shall be supplemented by a Record of Equipment (Form P)

for **xxx** * international voyage
    a short

Issued under the provisions of the
INTERNATIONAL CONVENTION FOR THE SAFETY OF LIFE AT SEA, 1974,
as amended under the authority of the Government of

REPUBLIC OF ESTONIA

by BUREAU VERITAS

Name of Ship BV No : 35P387	Distinctive Number or Letters	Port of Registry	Gross Tonnage	IMO Number
ESTONIA	E S T E	TALLIN	15598	7921033

Sea areas in which ship is certified to operate (regulation IV/2) ...NA....................
Date on which keel was laid or ship was at a similar stage of construction or, where applicable, date on which work for a conversion or an alteration or modification of a major character was commenced ....01/10/1979......

THIS IS TO CERTIFY :

1 That the ship has been surveyed in accordance with the requirements of regulation I/7 of the Convention.

2 That the survey showed that :

2.1 the ship complied with the requirements of the Convention as regards :

  .1 the structure, main and auxiliary machinery, boilers and other pressure vessels;

  .2 the watertight subdivision arrangements and details;

  .3 the following subdivision load lines :

Subdivision load lines assigned and marked on the ship's side at amidships (regulation II-1/13)	Freeboard	To apply when the spaces in which passengers are carried include the following alternative spaces
C.1	........2062........	....
C.2	............–............	....
C.3	............–............	....

Dieses Passagierschiffszertifikat beweist, dass die ESTONIA nicht mehr als 20 sm von der Küste entfernt über die Ostsee hätte fahren dürfen.

Zeitraum	Name des Schiffes	Reederei	Strecke
29. Juni 1980 ausgeliefert von der Meyer Werft	„Viking Sally"	Viking Line	Turku, Mariehamn und Stockholm
1986 verkauft an Silja Line, fuhr aber immer noch unter dem alten Namen	„Viking Sally"	Silja Line	Turku, Mariehamn und Stockholm
April 1990 - umbenannt	„Silja Star"	Silja Line	Turku, Mariehamn und Stockholm
Januar 1991	„Wasa King"	Wasa Line	Vaasa, Umea und Sundsvall
15. Januar 1993	„Estonia"	Estline	Tallinn und Stockholm

Wechselnde Besitzer der ESTONIA.

war, hatte man auf ein Sicherheitskollisionsschott hinter der Autorampe verzichtet. Ein Kollisionsschott ist eine Vorrichtung, die von allen Fahren mit einem Visier, die auf hoher See kreuzen (also deren Route mehr als 20 Seemeilen vom nächsten Land verläuft), verlangt wird.

Dessen ungeachtet stellte die finnische Schiffssicherheitsbehörde, das Finnish Board of Navigation, F.B.N., ab Indienststellung im Jahre 1980 bis einschließlich 1992 Jahr für Jahr das so genannte Passenger Ship Safety Certificate (PSSC) aus, was nicht korrekt war, aber in den Jahren 1980 bis 1992 durch den Betrieb im küstennahen Bereich keine weiteren Auswirkungen hatte.

Doch nach der Übernahme im Januar 1993 und der Umbenennung in ESTONIA übernahm das Bureau Veritas die Überprüfung der Sicherheitsauflagen und Einrichtungen im Auftrag der estnischen Schiffssicherheitsbehörde Estonian National Maritime Board, E.N.M.B., da diese noch nicht über ausreichend qualifiziertes eigenes Personal verfügte. Und spätestens jetzt hätte Bureau Veritas diesem Passagierschiff das Sicherheitszeugnis nicht mehr ausstellen dürfen, weil jetzt die ESTONIA über die offene See fahren sollte – also mehr als maximal 20 Seemeilen von der Küste entfernt. Selbstverständlich hätte ein Zertifikat erst erteilt werden dürfen, nachdem das vorgeschriebene Kollisionsschott hinter der Autorampe eingebaut worden war.

Die ESTONIA hätte also ihren Dienst quer über die Ostsee nicht aufnehmen dürfen. Trotzdem fuhr sie aber ab dem 1.2.1993 täglich bei gutem wie schlechtem Wetter und auch im Winter bei dichtem Packeis, was insbesondere dem Bugbereich gar nicht gut bekam.

Sämtliche beteiligten Institutionen und die Schifffahrtsbehörden der nordischen Länder wussten um diese Tatsache, aber alle sahen darüber hinweg. Auch und gerade die Klassifikationsgesellschaft Bureau Veritas, eine Institution, die die Sicherheitsanforderungen bei einem Schiff aufstellt und kontrolliert, vergleichbar dem TÜV bei Autos in Deutschland, sowie das Sjöfartsverket, die oberste staatliche Seefahrtsbehörde in Schweden, die sogar durch einen Vertrag wichtige Überwachungsaufgaben wie die Port State Controls (Überprüfung, ob das Schiff technisch in einem seetüchtigen Zustand ist) übernommen hatte und daher besonders auf die Seetüchtigkeit und den Wartungszustand der ESTONIA hätte achten müssen.[1] Und vor allen Dingen die Reederei Nordström & Thulin, die für den technischen Zustand des Schiffes verantwortlich war, hätte für eine besonders sorgfältige Wartung des Schiffes sorgen müssen. Aber alle waren offenbar nur daran interessiert, dass das Schiff fuhr; pünktlich, ohne Verspätung und ohne Unterbrechungen wegen Reparaturen in einer Werft.

Es ist internationaler Konsens, dass eine Fähre von ihrer Reederei regelmäßig aus dem Verkehr genommen und in einer Werft überprüft und im Bedarfsfall repariert werden muss. Doch bei der ESTONIA musste alles von der Besatzung an Bord repariert werden, die hoffnungslos überfordert und den Anforderungen moderner Schiffstechnik nicht gewachsen war.

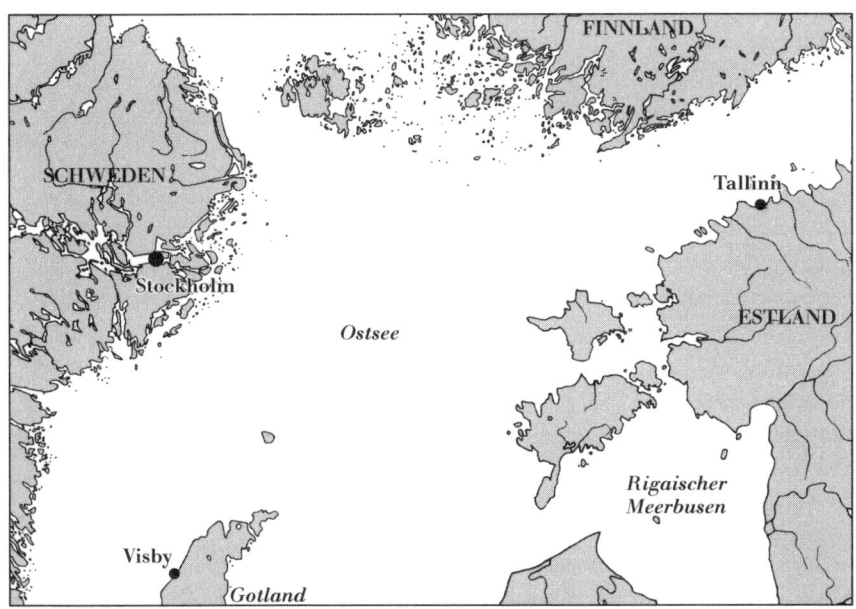

ESTONIA fuhr die Strecke Tallinn–Stockholm und zurück.

---

1 Dem Sjöfartsverket wurde sogar vom Bureau Veritas eine leitende Rolle bei diesen Kontrollen zugeteilt, wie ein Fax vom 28.12.1992 belegt, worin Bureau Veritas dies der schwedischen Reederei Nordström & Thulin mitteilt. Dass diese Kontrollen der Reederei Nordström & Thulin dann tatsächlich später auch vom Sjöfartsverket berechnet wurden, belegen zwei Rechnungen vom 30.6.1993 und vom 15.9.1993.

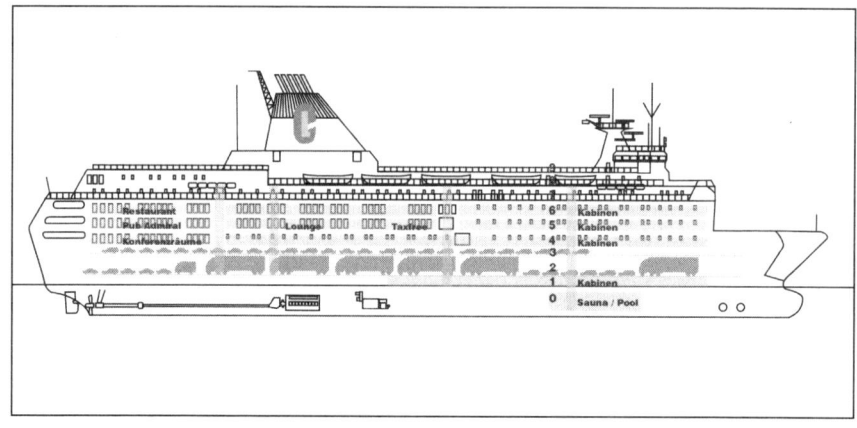

Ansicht der ESTONIA

Schiffsdaten:

Baujahr:	1980
Bauwerft:	Meyer-Werft/Papenburg/ Deutschland
Gebaut für:	Sally AB Mariehamn/Finnland
Erster Name:	VIKING SALLY
Typ:	Auto- u. Passagierfähre(Ro-Ro[1]-Fähre)
Länge:	155,40 m
Breite:	24,20 m
Tiefgang:	5,60 m
Tragfähigkeit:	3345 dwt
Gewicht:	9733 t
Bruttotonnage:	15 566 BRT
Maschinenleistung:	4 x 4400 kW
Dieselgeneratoren:	4 x 1104 kW
2 Bugstrahler:	800 + 590 kW
Passagierzahl:	2000 max.
Geschwindigkeit:	21 kn

---

1 Ro-Ro: roll on-roll off.

Die ESTONIA war ein so genanntes Ro-Ro-Schiff, das heißt, Fahrzeuge konnten am Bug bei geöffnetem Visier und heruntergelassener Autorampe an Bord fahren und im Zielhafen über die Heckrampe wieder an Land rollen.

Im Betrieb Tallinn–Stockholm wurde also in Tallinn über den Bug beladen und in Stockholm über das Heck ausgeladen. Um die Fahrzeuge über die Autorampe zu laden oder zu entladen, musste erst das Visier geöffnet werden, was durch eine hydraulische Anhebung geschah. Das Visier wurde durch zwei starke Hydraulikzylinder geöffnet und geschlossen und war auf dem Backdeck durch zwei Scharniere mit dem Schiff verbunden.

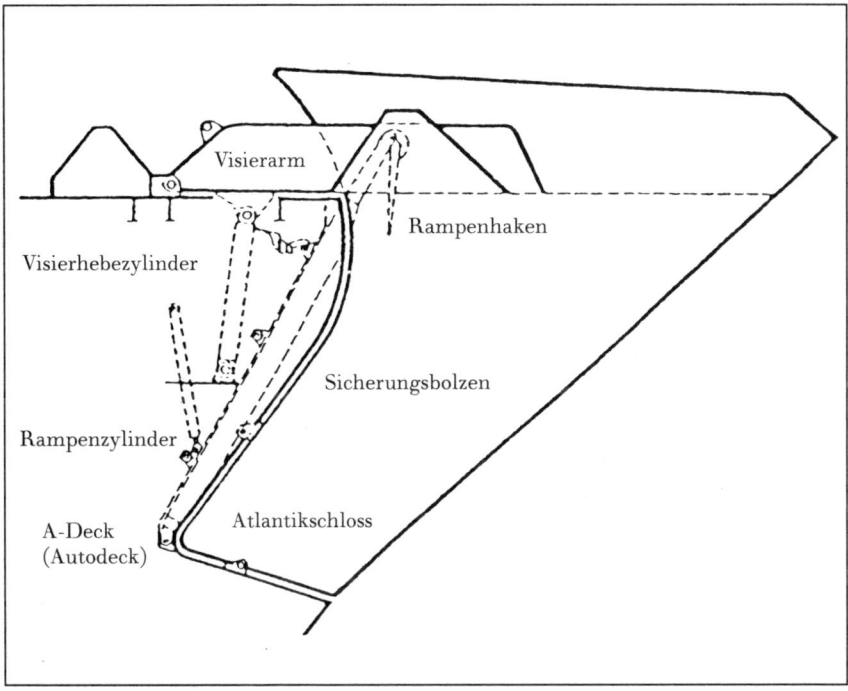

Visierkonstruktion der ESTONIA.

Chronologie des Schiffsuntergangs

Die ESTONIA fuhr im so genannten Zweitagesrhythmus:

Ab Tallinn:	19.00 Uhr
An Stockholm:	09.00 Uhr
Ab Stockholm:	18.00 Uhr
An Tallinn:	09.00 Uhr[1]

Ihre letzte Reise trat ESTONIA am Abend des 27. September 1994 von Tallinn aus an. Das Kommando hatte Kapitän Arvo Andresson. An Bord befand sich aber auch der Kapitän der zweiten Crew, Avo Piht, der am nächsten Morgen eine Lotsenprüfung ablegen sollte.

---

1 Die Uhrzeitangaben tragen dem Unterschied von estnischer und schwedischer Zeit Rechnung.

(Von links nach rechts): Kapitän Andresson, Kapitän Piht (© action press).

27. September 1994

Ca. 9.00 Uhr   Ankunft in Tallinn

Als die ESTONIA am Morgen des 27. September 1994 mit langsamer Fahrt in die Bucht von Tallinn einlief und das Wasser aus dem Visier abfloss, stieg ein Matrose mit einem Vorschlaghammer in das dunkle, glitschige Visier, um den Bolzen des Atlantikschlosses aufzuhämmern. Natürlich sollte diese wichtigste Verriegelung auf dem Vorpiekdeck, die das Bugvisier mit dem Schiff verband, sich auf Knopfdruck hydraulisch öffnen lassen, aber diese Art der vorschriftsmäßigen Verriegelung funktionierte (nach späteren Zeugenaussagen) schon lange nicht mehr. Genauso wenig wie die meisten anderen Verschlüsse am Bug. Und obwohl das der schwedischen Reederei Nordström & Thulin schon lange bekannt war, ließ man eine ordentliche Reparatur in einer Werft nicht durchführen, denn dazu hätte man das Schiff aus dem lukrativen Fährverkehr nehmen müssen.

Kurze Zeit später legte die Fähre mit der Steuerbordseite am Estline-Hafenterminal an, und die meisten Fahrer der Pkws und Lkws auf dem Autodeck saßen schon startbereit hinter ihren Lenkrädern. Die Crew brauchte jedoch, wie üblich, einige Zeit, bis sie das Bugvisier öffnen und dann die Autorampe auf die Kaimauer herunterlassen konnte, denn während der Fahrten durch dichtes Packeis im Winter hatte sich die gesamte Bugvisier- und Autorampenkonstruktion so stark verzogen, dass sie sich nicht mehr problemlos öffnen und schließen ließ.

Bis ca. 11.00 Uhr   Entladen der Fähre.
                          Einige Passagiere bleiben an Bord.

Bis gegen elf Uhr vormittags zog sich das Entladen der ESTONIA hin. Die meisten Passagiere gingen von Bord. Allerdings nicht alle. Es fanden in einigen Konferenzräumen Seminare statt, und die Teilnehmer blieben natürlich an Bord. Ebenfalls an Bord blieben die schwedischen Lotsenprüfer Karl-Gustav Sundius und Dan Myrberg mit ihren Ehefrauen. Zur Mittagszeit nahmen diese vier zusammen mit dem zweiten Kapitän der ESTONIA, Kapitän Avo Piht, in der Cafeteria ein Mittagessen ein. Piht sollte am frühen Morgen des 28. September 1994 bei der Einfahrt in den schwedischen Söderarm, die nördliche Einfahrt in die Stockholmer Schären, eine Lotsenprüfung ablegen. Der Dienst habende Kapitän Arvo Andresson war an Land gegangen und auf einen kurzen Abstecher nach Hause gefahren.

Nach dem Entladen wurde das Autodeck von Matrosen wie üblich gewaschen, und es wurden einige kleinere Malerarbeiten ausgeführt. Während der Mittagspause fuhren dann über die geöffnete Autorampe zwei geschlossene Lieferwagen aufs Autodeck. Sie brachten die frische Wäsche für das Schiff und hielten auf der Steuerbordseite unmittelbar vor der Tür zum vordersten Fahrstuhl. Die Fahrer der Lieferwagen luden dann die großen grauen Säcke in den Fahrstuhl. Doch sie fuhren damit nicht in den Servicebereich, wo die Wäsche benötigt wurde, sondern sie fuhren damit hinauf zu Deck VIII. Von dort wurden die Säcke auf die Kommandobrücke getragen und durch Öffnungen im Fußboden, die normalerweise durch den dicken Gummiteppich abgedeckt und daher nicht ohne weiteres sichtbar waren, in den Hohlräumen unterhalb der nach Backbord und Steuerbord überstehenden Kommandobrücke verstaut. In diesen Säcken befand sich mit an Sicherheit grenzender Wahrscheinlichkeit keine Wäsche, sondern etwas, das illegal nach Schweden geschafft werden sollte: Vieles spricht dafür, dass sich Drogen oder sonstiges illegales Schmuggelgut darin befanden. Mehrere Besatzungsmitglieder, die namentlich nicht genannt werden wollen, haben mir dies unabhängig voneinander berichtet. Zusätzlich wurde mir diese Schmuggelpraxis auch von zwei estnischen Militärangehörigen, denen ich ebenfalls Anonymität zusichern musste, bestätigt. Die Glaubwürdigkeit dieser Personen schätze ich relativ hoch ein, da sie mir auch über Details der separaten Bergung dieser Schmuggelladung berichteten, und dies zu einem Zeitpunkt, zu dem sie über solch ein Wissen aus Presseberichten oder veröffentlichten Materialien der JAIC noch nicht verfügen konnten. Diese Personen berichteten auch darüber, dass die Schmuggelladungen niemals ohne Wissen des jeweiligen Kapitäns transportiert wurden, sondern dieser vielmehr dafür rund 10.000 US-Dollar pro Transport erhielt. Ob diese Angaben wahr sind, kann ich nicht beurteilen, dass aber auf allen Fährschiffen, die von Estland aus fahren, Schmuggel zum Alltag gehört, ist durch die hohe Anzahl von verurteilten estnischen Drogenschmugglern, die zum Teil jahrelange Gefängnisstrafen in Finnland absitzen, bewiesen. Dies bestätigt auch der Felix-Bericht (Seite 227). Selbst wenn man an dem Wahrheitsgehalt des Felix-Berichtes zweifelt, spricht einiges dafür, dass sich Drogen in den Säcken befanden, denn auf den späteren Tauchervideos, die im Dezember 1994 von den Tauchern der Fa. Rockwater gefilmt wurden, ist zu erkennen, dass an Backbord die Unterseite der überstehenden Kommandobrücke von außen eingerissen wurde. Man kann deutlich die leeren Hohlräume darunter sehen. Wem auch immer eine mögliche illegale Ladung gehörte, die hier verstaut war, er hat sie sich offenbar nach dem Untergang zurückgeholt.

Der Fahrstuhl musste sechsmal rauf und runter fahren, und erst nach 30 Minuten waren die beiden Lieferwagen entladen. Sie rollten von Bord, als die Decksbesatzung von der Mittagspause an die Arbeit zurückkehrte.

Ca. 13.00 Uhr	Inspektion durch eine Trainings- gruppe für Schiffsinspektorenanwärter

Seit ihrer Unabhängigkeitserklärung von Russland im Jahr 1991 war Estland mit eigenen personellen Kräften nicht in der Lage, die so genannten Port State Controls zur Feststellung der Seetüchtigkeit eines Schiffes durchzuführen. Das schwedische Sjöfartsverket hatte deshalb im Rahmen eines Abkommens zwischen den Regierungen von Schweden und Estland zwei ihrer besten Leute zeitweilig als Ausbilder nach Tallinn geschickt, und so waren also an diesem Nachmittag die schwedischen Schiffsinspektoren Åke Sjöblohm und Gunnar Zahlé mit neun estnischen Schiffsinspektorenanwärtern sowie dem höchsten estnischen Schiffsinspektor Aarne Valgma an Bord der ESTONIA zu einer praktischen Übung, dem so genannten Training-on-the-Job, gekommen. Auch hochrangige Angestellte der estnischen Hafenbehörde waren Mitglieder der Gruppen, so der Hafenmeister von Pärnu, Uku Tiik, und die Hafenmeister von Saarema und Haapsalu, Hugo Ink und Andres Piri Kivi. Sie sollten eine komplette Port State Control durchführen und eventuelle Mängel dokumentieren.

Davon fanden sie mehr als genug.

Sie fanden so viele Mängel, dass Åke Sjöblohm das Schiff nicht aus Tallinn auslaufen lassen wollte. Aarne Valgma jedoch, der ranghöchste Vertreter der estnischen Abteilung für Schiffssicherheit des estnischen Maritime Board[1], bestand nach Rücksprache mit seinen Vorgesetzten darauf, das Schiff planmäßig auslaufen zu lassen. Es kam zu einem Disput, und eine umfangreiche Mängelliste wurde angefertigt.

Noch im Laufe des späten Nachmittags rief Åke Sjöblohm seinen Vorgesetzten im schwedischen Sjöfartsverket, den Sicherheitsdirektor Bengt-Erik Stenmark, an. Da sich Stenmark jedoch auf einer Konferenz in Rejkjavik befand und nicht erreichbar war, rief er den Generaldirektor des Sjöfartsverkets, Kaj Janérus, an. Er informierte ihn über die festgestellten Gründe für die Seeuntüchtigkeit der ESTONIA und fragte, wie er das Auslaufen verhindern könne.

---

1 Maritime Board: Schifffahrtsbehörde.

Janérus sah sich zu einer solchen Anordnung jedoch nicht in der Lage. Er dachte offenbar nicht an die Möglichkeit, dem Schiff die Einfahrt in die schwedischen Gewässer einfach zu untersagen, denn dann hätte die ESTONIA nicht auslaufen können. Vielmehr hielt er Rücksprache mit Bengt-Erik Stenmark in Rejkjavik, und dieser sicherte sich ab durch ein Gespräch mit Mats Odell, dem schwedischen Transportminister. Dieser bestand darauf, dass die ESTONIA planmäßig fahren sollte.[1] Und so musste sich Åke Sjöblohm damit abfinden, dass die ESTONIA auslaufen würde. Die Offiziere an Bord der ESTONIA weigerten sich, die Mängelliste gegenzuzeichnen, und so übernahm das Aarne Valgma. Gegen 19.15 Uhr lief die ESTONIA aus Tallinn aus.

Die hier abgedruckte Original-Mängelliste wurde ausgefüllt am Nachmittag des 27.9.1994. Besonders zu beachten: Die Spalte drei ist ausgefüllt. Diese Spalte wird aber nur dann ausgefüllt, wenn das Schiff im Hafen festzuhalten ist, wie unter der Begleitnummer eins auf demselben Formular erklärt wird.

Zusätzlich ist hier abgedruckt die Mängelliste, so wie sie die JAIC später in ihren Bericht mit aufgenommen hat.

Offensichtlich wurde diese Fassung nachträglich verändert.[2] Die Spalte drei ist hier nicht ausgefüllt, die Mängelliste macht nur den Eindruck einer harmlosen Auflistung von bei Gelegenheit zu behebender Kleinigkeiten.

Wenige Tage, nachdem das Schiff gesunken war, fand im schwedischen Sjöfartsverket eine Zusammenkunft hinter verschlossenen Türen statt. Åke Sjöblohm und Gunnar Zahlé wurden von leitenden Mitarbeitern des Sjöfartsverket darauf eingeschworen, den wahren Sachverhalt für sich zu behalten.[3] Auch wurde vereinbart, die stattgefundene Inspektion nur als Trainingsinspektion darzustellen und damit ihre Wichtigkeit herunterzuspielen.

---

1 Diese diversen Telefonate wurden mir von einem Beamten des schwedischen Sjöfartsverket geschildert, der namentlich nicht genannt werden möchte. Auch räumten Bengt-Erik Stenmark und Kai Janérus meinem schwedischen Journalistenkollegen Knut Carlsquist gegenüber auf ausdrückliche Nachfrage diese Telefonate ein.

2 Die schwedische FACTA Group, die sich seit einigen Jahren um Aufklärung des ESTONIA-Untergangs bemüht, hat hierzu auf ihrer Website weitere Einzelheiten veröffentlicht. Unter anderem hat die FACTA Group inzwischen die Fälschung gerichtlich feststellen lassen. Damit ist allerdings noch nicht nachgewiesen, wer hier als Fälscher am Werke war.
siehe: www.factgroup.nu/fgframe_eng.html

3 Diese und weitere Tatsachen aus den Besprechungen hinter verschlossenen Türen im Sjöfartsverket wurden mir von zwei Mitarbeitern aus dem Sjöfartsverket berichtet, die namentlich nicht genannt werden möchten.

Offensichtlich hatte Åke Sjöblohm aber das Original der von ihm ausgefüllten und vom estnischen Leiter der Schiffsinspektionsabteilung Aarne Valgma abgezeichneten Mängelliste bereits der offiziellen Havariekommission, JAIC, eingereicht, denn dieses Originaldokument wurde von der Sekretärin der JAIC ordnungsgemäß unter der Nummer 46C registriert und abgelegt.

Auf einem späteren Begleitschreiben an den schwedischen Leiter der JAIC, Börje Stenström, findet sich dann noch zusätzlich ein interessanter handschriftlicher Vermerk:»Hi, Börje, anliegend das Schreiben, von dem ich denke, dass es das Auslaufen am 27.9.1994 hätte stoppen müssen.« Und weiter unten:»Wenn sie [die ESTONIA, d.V.] am 27. September gestoppt worden wäre, damit alle 017 [laut internem Code: Mängel, die vor einem erneuten Auslaufen zu beheben sind, d.V.] korrigiert worden wären, hätte man wahrscheinlich sehr schnell den Rest der Mängel/Schäden gefunden, und in dem Fall hätte das Schiff für einige Wochen in Estland bleiben müssen. Beste Grüße L-O. Å.«

Der Autor dieser Bemerkung ist der damalige Chefinspektor von Bureau Veritas in Stockholm, Lars-Olaf Årlander, der also den tatsächlichen Zustand der Fähre genau kannte. Im Abschlussbericht der JAIC findet sich dann aber das Originaldokument nicht, obwohl man, wie durch die oben rechts befindliche Registriernummer 46C bewiesen ist, über dieses Originaldokument verfügte. Stattdessen wurde das veränderte Dokument, auf dem der Sachverhalt wie eine Bagatelle wirkt, in den Bericht aufgenommen.

Damit wurde ein eindeutig nachweisbar wesentliches Beweisstück im Fall ESTONIA von der JAIC verändert, beziehungsweise ein verändertes Dokument als Beweisträger wider besseres Wissen verwendet.

Fakt ist, dass die ESTONIA bei dieser Inspektion, die offiziell keine war, weil sie»nur« zu einem Trainingsprogramm für Schiffsinspektoren gehörte, von einem erfahrenen schwedischen Schiffsinspektor für seeuntüchtig befunden wurde.

Zwar ist, wie später noch klar werden wird, die ESTONIA nicht nur durch ihren schlechten technischen Zustand in Seenot geraten, aber dieser schlechte technische Zustand hat entscheidend dazu beigetragen, dass das Schiff so schnell gesunken ist. Damit trifft die oberste schwedische Seefahrtsbehörde Sjöfartsverket eine klare Mitschuld.

Zusätzlich ist die Frage zu stellen, wieso es bis heute ungeahndet bleibt, dass die offizielle Untersuchungskommission JAIC ein wichtiges Beweisdokument einfach verändert beziehungsweise ein verändertes Dokument wider besseres Wissen in den JAIC-Bericht aufgenommen hat.

A46C **FORM B**

NATIONAL MARITIME ADMINISTRATION

S-60178 Norrköping, Sweden.
Tel +46 11 19 10 00.
Telefax +46 11 23 99 34.
Telex 64380 Shipadm S.

REPORT OF INSPECTION IN ACCORDANCE WITH THE MEMORANDUM OF UNDERSTANDING ON PORT STATE CONTROL

1 name of issuing authority Maritime Safety Inspectorate, Sweden

2 name of ship ESTONIA — 5 call sign ESTE

9 date of inspection 27.09.1994 — 10 place of inspection TALLINN.

15 nature of deficiency code	text	Convention[1] references	16 action taken[2]
1284	Bow door, packing damage	LL-66	99
1250	Sounding pipe Aux Eng. room	C II-2 Reg 15.6.13	17
0720	2 portable fire exting. missing	C II-2	17
0920	SAFETY PLAN	C II-2 R.20	99
2010	MUSTER LIST	C III R.53	99
2030	DAMAGE CONTROL PLAN	C II-1 R.23	99
2045	CARGO OPERATION MANUAL	IMO A714(17)	99
0710	FIRE PREVENTION NAV. BRIDGE DOOR, BOILER ROOM CLOSING DEVICE MISSING FIRE DOOR IN GALLEY NOT WORKING PROPERLY	C II-2	17
1520	"OFF-COURSE" ALARM NOT INSTALLED	IMO A342(IX)	99
0745	MEANS OF CONTROL: MIMIC PANEL	C II-1 R 15.9.2, C II-2 R 37.1.2.2	99
2055	MANUALS AND INSTRUCTIONS (EM. GEN., BRIDGE ROUTINES, EM. HANDLING STEERING GEAR, MANOEUVRE CHARACTERISTICS	C III R 8 R.9	99
1260	WINDOWS IN GALLEY NOT POSSIBLE TO CLOSE	LL-66 C II-1	17
1250	COVERS ON BULKHEAD DECK TO BE CLOSED	LL-66 C II-1	17
1199	CARGO SECURING DEVICES (A FEW PIECES OF SEC. DEV. WORNED OUT).	IMO A714(17)	99

Continuing page ☒ no ☐ yes

name duly authorized surveyor Head of National Ship Inspect Division.

signature [signature] /Valgmae/

1 To completed in the event of a detention.

2 Codes for actions taken include i.a.: ship detained/released, flag State informed, classification society informed, next port informed (for codes see reverse side of copy).

Sjöv. I 104 92 12 Sjöv. Tryck.

Original des Protokolls der Schiffsinspektion.

FORM B

REPORT OF INSPECTION IN ACCORDANCE WITH
THE MEMORANDUM OF UNDERSTANDING ON PORT STATE CONTROL

1 name of issuing authority ....
2 name of ship ...... ESTONIA ....   3 call sign ..... ESTE ....
9 date of Inspection ..... 27.09.1994 ....   10 place of inspection ..... TALLINN .....

15 nature of deficiency code	text	Convention[1] references	16 action taken[2]
1284	Bow door (packing damage)		99
1280	Sounding pipe marking as		17
0220	2 portable fire ceiling missing Eng. room		17
0920	SAFETY PLAN		99
2010	MUSTER LIST		99
2030	DAMAGE CONTROL PLAN		99
2045	CARGO OPERATION MANUAL		99
0710	FIRE PREVENTION NAV BRIDGE ROOM		
	BOILER ROOM CLOSING DEVICE MISSING		
	FIRE DOOR IN GALLEY NOT WORKING		
	PROPERLY		17
1520	'OFF COURSE' ALARM NOT INSTALLED		99
0745	MEANS OF CONTROL: MIMIC PANEL		99
2055	MANUALS AND INSTRUCTIONS		
	(EM. GEN., BRIDGE ROUTINES, EH. HANDLING		
	STEERING GEAR, MANOUVRE CHARACTERISTICS		99
1260	WINDOWS IN GALLEY NOT POSSIBLE		
	TO CLOSE		17
1250	COVERS ON BULKHEAD OPEN		
	TO BE CLOSED		17
1199	CARGO SECURING DEVICES		99
	(A FEW PIECES OF SEC. DEV. WORN OUT)		

Continuing page   [X] no   [ ] yes   name Head of National Ship Inspection
duly authorized surveyor   Department

Allan
Valgma

To completed in the event of ...

31/05 '96 14:01   LBH/VAST NRO9882 S.002

Gefälschtes Protokoll.

37

SJÖFARTSVERKET
Malmö Sjöfartsinspektionsområde

Handläggare, direkttelefon

Datum
94-10-24
Ert datum

Vår beteckning

Er beteckning

SJÖVIIK
International Projects
ATT: William Pingborg

Hej Börje!

Bif. vad jag gnoer i stort tillräckligt vara underlag för mytjande 27/9 1994.

PSC - On the Job Training in Estonia.

Hej Wille!

Översänder "utkast" till rapport från vår sejour i Estland 26-30/9 -94.

Ändra och stryk som du finner gott - kolla gärna den engelska stavningen osv.

För fortsättningen föreslår jag att 2-4 st "Trainees" gnuggas hos oss i Sverige under en 14-dagarsperiod. Lämpligen involveras IOG i verksamheten. Tidigast kan IOM medverka v 46-47.

Följande namn är lämpliga:

Arne Valgma
Vello Muru
Jaak Arro
Uku Tiik

Nästa steg borde bli att sikta in sig på tillsyn av esternas eget tonnage inkl. lagstiftning och regelimplementering.

Med vänlig hälsning

Åke Sjöblom

Om man stoppat denne den 27/9 - för åtgärd av ... olj - hade man säkert ganska snart kommit underfund med övriga brister. Men då hade fartyget blivit kvar några veckor i ESTLAND.

Vänligen Låt

Adress
Hagen Kockgatan 9
211 20 MALMÖ

Telefon
040-747 80

Telefax
040-23 16 91

Telex
33175
NAVSYO S

Begleitschreiben mit handschriftlichen Vermerken, das beweist, dass die technischen Mängel der ESTONIA bekannt waren.

38

Ca. 16.00 Uhr   Schichtbeginn von Crew und Kapitän

Kapitän Arvo Andresson kehrte gegen 16.00 Uhr auf das Schiff zurück, berichteten die überlebenden Crewmitglieder später. Die Besatzung hatte Schichtwechsel, denn die jeweils fahrende Crew war in drei Schichten eingeteilt.

Die ESTONIA hatte auf ihrer letzten Fahrt laut der von Kapitän Andresson abgezeichneten Crewliste 162 Besatzungsmitglieder an Bord. Hierbei wurden offenbar die Personen, die im Entertainmentbereich arbeiteten, nicht als Besatzungsmitglieder erfasst. Dabei handelt es sich um 27 Personen. Somit kann man sagen, dass die gesamte Besatzung (inklusive der Lotsenprüfer an Bord) aus 195 Personen bestand. Davon arbeiteten aber nur 30 im technischen Bereich, also Brücke/Offiziere; Maschinenraum/Ingenieure, Motorenwärter; Deck/Bootsmann, Matrosen, Autodeckarbeiter. Die weitaus größere Zahl war mit der Gastronomie und Hotellerie, im Tax Free Shop sowie im Entertainmentbereich beschäftigt.

Die Crew setzte sich aus 174 Esten, 13 Schweden sowie einem Finnen und einem Russen zusammen. Acht der Schweden und der Finne hatten leitende bzw. ausbildende Funktionen im Hotel- und Gastronomiebereich. Zu dieser Gruppe gehörte auch Carita Barasinski. Auch der Kapitän Juri Aavik, der als nautischer Berater der Schiffsleitung mitfuhr, war Schwede.

Unter den späteren Überlebenden des Unglücks war ein verhältnismäßig hoher Prozentsatz an Besatzungsmitgliedern, nämlich 43 von den offiziell 137 Überlebenden. Dies gab auch der JAIC später zu denken, denn wer auf einem Passagierschiff anheuert, trägt in einem besonderen Maße Verantwortung für die Passagiere im Katastrophenfall. Jeder hat seinen festen Platz und Aufgabenbereich bei Rettungseinsätzen. Das findet seinen Niederschlag Schwarz auf Weiß im Bordrettungsplan, der so genannten Sicherheitsrolle. Die Passagiere vertrauen schließlich darauf, dass die Crew ihnen im Katastrophenfall sagen wird, was zu tun ist.

Viele Überlebende haben später ausgesagt, dass von der Crew während des Untergangs nicht viel Hilfe gekommen ist. Nur einige wenige Besatzungsmitglieder haben Rettungswesten ausgegeben und Rettungsinseln losgemacht, dafür haben aber mehrere sich sofort mit den ersten losgemachten Rettungsinseln in Sicherheit gebracht.

Einer der wenigen verantwortungsbewusst Handelnden war offenbar der zweite Kapitän Avo Piht. Er wurde auf der Backbordseite des Schiffes von mehreren Besatzungsmitgliedern gesehen, wie er Rettungswesten verteilte, Kommandos gab und sich bemühte, eine geordnete Evakuierung der Passagiere zu organisieren.

18.00 Uhr	Beladung des Autodecks beginnt, Passagiere checken ein. Durchsuchung des Schiffes aufgrund einer Bombendrohung.

Zur Beladung des Autodecks gab es eine routinemäßige, eingespielte Verfahrensweise. Bevor die Pkws, Lkws und sonstigen Fahrzeuge und Container an Bord gebracht werden konnten, wurden jedes einzelne Fahrzeug und jeder einzelne Container natürlich vom estnischen Zoll abgefertigt. Darüber erstellte jeweils der Zoll in Tallinn eine Zoll-Ladeliste, die Customs List. Danach wurden die Fahrzeuge und Container an Bord gefahren und vom Ladungsoffizier des Schiffes und dessen Crew auf dem Autodeck platziert. Dann wurde vom Estline-Terminal eine Cargo-Liste, das Cargo Manifest erstellt, auf der alle Lkws, Container und sonstigen Fahrzeuge auf dem Autodeck erfasst waren. Das Original dieser Liste blieb üblicherweise an Bord bis zur Ankunft im Hafen von Stockholm, und der Durchschlag verblieb bei der Terminalorganisation Estline.

So geschah es auch vor der letzten Fahrt der ESTONIA, mit einer kleinen Besonderheit: Der Ladeoffizier trug einen Lkw, der offenbar in letzter Minute an Bord gekommen war, handschriftlich nach, ohne nähere Angaben. Die Cargo-Liste von Estline hätte normalerweise gleich beim Auslaufen des Schiffes an den Zoll wie auch an das Estline-Büro in Stockholm gefaxt werden müssen. So jedenfalls war das normale Prozedere, und so hatte es auch bisher hunderte Male stattgefunden. Doch an diesem Abend bekam der Zoll in Stockholm die Liste nicht. Auch am nächsten Morgen lag sie sehr zum Erstaunen des Stockholmer Zollchefs Karl Hellermann nicht im Faxgerät. Erst am späten Nachmittag und auch erst auf ausdrückliches Nachfragen durch den schwedischen Zoll wurde die Estline-Cargo-Liste nachgeliefert.

Diese Estline-Cargo-Liste wurde von der JAIC zu den Akten genommen, aber weder die Kommission noch Polizei oder Staatsanwaltschaft gaben jemals bekannt, ob über die Ladung der ESTONIA separate Nachforschungen angestellt wurden.

Fünf Jahre nach dem Untergang gelang es dem deutschen Experten Kapitän Werner Hummel von der deutschen Untersuchungsgruppe, eine Kopie der Zoll-Ladeliste der ESTONIA zu bekommen. Und hierauf ist noch ein weiterer Lkw vermerkt, der auf der Estline-Cargo-Liste gar nicht in Erscheinung tritt. In diesen beiden Lkws befand sich wahrscheinlich Schmuggelgut. Welcher Art, das lässt sich nicht mehr feststellen, aber üblich waren: Drogen, Alkohol, Waffen, Metalle, Menschen. Jede Art von illegalem Gut wurde hier von den wichtigsten Abteilungen der organisierten Kriminalität geschmuggelt. Das war der estnischen Polizei und dem Zoll nicht unbekannt.

Beispielsweise zeigte mir der estnische Zollchef in Tallinn, Thomas Udu, im Frühjahr 1996 während eines Interviews eine Statistik des estnischen Zolls über enorme Mengen beschlagnahmter Drogen, Alkohol, Waffen, Nuklearmaterial und wertvoller Metalle. Er sagte dazu: »Die werden teils geschmuggelt aus Russland, teils sind sie im Transit von Russland nach Finnland und Schweden. Es sind auch Metalle dabei von hier ansässigen Fabriken, Abfall-Metalle und gestohlene Metalle von ehemaligen russischen Militärlagern, und es gibt auch darunter direkt von estnischen Fabriken gestohlene Metalle.« Und Karl Hellermann vom schwedischen Zoll in Stockholm bestätigte seinen estnischen Kollegen in meinem Interview im Frühjahr 1996 und ergänzte sogar zu den weiteren Transportwegen und Abnehmern der illegalen Metalle: »Es waren Fabriken hier in Schweden, Stahlfabriken. Und ich glaube, einiges war auf dem Transitweg nach Europa, aber vieles war für Schweden, für die Stahlfabriken hier in Schweden.«

Es steht also fest, dass es auf der letzten Fahrt der ESTONIA zwei Lkws auf dem Autodeck gab, von denen der eine gar nicht und der andere nur ohne nähere Angaben handschriftlich erfasst worden waren.

Diese Fakten und Umstände wurden bisher in keiner Weise von der JAIC untersucht. Nur die estnische Polizei hat sich mit diesen Vorgängen befasst und inzwischen auch Ermittlungsergebnisse vorzuweisen. Nach der Anfang 2001 stattgefundenen Befragung bleibt allerdings noch abzuwarten, ob diese Tatsachen weiter verfolgt werden.[1]

Doch da die wie auch immer gearteten Mafiagruppen kein Interesse daran hatten, die ESTONIA zu versenken, denn für den blühenden Schmuggel musste das Schiff fahren und zwar ohne Unterbrechung, scheidet das

---

1 In dem Informationsschreiben »Vertrauliche Mitteilungen« Nr. 3394 v. 20.2.2001 heißt es: »Jetzt liegen den estnischen Sicherheitsbehörden, die Angehörige des russischen Militärs ›eingehenden‹ Befragungen unterzogen, alarmierende Hinweise auf Teile der mit der ESTONIA untergegangenen Fracht vor: Auf dem Schiff sollen sich neben Raketenteilen auch Uran, Plutonium und Kobalt befunden haben. Absender dieser tödlichen Fracht waren danach verschiedene russische Militärdienststellen oder auch russische Offiziere, die auf eigene Rechnung handelten. Über die Empfänger ist noch nichts bekannt geworden. Vor diesem Hintergrund macht die in der zivilen Seefahrtsgeschichte u. W. noch niemals vorher aufgekommene Idee Sinn, das Wrack mit einem Betonmantel zu versiegeln. In Wahrheit wird es dabei niemals um die Wahrung der Totenruhe gegangen sein; man wollte vielmehr einer möglichen Verseuchung großer Teile der Ostsee vorbeugen. Über die Menge und Ummantelung der radioaktiven Stoffe ist noch nichts bekannt geworden. Je nach Zustand der Behälter müsste schon bald mit frei werdenden Radioaktivitäten gerechnet werden.«

Au̯ ۱۰۷۱۰/۱ (207)

Ki.10 GU

RS = Keisissaraan̄ : = passajiiarkaan̄

Udtras ur Tallinn: (RSPP" b.liregisterbok
2 ✓.40 med avscendi p.: H/S .Estonices

PAJAVARTIOSTO-J LISTA
TULLIN LÄPI AJO - IARLICTTI

Väljavöte Tallinna RS PP autode registreerimisraamatust
27.09.1994.a. m/1 "ESTONIA" väljumise kohta.

Jrk. nr.	Söiduki mark	Tõrn Vär- vus	typ Liik	Reg. nr.	Chavf. näklau Autojuhi nimi	Isikute arv ja kodakond.
1.	Scania	P	veo	801ABV	Poom, Enn	1EST 45
2.	Saab	P	söidu	NWD465	Söderblom, Jan	1SWE
3.	Mercedes	V	söidu	WAPBJ748	Jagodzinsky, Paul	3GER
4.	Iveco	V	paket	CVK445	Tamasauskas	1LIT *A ценновца*
5.	Ford	V	paket	MRP794	Miliauskas Vytaut.	1LIT
6.	Ford	P	söidu	RHY240	Gustafsson, Johan	2SWE
7.	Scania	S	veo	AL65	Ganparons, Janis	1LAT 52 *EI Liste*
8.	Scania	S	veo	AA65	Vitenbergs, Olaf	2LAT 51
9.	Scania	P	veo	NRY806	Sillanpää, Leo	1SWE 437 49 *B¹*
10.	Scania	V	veo	183RAI	Urbsalu, Arvo	1EST 58 *Loaay*
11.	Scania	S	veo	EPG355	Nilsson, Karl	1SWE 42
12.	Scania	R	veo	AG565	Gobins, Gunars	1LAT
13.	Volvo	S	veo	NXF876	Engström, Bernt	2SWE 60
14.	Pontiac	H	söidu	CKA102	Herrison, Nils	2SWE
15.	Volvo	P	söidu	PUH662	Saare, Siim	2EST
16.	Subaru	H	söidu	XT60711	Finanger, Johan	2NOR
17.	Volvo	P	söidu	TZL988	Hong, Gintel	4SWE
18.	Volvo	V	veo	CSJ052	Selin, Kurt	1SWE 59
19.	Volvo	V	buss	912ABO	Kliis, Kalev	2EST
20.	Mercedes	V	paket	PD3499	Kikuts, Valters	2LAT
21.	Scania	S	veo	AKC153	Sjöberg, Stig	1SWE 37
22.	Moskvitch	H	söidu	743HEV	Lausmaa, Tambet	2EST
23.	Scania	S	veo	DDG188	Klug, Eckard	1SWE 66
24.	Volvo	P	veo	GJO121	Pystö,Reimo	1SWE 65
25.	Porsche	S	söidu	OER309	Daniljuk, Sergei	1EST
26.	Volkswagen	V	paket	ASR263	Persson, Lars	8SWE
27.	Mercedes	P	söidu	NTX278	Akberg, Karl	1SWE
28.	Dodge	V	söidu	289AFR	Steppänen, Hannu	1SWE
29.	DAF	P	veo	688GAB	Türn, Tarmo	1EST 64
30.	Saab	V	söidu	FAU338	Fathmeister, Nils	1SWE
31.	Volvo	S	söidu	TPH846	Nilsson, Karl	1SWE
32.	Lada	P	söidu	493AFU	Kaasik, Maarek	4EST
33.	Opel	V	söidu	CSP709	Fransson, Nils	4SWE
34.	Volvo	V	veo	125TAU	Punga, Peeter	2EST 67
35.	Mercedes	R	söidu	SLS151	Sörnsen, Georg	2GER
36.	Volvo	R	söidu	125SAF	Annus, Lembit	2EST
37.	Volkswagen	P	söidu	PVV215	Sandman, Evald	2EST
38.	Toyota	H	paket	ODT471	Vaske, Rein	1EST+1SWE
39.	Volvo	V	veo	HET939	Ihalainen, Jukka	1FIN 53
40.	Mitsubishi	P	söidu	703AFU	Kaaleste, Mihkel	1EST

Vec = bost.
Söidu - personb.i
paket - ,minibuss

Ladeliste des estnischen Zolls; hier ist ein Lkw mehr verzeichnet als auf dem Cargo Manifest der Reederei.

C A R G O   M A N I F E S T

S H I P   Estonia
D A T E   1994-09-27
F R O M   Tallinn
T O   Stockholm

Page   1

Tic No	Shipper Consignee Payer	Vehicle/Trailer Cargo description	Reg No	Lm	Tare t	Cargo t	Total t	Dri-ver	Width	Place
43736	ASG AB ASG AB	TRAILER POLYETHILENE TRANSIT FROM LATVIA	CXW 384 SEAL009855	14	10	19	29			STO
43737	HANDELSHUSET AB	TRUCK TRAILER BOARDS 122185	AKC 153	24	20	34	54	1		STO
43738	NORDISK TRANSPORT SVERIGE AB NORDISK TRANSPORT SVERIGE AB	TRAILER GENERALS SEAL 009857	GXE 803	13	9	7	16			STO
43739	ASG AB ASG AB	TRAILER FURNITURE SEAL 009841	GCU 777	14	10	20	30			STO
43740	ASG AB ASG AB	TRAILER WODDEN MTRLS SEAL 009851	PUE 652	14	10	9	19			STO
43741	HANDELSHUSET AB	TRUCK TRAILER WOOD 122181	GWD 695	24	20	30	50	1		STO
43742	NARKE FRAKT	TRUCK TRAILER TIMBER 119910	EPG 355	24	20	30	50	1		STO
43743	NORDISK TRANSPORT SVERIGE AB NORDISK TRANSPORT SVERIGE AB	TRAILER CHIPBOARDS SEAL009859	PGU 212	13	9	26	35			STO
43745	SAFT AS PHONE (232) 450 65 SAFT AS PHONE (232) 450 65	TRUCK TRAILER GENERALS RETURN BOOKED 1994.10.02	801 ABV	16	14	7	21	2		TAL
43746	TALLINNA AUTOVEDD PH 213-789 FX 215604 SCHENKER TRANSPORT AB TALLINNA AUTOVEDD PH 213-789 FX 215604	TRAILER GENERALS SEAL 009854	398 BB	13	9	1	10			TAL

Ladeliste der Reederei; hier ist ein Lkw weniger verzeichnet als auf der Zollliste.

43

organisierte Verbrechen für die Täterschaft aus. Dies bestätigte mir auch der damalige Polizeichef Ain Seppik in einem Interview im Mai 2001:

Jutta Rabe: Spielten die Mafia, Erpressung oder Schutzgelderpressung im Fall ESTONIA eine Rolle, wurde das von der Polizei überprüft?

Ain Seppik: Ja, das haben wir untersucht – und nein, definitiv nicht.

Dass trotzdem ein Teil der Ladung, und zwar der ganz »legalen« Ladung höchstwarscheinlich beim Sinken der Estonia eine Rolle spielt, darauf werde ich in einem späteren Kapitel noch ausführlich eingehen.

Passagiere

Vor dem ESTONIA-Unglück gab es im Ostsee-Fährverkehr keine Vorschrift, alle Passagiere namentlich zu erfassen. So konnte ein Familienvater ein Ticket für sein Auto und alle mitfahrenden Familienmitglieder kaufen, wobei er nur die Gesamtzahl der Mitreisenden angab. (Das hat man inzwischen geändert. Heute wird jeder Reisende, auch jedes Kind, mit vollem Namen erfasst.) Nach dieser Praktik war es äußerst schwierig, nach dem Untergang eine zuverlässige und vollständige Liste der Passagiere zu erstellen. Erschwerend kam hinzu, dass einige Passagiere Tickets in ihrem eigenen Namen gekauft hatten, in Wirklichkeit aber die Ehefrau die Reise angetreten hatte. Man konnte also tatsächlich erst einige Tage nach der Katastrophe eine einigermaßen vollständige Liste der Passagiere rekonstruieren. Die offizielle Zahl aller Menschen an Bord der ESTONIA am 27.9.1994 wurde von der schwedischen Polizei mit 989 angegeben. Zieht man davon die 162 Besatzungsmitglieder ab, so müssten sich 827 Passagiere an Bord befunden haben. Ob das aber die richtige Zahl ist, steht nicht fest und ist sogar sehr unwahrscheinlich, denn nach einem Hinweis, den der schwedische Staatsanwalt Thomas Lindstrat erhielt, befand sich laut Ermittlungsakten auch ein Container an Bord, der zwischen 148 und 174 illegale Einwanderer auf seiner Ladefläche verborgen gehalten haben soll. Ob diese Information stimmt (und ob so viele Menschen in einen Container gepfercht werden können), ließ sich aber bis heute nicht klären, nur angesichts früherer entdeckter Vorkommnisse auf der Fähre ESTONIA kann man diese Umstände nicht ausschließen.[1]

---

1 1993 war ein spektakulärer Fall von Menschenschmuggel mit 17 kurdischen Flüchtlingen aufgedeckt worden, die in einem Container offenbar von Schleppern nach Schweden gebracht werden sollten. Die Menschen waren fast erstickt und hatten sich im letzten Moment durch lautes Klopfen und Schreien bemerkbar gemacht. Ein Wachmatrose auf seinem Sicherheitsrundgang hatte damals die »Fracht« entdeckt und befreit.

Insgesamt stimmen die Zahlen der offiziellen Passagier- und Crewliste mit den Zahlen auf der Liste der Versicherung Skuld über die Zahlungen an die Hinterbliebenen nicht überein. Danach gab es mehr Menschen auf der ESTONIA als offiziell zugegeben wird. Die Versicherung nahm zu den Zahlen auf meine Anfrage nur sehr unpräzise Stellung: »Wir stehen vor einem Rätsel.« Obwohl ich zwischen Februar und September 2001 noch fünfmal anrief und eine Kollegin es weitere zehnmal versuchte, blieb Skuld uns jede Antwort schuldig. Es war einfach keine Stellungnahme zu bekommen.

Während der Zeit der Beladung ist es eventuell zu einer Bombensuche an Bord der ESTONIA gekommen, denn der junge Kadett Paavo Pruul, der gegen 19.30 Uhr mit seinem Schulschiff LINDA in den Hafen von Tallinn einlief, hörte über Funk mit, wie die Offiziere auf der Kommandobrücke der ESTONIA von der Hafenkontrolle gefragt wurden, was die Suche mit den Hunden nach der Bombe am Nachmittag erbracht habe. Ein Offizier der ESTONIA hatte geantwortet, dass die Suche ohne Ergebnis war.[1]

Abfahrt der ESTONIA aus Tallinn

Zwischen 19.15 und 19.35 Uhr:
Kapitän Andresson hat das Kommando.
Ab 20.00 Uhr   Auf der Brücke haben Dienst: der Zweite Offizier Peeter Kannussaar und der Dritte Offizier Andres Tammes.
Gegen 20.20 Uhr   kommt noch Einar Kuck, ein Offizier in Ausbildung, dazu.

Durch Zeugenaussagen ist rekonstruierbar, dass die ESTONIA erst zwischen 19.15 Uhr und 19.35 Uhr den Hafen von Tallinn verlassen hat und nicht pünktlich um 19.00 Uhr, wie es der Fahrplan vorsah und wie es auch lange von der Reederei Estline behauptet wurde. Außer den Zeugen Carl Övberg, der zu spät zum Estline-Terminal kam und die ESTONIA bei pünktlicher

---

1 Paavo Pruul sagte in einem Spiegel TV-Interview, gesendet am 2.1.2000: »Irgendwie beiläufig hat die Hafenkontrolle die Männer auf der ESTONIA gefragt, was das für eine Geschichte mit der Bombe war. Sie haben geantwortet, dass Männer mit Hunden das Schiff kontrolliert haben, aber wohl nichts dabei herausgekommen sei, Genaueres weiß man nicht.«

Abfahrt verpasst hätte, und Per-Erik Ehrnsten, der sich noch genau daran erinnert, dass um 19.00 Uhr noch Lkws verladen wurden, und dem Passagier Anders Eriksson, der bereits im Bordrestaurant saß, als die ESTONIA ablegte, das aber erst um 19.30 Uhr geöffnet wird, gibt es noch einen finnischen Zeugen, der zusammen mit seinem Sohn im Bordrestaurant der SILJA FESTIVAL, die am Kai gegenüber der ESTONIA gelegen hatte, genau um diese Zeit Kaffee trank. Da die ESTONIA in Tallinn über die Bugklappe beladen wurde, musste das Schiff rückwärts ablegen, im Hafenbecken wenden, um dann vorwärts Fahrt aufnehmend freie Gewässer zu erreichen Der Zeuge hatte dieses Schauspiel voller Interesse beobachtet, und da dieses Restaurant auch erst um 19.00 Uhr öffnet, er aber schon beim Kaffeetrinken war, als die ESTONIA im Hafen wendete, konnte er später die Abfahrtszeit zwischen 19.15 Uhr und 19.35 Uhr angeben.

Die Abfahrtszeit spielt im Gesamtzusammenhang der Ereignisse eine wichtige Rolle, weil sich aus der Differenz zum Zeitpunkt des Untergangs im Verhältnis zu den zurückgelegten Seemeilen die Geschwindigkeit des Schiffes errechnen lässt. Da die ESTONIA immer pünktlich zu sein hatte – diese Anweisung der Reederei war bis auf eine einzige Ausnahme, eine einstündige Verspätung am 1. Januar 1994, stets eingehalten worden –, mussten die Offiziere auf der Brücke während der Fahrt die verlorene Zeit wieder aufholen. Also wurde die ESTONIA die ganze Reisezeit über mit voller Kraft gefahren, ohne Rücksicht auf die schlechter werdenden Wetterverhältnisse und den Seegang. Eine Entscheidung gegen die Reederei zu treffen, z. B. eigenmächtig die Geschwindigkeit zu reduzieren, hätte enormen Mut verlangt, denn es sollte stets bewiesen werden, dass das Estline-Schiff mit den moderneren Schiffen der Reedereien Silja und Viking mithalten konnte, ja womöglich sogar besser war.

Ein weiterer Umstand beim Ablegen der ESTONIA ist beachtenswert: Sie hatte bereits beim Auslaufen ca. 1° bis 2° Steuerbord-Schlagseite. Die Ursache ist bis heute nicht ganz geklärt. Laut Aussage des überlebenden Maschineningenieurs Margus Treu war der linke, also der Backbord-Ballasttank (Krängungsausgleichtank) voll mit Wasser gefüllt und der auf der rechten Seite, also der Steuerbord-Ballasttank, vollkommen leer. Auch die Verteilung der Pkws und Lkws lässt im Nachhinein keine Unregelmäßigkeit der Gewichtsverteilung erkennen. Anhand der Wassermenge, die sich im Ballasttank auf der Backbordseite befand, und der Zahl der Pkws und Lkws an Bord sowie der 1° bis 2° entsprechenden Schlagseite, hat die deutsche Expertengruppe errechnet, dass die ESTONIA auf der Steuerbordseite ca. 200 Tonnen unerklärliche Gewichtsmasse mit sich führte. Dabei kann es sich ebenso um verborgene Ladung handeln wie um Wasser, das unentdeckt bereits durch irgendeine Beschädigung im Schiffsrumpf eingedrungen war.

Die Tatsache, dass keiner der Offiziere in irgendeiner Weise auf dieses Problem reagierte, deutet vielleicht darauf hin, dass man schon an so etwas gewöhnt war. Die Ursache dieser anfänglichen Steuerbordschlagseite wurde jedenfalls von der JAIC nicht untersucht.

Ca. 21.30 Uhr   Wind und Wellen werden kräftiger.

Gegen 21.30 Uhr, so erinnern sich viele Passagiere, machte sich verstärkt der Wellengang der Ostsee bemerkbar. Viele Überlebende berichten später, dass zu diesem Zeitpunkt einige Menschen seekrank wurden.

Auch zur Kommandobrücke wurde diese Meldung weitergegeben, wie Einar Kuck, der Offizier-in-Ausbildung, der den Untergang überlebte, später aussagte. Der Kapitän ließ aber nicht die Geschwindigkeit reduzieren, sondern das Schiff fuhr weiter mit unveränderter Kraft.

Die ESTONIA fuhr gegen 20 m/sec Wind und 3 bis 4,5 m signifikante[1] Wellenhöhe an und machte ca. 18 Knoten. Das bezeichnet man auf See als schlechtes Wetter, aber noch nicht als Sturm. Erst gegen 0.30 Uhr, so erinnert sich später Einar Kuck, wurden die Seitenstabilisatoren ausgefahren. Dabei handelt es sich um eine Einrichtung, ähnlich wie Schwimmflügel, aber aus Stahl, rechts und links am Schiff, die bei starkem Wellengang für mehr Stabilität sorgen soll und vor allem die seitlichen Bewegungen des Schiffes, das so genannte Rollen, dämpft, damit die Überfahrt für die Passagiere bei schlechtem Wetter erträglicher wird.

22.00 Uhr   Der Wachmatrose Silver Linde tritt seinen Dienst an. Kapitän Arvo Andresson kommt zusammen mit dem zweiten Kapitän Avo Piht auf die Brücke.

---

1 Diese Wellenhöhe ist eine durchschnittliche Angabe und schließt auch die manchmal doppelt so hoch auftretenden Wellen ein, die statistisch gesehen bei jeder hundertsten Welle eintreten können. Dies ist deshalb wichtig, weil im späteren Abschlussbericht der JAIC davon ausgegangen wird, dass zwei bis drei solcher starken Wellen, also nicht 3–4 Meter hoch, sondern 6–8 Meter hoch, die Bugvisierverriegelungen gebrochen haben sollen. Nach mathematischen Berechnungen selbst der ausgetüfteltsten Rechner der JAIC wären nämlich 3–4 Meter hohe Wellen überhaupt nicht im Stande gewesen, die benötigte Kraft zu erzeugen, 8 Meter hohe Wellen aber zumindest rechnerisch. Damit hatte die JAIC dann zumindest eine rechnerische Beweisführung geleistet, die zwar der praktischen Beweisführung später nicht standhielt, aber das störte die JAIC-Mitglieder nicht, es wurde ignoriert.

Der Wachmatrose Silver Linde meldet sich zum Dienst. Er soll Kontrollgänge durch das gesamte Schiff machen. Er hat den Untergang überlebt, und seine Aussagen waren für die JAIC entscheidend bei ihrer Rekonstruktion des Untergangs. Doch die Angaben von Silver Linde wurden von ihm »erpresst«, wie er sich in einem Interview mit mir im Mai 2001 ausdrückte. Dabei sagte er aus, dass es der JAIC darauf angekommen sei, die Zeitspanne zwischen dem angeblichen Verlust der Bugklappe und dem Eintreten der ersten Schlagseite so groß wie möglich zu halten, damit zumindest theoretisch in den mathematischen Berechnungen der JAIC genügend Wasser über das Autodeck in das Schiff hätte eindringen können.

Da die Kalkulationen der JAIC aber immer wieder revidiert wurden, musste man auch ständig die Aussage von Linde anpassen. Die von Silver Linde in einem Interview geäußerten Aussagen machen vor diesem Hintergrund Sinn und fügen sich nahtlos ein in die Aussagen von anderen Besatzungsmitgliedern und Passagieren, denen von der JAIC kein Glaube geschenkt wurde.[1]

Kapitän Andresson erscheint um diese Zeit zusammen mit dem zweiten Kapitän Piht auf der Brücke. Beide bleiben nur kurz, besprechen Kurs und Geschwindigkeit und verlassen die Brücke wieder. Der zweite Kapitän Piht trägt zu diesem Zeitpunkt keine Uniform.

22.30 Uhr   Kapitän Andresson erscheint ein weiteres Mal, diesmal allein, auf der Brücke. Er gibt Anweisung, dass Kapitän Piht am nächsten Morgen um 05.00 Uhr geweckt werden soll. Wachmatrose Silver Linde begibt sich auf seinen ersten Wachgang durchs Schiff.

Wieder erkundigt sich Kapitän Andresson nach der Geschwindigkeit, liest den Wetterbericht und macht Bemerkungen über die sich ausdehnende Verspätung des Schiffes. Der Wachmatrose Silver Linde tritt zu diesem Zeitpunkt den ersten Kontrollgang seiner Schicht an. Er muss Wachgänge durch das ganze Schiff machen und startet immer von der Brücke aus.

---

1 Nicht unerwähnt sollte in diesem Zusammenhang allerdings bleiben, dass Silver Linde derzeit in einem Gefängnis in Helsinki sitzt. Man hat ihm Drogenhandel unterstellt. Er selbst behauptet, dass man ihn nur als wertvollen Zeugen aus dem Verkehr ziehen wollte.

Jeweils an bestimmten Kontrollpunkten muss er dann Schlüssel in Steckschlössern drehen, womit seine Kontrollrunde in der Abfolge und auch in der Zeitangabe unbezweifelbar dokumentiert ist. Er braucht für einen Kontrollgang bei gutem Wetter ca. 25 Minuten, bei schlechtem Wetter und verstärktem Wellengang 25 bis 30 Minuten. Da er immer zur halben Stunde startet, ist er normalerweise immer zur vollen Stunde zurück auf der Brücke.

23.00 Uhr	Silver Linde kommt zur Kommandobrücke zurück.
	Die Passagiere Carl Övberg und Per-Erik Ehrnsten begeben sich in ihre Kabinen.
23.30 Uhr	Silver Linde begibt sich auf seinen zweiten Kontrollgang.

28. September 1994

Ca. 00.20 Uhr	Silver Linde kommt nach eigenen Angaben verspätet von seinem zweiten Kontrollgang zurück zur Kommandobrücke.
	Er hat noch eine Unterhaltung mit einem Mädchen geführt, das an der Bar im Admirals Pub bedient. Linde hatte sich mit ihr angefreundet und es sich zur Gewohnheit gemacht, sich auf seinen Kontrollgängen immer noch einen kleinen Abstecher zu ihr zu gestatten.
00.30 Uhr	Die Offiziere ändern den Kurs von 262° auf 287° und fahren die Seitenstabilisatoren aus.

Der Wachmatrose Silver Linde beginnt seine dritte Kontrollrunde in dieser Nacht. Der Offizier-in-Ausbildung Einar Kuck verlässt die Brücke und geht zunächst in seine Kabine und dann in die Bar Admirals Pub auf Deck V. Dort sieht er Silver Linde gegen 0.45 Uhr vorbeischauen.

Gegen 00.30 Uhr hatte das Schiff den so genannten Waypoint erreicht und damit ungefähr die Hälfte des Weges zurückgelegt. Ab hier musste der Kurs geändert werden, denn ab hier musste sich die ESTONIA eingliedern in den »fließenden Fährverkehr« mit den anderen Fähren, die zwischen Finnland und Schweden unterwegs sind. Da die Wellen jetzt das Schiff von ca. 60° Backbord trafen, hatte Kapitän Andresson auf der Kommandobrücke angeordnet, Seitenstabilisatoren einzusetzen, damit die Überfahrt für die Passagiere nicht zu unruhig würde.

Der Maschineningenieur Margus Treu erinnert sich daran, dass er gegen 0.30 Uhr die Anweisung erhielt, die Seitenstabilisatoren vom Maschinenkontrollraum aus zu setzen. Normalerweise geschieht dies von der Kommandobrücke aus, aber es gab technische Probleme mit der Steuerbordflosse. Deshalb führte Margus Treu die Anweisung sogleich aus, und anschließend fuhr das Schiff etwas ruhiger. Der Ingenieur Henrik Sillaste, der eigentlich schon Dienstschluss hatte, wurde gebeten, das interne Vakuumsystem der Wasserleitungen zu prüfen, denn durch einen Unterdruck im System funktionierte die Toilettenspülung nicht überall einwandfrei. Gegen 00.30 Uhr begann er mit dieser Arbeit in einem Serviceraum auf Deck 0, demselben Deck, auf dem weiter vorne der Sauna- und Schwimmbadbereich und ein Konferenzraum liegen.

Zu diesem Zeitpunkt verlässt Einar Kuck die Kommandobrücke und bringt zuerst seine Unterlagen in seine Kabine, um danach noch eine Weile in die Schiffsbar Admirals Pub auf Deck V zu gehen. Hier sieht er gegen 00.45 Uhr den Wachmatrosen Silver Linde, der wieder nach seiner Freundin Ausschau hält. Da der Admirals Pub nicht auf der Kontrollstrecke des Wachmatrosen liegt, verspätet Silver Linde sich durch diesen Abstecher automatisch auf seinem weiteren Kontrollgang. Dieses private Intermezzo wäre nicht weiter erwähnenswert, wenn es nicht in der zeitlichen Rekonstruktion der Ereignisse später eine Rolle spielen würde. Durch diese Verzögerung kann Silver Linde, ohne gerannt zu sein, nicht viel früher als ca. 00.50/00.55 Uhr das Autodeck erreicht haben.

Ca. 00.50/00.55 Uhr

> Ein bis zwei starke Knallgeräusche in kurzen Abständen im Bugbereich, verbunden mit starken Erschütterungen, die Vibrationen im ganzen Schiff spüren lassen, werden von Besatzungsmitgliedern und Passagieren wahrgenommen, wie sie später übereinstimmend berichten.

Der Wachmatrose Silver Linde kontrolliert nach den Knallgeräuschen vom Autodeck aus den Bugbereich. Er bleibt ca. 5 Minuten. Er stellt keinen Wassereinbruch auf dem Autodeck fest.

Maschineningenieur Margus Treu sieht auf seinem Kontrollmonitor im Maschinenkontrollraum, wie sich Silver Linde im Bugbereich des Autodecks bewegt.

Der Passagier Leif Bogren beschreibt seine Eindrücke bei einer Befragung im Herbst 1999 durch die deutsche Expertengruppe so: »Wroom und dann sssh, wroom, bang... Verdammt, das gehörte hier nicht hin und dann dieses ssssh-ssssh, uuhmm, bum-bum-bum... Was war das? Es war ein Geräusch, das sich in einer Vibration durchs ganze Schiff fortsetzte.«

Ein anderer Passagier, Töni Spuhl, der sich in seiner Kabine auf Deck IV befand, sagt: »... es war ein allmächtiger Crash. Ich dachte noch: Habe ich jemals solch einen Crash gehört? Das ganze Schiff vibrierte in einer ganz anderen Art...«

Der Passagier Pierre Thiger, der sich zu diesem Zeitpunkt in der Karaoke-Bar auf Deck V, Steuerbord, befindet, erklärt, dass diese Erschütterungen sogar dort spürbar waren. Gäste, Musiker und Tänzer stolperten, manche fielen hin. »...es war ein Gefühl, als ob das ganze Schiff abrupt stoppte und wackelte, und dann stolperten viele, einige hatten keine Chance, aufrecht stehen zu bleiben.«

Auch Carl Övberg hört diese starken Knallgeräusche. Da er eine Kabine im vorderen Bereich des Schiffes hat und zudem noch unter dem Autodeck, verstärkt sich in ihm das Gefühl, dass etwas erheblich nicht in Ordnung ist.

Autorampe der DIANA II (ein bauähnliches Schiff wie die ESTONIA) von innen gesehen.

Der Wachmatrose Silver Linde befindet sich zu diesem Zeitpunkt auf dem Autodeck. Die Knallgeräusche, verbunden mit den Erschütterungen, sind so stark, dass auch Silver Linde ins Stolpern gerät.

Silver Linde: ...Ich stand hier vor dem Bugbereich, hier kommt schon die Wand, hier ist die Tür, wo es raufgeht in diesen kleinen Raum, hier dieser Weg, hier ist die Tür, die zu diesen Räumen führt. Ich war schon fertig dort im Bugbereich mit dem Kontrollgang und drehte mich um, und dann kam das Geräusch von der Seite, als ich mich umdrehte. Es gab eine Erschütterung, und dann ging die Fähre wieder hoch mit den Wellen, und dann ging sie wieder runter und dann wieder hoch. Ich verlor fast das Gleichgewicht, ich konnte mich kaum halten. Das Geräusch kam irgendwie von der Seite, ich kann nicht ganz ganau sagen woher.
Jutta Rabe: Das Schiff ging hoch mit den Wellen?
Silver Linde: Es ging hoch und dann eine Erschütterung, und sobald es wieder runtergehen wollte, ging es wieder hoch; und da hörte ich nochmal das Geräusch.
Jutta Rabe: Und Sie verloren das Gleichgewicht?
Silver Linde: Nun, ich habe mich noch gehalten, sonst wäre ich gefallen, aber ja, es war eine ziemliche Erschütterung. Ich kann nicht direkt sagen, ob es eine Explosion war – aber seltsam, ich hatte so ein Geräusch noch nie vorher gehört. Ich bin viel in Stürmen gefahren, in wirklich vielen, aber dies war anders.

Silver Linde meldet den Vorfall über Walkie-Talkie an die Kommandobrücke und wird daraufhin von einem der Offiziere zum Bugbereich des Schiffes geschickt. Er bekommt zwar nicht explizit den Auftrag von der Brücke, die Signallampen der Bugverriegelungen zu kontrollieren, aber er tut dies nach seinen Angaben aus eigener Initiative. Der Kontrollkasten dazu befindet sich auf der Backbordseite des Schiffes, ein paar Meter hinter der Autorampe, die hochgeklappt nach innen hin das vordere Ende des Autodecks bildet.
Er berichtet später, dass alle Lampen grün geleuchtet hätten und er nichts Ungewöhnliches feststellen konnte. Diese Aussage bringt Zweifel auf, ob Silver Linde den Kontrolllampenbereich überhaupt und falls ja, vielleicht nur sehr oberflächlich überprüft hat, denn alle Lampen hätten gar nicht grün leuchten können, da die Kontrolllampe der Hafensicherung während der Fahrt immer rot leuchtete. Er hätte also mindestens eine Lampe rot sehen müssen.

Es lässt sich tatsächlich nicht rekonstruieren, ob Silver Linde den vorderen Bugbereich nach den Knallgeräuschen wirklich gründlich inspiziert hat oder nicht. Nach seinen Angaben blieb er ca. fünf Minuten im Bereich hinter der Autorampe, sah aber außer ein wenig Spritz- und Kondenswasser, was als normal bezeichnet werden kann, keinen Wassereinbruch und auch die Autorampe erschien ihm fest verschlossen.

Der Maschineningenieur Margus Treu sieht gegen 00.55 Uhr Silver Linde auf seinem Kontrollmonitor, der bei ihm im Maschinenkontrollraum steht. Überwachungskameras, die auf dem Autodeck an verschiedenen Punkten installiert sind, zeigen Bug- und Heckbereich sowie verschiedene Teile der Ladefläche des Autodecks zu beiden Seiten des Mittelschachtes. Die gleichen Bilder müssten eigentlich die Offiziere auf ihrem Kontrollmonitor auf der Brücke empfangen, doch später stellt sich durch Zeugenaussagen heraus, dass der Kontrollmonitor auf der Brücke defekt war und man von dort aus nicht aufs Autodeck sehen konnte.

Ca. 00.58 Uhr   Silver Linde kehrt zur Brücke zurück.
Der Zweite Offizier Tormi Ainsalu und der Vierte Offizier Kaimar Kikas haben den Zweiten und Dritten Offizier abgelöst.
Der Kapitän ist ebenfalls anwesend und stellt fest, dass die Fähre schon eine Stunde Verspätung hat.

Silver Linde berichtet später, dass er nach seiner Kontrolle des Bugbereiches ohne Zwischenstopps weiter seine Kontrollrunde fortgesetzt hat, also noch auf Deck I hinabgegangen ist und dann sogar noch im 0-Deck-Bereich die Sauna und Schwimmbadräume durchquert hat, um dann ohne weiteren Aufenthalt wieder hoch zur Brücke zu gehen. Dafür hat er mindestens drei bis vier Minuten gebraucht, denn die Kommandobrücke liegt auf Deck IX. Weiter berichtet er, dass inzwischen der Zweite Offizier Tormi Ainsalu und der Vierte Offizier Kaimar Kikas ihre Kollegen abgelöst hatten. Die beiden Offiziere der vorherigen Schicht Andres Tammes und Peeter Kannussaar waren nach Angaben von Silver Linde zu diesem Zeitpunkt nicht mehr auf der Brücke. Allerdings betrat nach Aussage von Silver Linde Kapitän Arvo Andresson mit ihm gleichzeitig die Brücke.

Nach einer bisher geheim gehaltenen Aussage des Geschwisterpaares Wachtmeister, die Passagiere waren und den Untergang überlebten, war Kapitän Andresson noch gegen 00.50 Uhr im Restaurant von ihnen gesehen worden. Dort hatte er mit den an Bord befindlichen schwedischen Lotsenprüfern ein Abendessen eingenommen. Als es zu einer merkwürdigen

Erschütterung des Schiffes kam, soll Andresson laut Aussagen der Zeugen einen Moment wie versteinert gewesen sein und sich dann bei seinen Gästen entschuldigt und das Restaurant verlassen haben.

Diese Aussage stimmt mit der Aussage des Wachmatrosen überein, der mit dem Kapitän fast zeitgleich die Brücke betreten haben will.

Andresson fragt nach der Geschwindigkeit und macht eine Bemerkung über die bereits einstündige Verspätung. Er informiert die Offiziere, die neu übernommen hatten noch darüber, dass sie den zweiten Kapitän Piht um 05.00 wegen der Lotsenprüfung wecken sollen. Dann verlässt er die Brücke und kurz darauf kommt ein Anruf.

Ca. 01.00 Uhr   Der Zweite Offizier Tormi Ainsalu erhält einen Anruf. Die Passagiere von Deck I sind aufgebracht über die Geräusche. Ainsalu schickt Silver Linde noch einmal zum Bugbereich des Autodecks.

Woher der Anruf stammte, konnte während der Untersuchung der JAIC nicht geklärt werden. Tatsache ist aber, dass Passagiere über das normale Bordtelefon keine direkte Verbindung zur Brücke herstellen konnten. Deshalb ist anzunehmen, dass der Anruf von der Rezeption kam, an die sich die Passagiere gewandt haben könnten.

Silver Linde erhält sofort den Auftrag, runterzugehen und noch einmal auf dem Autodeck zu prüfen, ob das Visier ordentlich verriegelt und die Autorampe in Ordnung sind.

Dies ist eine ganz außerordentliche Aussage von Silver Linde, denn da später von Seiten der Reederei immer behauptet wurde, dass die technische Funktion des Visiers stets ganz einwandfrei war, muss der Zweite Offizier Tormi Ainsalu auf der Brücke zumindest den Verdacht gehabt haben, dass das Visier nicht ordentlich verriegelt gewesen sein könnte. Silver Linde sollte den Bootsmann Vello Ruben mitnehmen, der für die Verriegelung des Visiers zuständig war. Da er ihn jedoch über sein Walkie-Talkie nicht sofort erreichen konnte, lief er zuerst alleine los.

Ca. 01.01 Uhr   Ein bis zwei weitere scharfe laute Knallgeräusche und eine Schockwelle, die durch das Schiff läuft, wird von Passagieren und Besatzungsmitgliedern wahrgenommen. Der Ingenieur Henrik Sillaste läuft zum Maschinenkontrollraum. Passagiere von Deck I flüchten nach oben. Wasser dringt unter Druck von Deck 0 auf das Deck I.
Gegen 01.01 Uhr knallt es dann erneut im Vorschiffbereich.

Der deutsche Passagier Manfred Rothe, der in der Bar auf Deck V ein Bier trinkt, beschreibt es in unserem Interview am Tag nach dem Unglück so: »...da gab es dann noch so einen Schlag, der ging durchs ganze Schiff, und da war ein junger Mann, der hatte so eine Schrecksekunde, der schaute und dann weg, weg hier, raus ...«

Die meisten denken, dass die ESTONIA auf Grund gelaufen oder mit etwas zusammengestoßen sei. Von Deck I, unterhalb des Autodecks, flüchten jetzt viele Passagiere, die bereits das Wasser in den Korridoren bemerkt oder von den schweren Knallgeräuschen Panik bekommen haben.

Auch Carl Övberg hat sich inzwischen angezogen und die Flucht angetreten. Er rennt aus seiner Kabine den Korridor entlang und zur Treppe. Da er dort mit dem rechten Ärmel seiner Jacke am Geländer hängen bleibt und noch einmal ein Stück zurück muss, um sich zu befreien, dreht er sich um, guckt über die rechte Schulter und sieht, wie Wasser unter Hochdruck aus Lüftungsrohren, den so genannten Schwanenhälsen, herausschießt. Diese Schwanenhälse sitzen auf Lüftungsrohren, die bis hinunter zum Deck 0 reichen. Es ist also ganz offensichtlich zu einem Wassereinbruch im 0-Deck-Bereich, d.h. unterhalb von Deck I gekommen. Es muss deshalb eine Verbindung nach außenbords – ein Loch in der Bordwand – geben, ansonsten könnte nicht Wasser unter Druck nach oben sprudeln. Außerdem sieht er in der gesamten Länge des Korridors bereits Wasser, und zwar noch bevor es zur Schlagseite kommt.

Die JAIC wird sich später nicht mit der Aussage von Carl Övberg befassen, genauso wenig wie mit den Aussagen all der anderen Überlebenden von Deck I, von denen viele Wasser auf ihrem Korridor gesehen haben. Ein Passagier gab an, dass sogar schon Wasser über die Türschwelle in seine Kabine gelaufen war. Die Aussagen dieser Überlebenden widersprechen also der Darstellung der JAIC in ihrem Abschlussbericht vom Dezember 1997.

01.02 Uhr   Das Schiff holt ca. 40° bis 50° zur Steuerbordseite über, richtet sich aber danach wieder auf, holt nochmals über, richtet sich aber wieder bis zu einer ca. 10° Steuerbord-Schlagseite auf, die mit den Rollbewegungen des Schiffes zunimmt.

Um 01.02 Uhr[1] holt das Schiff plötzlich 40° bis 45° nach Steuerbord über. Mehrere Überlebende sagen später aus, dass sich das Schiff aber mit dem Wellengang wieder aufrichtete, um kurz danach erneut überzuholen. Aus dieser Schräglage kam die ESTONIA nicht wieder völlig zurück. Es bleibt für eine Weile bei einer Schlagseite von ca. 10°, die dann mit den Rollbewegungen sukzessive zunimmt und etwa fünf bis sieben Minuten später bereits ca. 30° erreicht hat.

Silver Linde befindet sich zu diesem Zeitpunkt[1] nach eigenen Angaben am Informationsschalter auf Deck V, um von dort die automatische Verriegelung der Türen des Autodecks von Hand öffnen zu lassen. Eine junge und völlig unerfahrene Praktikantin sagt ihm, dass schon jemand von der Crew bei ihr gewesen ist und die Handverriegelung geöffnet hat. Auf Lindes Nachfragen kann sie aber keine Auskunft über den Namen desjenigen geben, da sie die einzelnen Besatzungsmitglieder noch nicht kennt. Silver Linde wundert sich über diese Begebenheit sehr, denn das Autodeck wurde während der Überfahrt immer strikt verschlossen gehalten, und der Bootsmann Vello Ruben, der ebenfalls zum Autodeck beordert worden war, hatte einen Schlüssel. Er hätte nicht den Umweg über den Informationsschalter auf Deck V gehen müssen. Doch Silver Linde bleibt nicht viel Zeit für Verwunderung.

Gemäß seiner Aussage versuchte er dann über die Treppen nach unten zu kommen. Die waren allerdings verstopft mit Passagieren, die in Panik versuchten, nach oben zu rennen. Einige dieser Passagiere kamen von Deck I, dem Deck unterhalb des Autodecks, und berichteten von eingedrungenem Wasser. Ein Passagier, der nur mit Unterwäsche bekleidet ist, schrie Linde entgegen, dass er aus Kabine 1096 käme und dass das Wasser in seiner Kabine schon »so hoch wie mein Bett« gestanden habe. Diese Information gab Silver Linde über sein Funksprechgerät an die Brücke weiter.

Genau in diesem Moment holt das Schiff nach Steuerbord über. Linde verliert wie viele andere den Halt. Menschen, Cola-Automaten, Mobiliar, alles wird auf die Steuerbordseite geschleudert. Silver Linde meldet das über Walkie-Talkie zur Brücke. Maschineningenieur Margus Treu hört diese Angabe von Silver Linde auf seinem Funkgerät mit und sieht zur selben Zeit zusammen mit seinem Kollegen Hannes Kadak auf dem Moni-

---

1 Die Angabe dieser Uhrzeit (s. S. 55 unten) kann als zuverlässig angesehen werden, weil in dieser Minute der elektrische Wecker des schwedischen Passagiers Mikael Öun mit allen anderen Sachen vom Tisch rutscht und auseinanderbricht. Dabei fällt die Batterie heraus, und die Uhr bleibt in dieser Minute – 0.02 Uhr schwedischer Zeit, also 01.02 Uhr Uhr Bordzeit – stehen. Öun steckt den Wecker wie auch seinen kleinen Fotoapparat in die Tasche und verlässt seine Kabine auf Deck IV. Der Wecker steht heute im Schifffahrtsmuseum von Stockholm als eines der wichtigsten Exponate der ESTONIA-Ausstellung.
Dieser überzeugende Beweis für den Zeitpunkt des großen Überholens ist von der JAIC überhaupt nicht beachtet worden, denn nach dem Urteil der JAIC fand das große Überholen erst gegen 01.13/15 Uhr statt.

Henrik Silaste
10.3.95 in Stockholm

SILJA HOTEL
Ariadne

Besöksadress: Södra Kajen 37, Värtahamnen. Postadress: Positionen 117, 115 74 STOCKHOLM
Telefon: 08-665 78 00. Telex 13960. Telefax: 08-662 76 70

Skizze von Henrik Sillaste: Die Autorampe ist zum Zeitpunkt des Untergangs geschlossen.
Nur an den Seiten presst ein wenig Wasser herein.

tor im Maschinenkontrollraum, wie sich Wasser an beiden Seiten der Autorampe ins Schiff presst. Danach gibt Linde den Versuch auf, weiterhin nach unten zu gelangen. Er hat jetzt begriffen, dass es verdammt ernst ist, und beschließt, auf das Deck VII zu kommen, um sein Leben zu retten und vielleicht noch das von ein paar anderen, die schnell genug auf das Rettungsdeck gelangen können.

Carl Övberg ist bereits im Treppenhaus auf seinem Weg nach oben. Als das Schiff zum ersten Mal nach Steuerbord überholt, muss er zeitweilig das Geländer als Lauffläche benutzen.

Per-Erik Ehrnsten hat es gerade geschafft, seine Hose anzuziehen, als plötzlich alle Möbel seiner Kabine auf die rechte Seite fliegen. Er lässt alles stehen und liegen und flieht in den Korridor, hin zu den Treppen, die zu Deck VII führen, dem Außendeck mit den Rettungsbooten. Da seine Kabine auf Deck VI in der Nähe des großen Treppenhauses liegt, braucht er nicht länger als drei bis vier Minuten zur Treppe Deck VII.

Der Maschineningenieur Margus Treu hört die Durchsage von Silver Linde auf seinem Walkie-Talkie ebenfalls.

Inzwischen ist auch Henrik Sillaste besorgt in den Maschinenraum gerannt. Kurz nachdem er dort angekommen ist, sieht auch er auf dem Monitor, wie sich das Wasser an beiden Seiten der Autorampe hereinpresst. Die Autorampe ist zu diesem Zeitpunkt aber nicht offen, sondern nur ein wenig geöffnet, und nur an den Seiten drängt Wasser herein.

Ca. 01.05 Uhr   Die Steuerbordschlagseite nimmt langsam zu.

Carl Övberg ist auf dem rettenden Außendeck angekommen. Er versucht, wie viele andere Passagiere, Rettungsinseln loszumachen. Mit wenig Erfolg. Er hört über einen Lautsprecher eine Durchsage. »Mr. Skylight...«, womit er nichts anfangen kann. Die komplette Durchsage lautete: »Mr. Skylight to Number One & Two« und ist ein verschlüsselter Befehl an die Crew, ein Feueralarm-Code, mit dem die Offiziere der Brücke die Besatzung an die Feuerlöschstationen befehlen.

Per-Erik Ehrnsten rennt die Treppen hoch. Auf der Höhe von Deck VII begegnet er drei Männern der Crew, die durch den Innengang von achtern aus den Mannschaftsunterkünften kommen. Per-Erik geht hinter den

Männern her, da er annimmt, dass diese wissen, was zu tun ist. Es fällt Per-Erik besonders auf, dass diese Männer der Besatzung komplett und warm angezogen sind und dass jeder eine Tasche mit sich führt.

Später wird sich herausstellen, dass diese Besatzungsmitglieder ihre kompletten persönlichen Sachen, Pässe, Geld und Ähnliches in diesen Taschen mit sich führten.

Dies ist ein bemerkenswerter Umstand in Anbetracht der Tatsache, dass die meisten Passagiere noch nicht einmal Zeit hatten, sich anzukleiden. Wussten diese Besatzungsmitglieder rechtzeitig darüber Bescheid, dass das Schiff sinken würde? Wie hatten sie so schnell ihre Sachen packen können?

Ca. 01.10 bis 01.15 Uhr
    Die Hauptmaschinen bleiben stehen, und etwas später fallen auch die Diesel aus.

Ca. 01.20 Uhr
    Maschineningenieur Margus Treu wird vom Vierten Offizier Kaimar Kikas über Bordsprechanlage gefragt, ob er Ballastwasser vom Steuerbordtank oder Frischwasser aus anderen Tanks nach Backbord umpumpen kann.

Treu antwortet, dass dies nicht möglich ist. Die Schlagseite vergrößert sich jetzt rapide. Margus Treu schickt seine zwei Kollegen zum Notausstieg durch den Schornstein.

Margus Treu hat also versucht, Ballastwasser umzupumpen, aber durch die Schlagseite des Schiffes saugten die Pumpen nur Luft an. Dann führte die Schräglage zur automatischen Abschaltung der Schiffsmotoren und der Dieselgeneratoren, wodurch auch kurzfristig die Stromversorgung unterbrochen wurde. Anschließend sprang zwar der Notstromgenerator automatisch an, und die Stromversorgung der wichtigsten Schiffsbereiche wurde so aufrechterhalten, aber Margus Treu konnte vom Maschinenkontrollraum aus nichts mehr tun.

Viele Überlebende beschreiben später das Sinken der ESTONIA mit »…absacken, wie die Zeiger einer Uhr weiterspringen«.

Margus Treu schickt Henrik Sillaste und Hannes Kadak zum Notausstieg, der durch den Schornstein ins Freie führt. Das Letzte, was Henrik Sillaste auf dem Überwachungsmonitor sieht, bevor er den Raum verlässt, sind die immer noch geschlossene Autorampe und das Dach eines Lkws, das jetzt durch Wasser auf dem Autodeck und die Schräglage auf die Überwachungskamera zurutscht.

| 01.22 Uhr | Das erste offizielle MAYDAY der ESTONIA wird registriert. |

Um 01.22 Uhr wird ein funktechnisch ganz schwaches MAYDAY von der ESTONIA auf einigen Schiffen vernommen, aber da es vermutlich über Walkie-Talkie gesendet wird, ist es sehr schwach. Diese Art, ein MAYDAY zu senden, ist ungewöhnlich, weil jedes Schiff, auch die ESTONIA, über ein Gerät verfügt, mit dem Generalalarm im ganzen Ostseebereich gegeben werden kann. Warum die Offiziere der ESTONIA dieses Gerät nicht benutzten, ist ungeklärt.

| 01.24 Uhr | 14 Schiffe auf der Ostsee und die Küstenwache in Turku/Finnland hören ein weiteres MAYDAY der ESTONIA, das sich direkt an die finnischen Ostseefähren SILJA EUROPA und MARIELLA richtet. Der Funkverkehr mit der ESTONIA sowie der anderen Fähren untereinander wird von diesem Zeitpunkt an automatisch auf Band aufgezeichnet. Der Dritte Offizier der ESTONIA, Andres Tammes, spricht von einer 20° bis 30° Schlagseite nach Steuerbord und einem Blackout. |

Um 01.24 Uhr werden dann die SILJA EUROPA und das Viking-Line-Schiff MARIELLA direkt von der ESTONIA auf Kanal 16 angesprochen. Der Notruf klingt verzweifelt, es spricht der Zweite Offizier der ESTONIA, Tormi Ainsalu. Auf der SILJA EUROPA antwortet der Offizier Teijo Karl Peter Seppelin.

Uhrzeit h:min.sec	von	zu	Übertragung
01:21.55	ESTONIA		MAYDAY MAYDAY ESTONIA, bitte [undeutlich, die Verfasserin]
01:22.15	MARIELLA	ESTONIA	ESTONIA, MARIELLA.
01:22.34	MARIELLA	ESTONIA	ESTONIA, MARIELLA Ende.
aufgezeichnet von SILJA EUROPA:			
01:23.11	ESTONIA		EUROPA, ESTONIA, SILJA EUROPA, ESTONIA.
01:23.19	SILJA EUROPA	ESTONIA	ESTONIA, hier ist SILJA EUROPA Antwort auf Kanal 16.
01:23.26	ESTONIA		SILJA EUROPA,
01:23.33	SILJA EUROPA	ESTONIA	ESTONIA. Hier ist SILJA EUROPA auf Kanal 16.
01:23.54	ESTONIA		SILJA EUROPA, VIKING, ESTONIA.
01:23.58	MARIELLA	ESTONIA	ESTONIA, ESTONIA.
01:24.00	ESTONIA		MAYDAY MAYDAY.
01:24.05	ESTONIA		SILJA EUROPA, ESTONIA.
01:24.07	SILJA EUROPA	ESTONIA	ESTONIA, SILJA EUROPA. Senden Sie MAYDAY?
01:24.28	SILJA EUROPA	ESTONIA	ESTONIA, was ist los? Können Sie antworten?
01:24.31	ESTONIA		Hier ist ESTONIA. Wer ist dort? SILJA EUROPA, ESTONIA [Jetzt übernimmt der Dritte Offizier Andres Tammes.]
01:24.40	SILJA EUROPA	ESTONIA	Ja. ESTONIA, hier ist SILJA EUROPA.
01:24.42	ESTONIA	SILJA EUROPA	Guten Morgen. Sprechen Sie Finnisch?
01:24.45	SILJA EUROPA	ESTONIA	Ja, ich spreche Finnisch.
01:24.46	ESTONIA	SILJA EUROPA	Ja, wir haben jetzt hier ein Problem, wir haben schwere Schlagseite nach rechts. Ich glaube 20° bis 30°. Könnnen Sie uns zu Hilfe kommen und auch VIKING LINE fragen, ob sie uns zu Hilfe kommen können?
01:24.58	SILJA EUROPA	ESTONIA	Ja, VIKING LINE ist hinter uns und sie haben sicher die Nachricht bekommen. Können Sie uns Ihre Position geben?

01:25.04	ESTONIA	SILJA EUROPA	...[undeutlich, d. V.]... wir haben einen Totalausfall, wir können sie jetzt nicht bestimmen. Ich kann es nicht sagen.
01:25.12	SILJA EUROPA	ESTONIA	Okay, verstanden, wir werden Ihre Position prüfen.
01:25.24	MARIELLA		SILJA EUROPA, MARIELLA.
01:25.26	SILJA EUROPA	MARIELLA	Ja, EUROPA hier, MARIELLA... MARIELLA, hier ist EUROPA 16.
01:25.33	MARIELLA	SILJA EUROPA	Haben Sie ihre Position festgestellt? Sind die [ESTONIA, d. V.] es, die Backbord von uns sind?
01:25.39	SILJA EUROPA	MARIELLA	Nein, ich habe keine Position von denen bekommen, aber sie müssen hier in der Nähe sein, sie haben Steuerbord 20° bis 30° Schlagseite und einen Totalausfall.
01:25.50	MARIELLA	SILJA EUROPA	Ich denke, sie sind Backbord von uns, ungefähr 45°.
01:25.56	SILJA EUROPA	MARIELLA	Okay, ich werde jetzt den Kapitän wecken.
01:26.41	ESTONIA		SILJA EUROPA, ESTONIA.
01:26.44	SILJA EUROPA	ESTONIA	ESTONIA, SILJA EUROPA.
01:26.45	ESTONIA	SILJA EUROPA	Kommen Sie uns helfen?
01:26.47	SILJA EUROPA	ESTONIA	Ja, machen wir. Können Sie mir sagen, ob Sie jetzt Ihre exakte Position haben?
01:26.50	ESTONIA	SILJA EUROPA	Kann ich nicht sagen, wir haben einen Totalausfall.
01:26.54	SILJA EUROPA	ESTONIA	Ja, können Sie uns dann sehen, oder?
01:26.57	ESTONIA	SILJA EUROPA	Ja, ich kann Sie hören.
01:27.01	SILJA EUROPA	ESTONIA	Okay, wir werden Ihre Position jetzt herausfinden. Warten Sie einen Moment.
01:27.07	SILJA EUROPA	ESTONIA	Ja, natürlich werden wir Ihnen zu Hilfe kommen, aber wir müssen jetzt Ihre Position ermitteln.

01:27.15	MARIELLA		Helsinki Radio, Helsinki Radio ... kommen auf Kanal 16 ... Helsinki.
01:28.17	SILJA EUROPA		MARIELLA, SILJA EUROPA.
01:28.25	MARIELLA	SILJA EUROPA	Ja, hier ist MARIELLA.
01:28.27	Silja Europa	Mariella	Ja, haben Sie irgendeinen Sichtkontakt zur ESTONIA?
01:28.31	MARIELLA	SILJA EUROPA	Nein.
01:28.35	SILJA EUROPA	MARIELLA	Wir müssen versuchen, sie zu finden, aber das ist ein wenig schwierig, denn sie haben keine Position angegeben.
01:28.43	ESTONIA		SILJA EUROPA, ESTONIA.
01:28.45	SILJA EUROPA	ESTONIA	JA, ESTONIA, SILJA EUROPA.
01:28.47	ESTONIA	SILJA EUROPA	Ich werde Ihnen jetzt unsere Position sagen.
01:28.50	SILJA EUROPA	ESTONIA	Ja, los.
01:28.52	ESTONIA	SILJA EUROPA	58° Breite, einen Moment ... 22°
01:29.01	SILJA EUROPA	ESTONIA	Okay, 22°, verstanden, wir sind auf dem Weg dahin.
01:29.05	ESTONIA	SILJA EUROPA	Südost 59 Breite 22 Minuten
01:29.16	SILJA EUROPA	ESTONIA	59 Grad 22 Minuten und Länge?
01:29.19	ESTONIA	SILJA EUROPA	21°40' Ost
01:29.23	SILJA EUROPA	ESTONIA	21°40' Ost, okay
01:29.27	ESTONIA	SILJA EUROPA	Wirklich schlecht, es sieht hier jetzt wirklich schlecht aus.
01:29.36	SILJA EUROPA	ESTONIA	Ja. Es sieht schlecht aus. Wir sind auf dem Weg, und es war 21°40'.
01:29.39	ESTONIA	SILJA EUROPA	... wie weit seid ihr noch weg? [undeutlich, d. V.]
01:29.42	SILJA EUROPA	ESTONIA	48', okay.

Es ist durchaus möglich, dass die Offiziere der ESTONIA schon eine ganze Weile ihren Notruf gesendet haben, es aber niemand hörte. Eine Störwelle liegt zu dieser Zeit über dem Bereich, und auch die Wachoffiziere der anderen Schiffe in der näheren Umgebung berichten später darüber, dass sie keinen Funkkontakt, vor allem keinen Kontakt zum finnischen oder schwedischen Festland herstellen konnten.

Im Verlauf der Kommunikation zwischen der ESTONIA und SILJA EUROPA erstaunt es, dass der Dritte Offizier Andres Tammes, der jetzt das Gespräch führte, nur von einer Schlagseite von ca. 20° bis 30° berichtet, die das Schiff hatte, und von einem Blackout, der das Ablesen der aktuellen Position für die Offiziere offenbar schwierig machte. Eigentlich ist das unmöglich, da das GPS-Gerät der ESTONIA über eine Aufzeichnungsautomatik verfügt, die selbst bei einem kompletten Stromausfall noch ca. eine Stunde die letzte Position anzeigt. Da schon rund sechs Minuten später das Schiff ganz auf der Seite lag, ist anzunehmen, dass sich die Offiziere bereits zur Backbordseite hochgehangelt hatten und deswegen nicht mehr ihre Instrumente ablesen konnten.

Durch Sprachanalyse der Tonbandaufzeichnungen konnte später festgestellt werden, dass drei verschiedene Personen auf der Brücke sprachen: Zuerst der diensthabende Zweite Offizier Tormi Ainsalu, dann der eigentlich dienstfreie Dritte Offizier Andres Tammes und der Erste Offizier Juhan Herma. Juhan Herma ist nur im letzten Teil der Funkaufzeichnung zu vernehmen, als er seinem Kollegen die ermittelte Position zuruft.

Juhan Herma war vermutlich vorher nicht auf der Brücke gewesen, denn er hatte keinen Dienst. Aber er hatte seine Kabine auf Deck VII ganz vorne unterhalb der Brücke und war vom Korridor aus über zwei Treppen offenbar sehr schnell dort, nachdem das Schiff übergeholt hatte. Auch Andres Tammes war, obwohl inzwischen dienstfrei, offenbar sofort zur Brücke zurückgekehrt, als das Schiff überholte.

Da es Juhan Herma ist, der die Position zuruft, ist es höchstwahrscheinlich, dass er noch einmal in die Mitte der Brücke zurückgeklettert ist, um die Position abzulesen. Deshalb klingt seine Stimme auf der Aufzeichnung auch von weiter entfernt. Kapitän Andressons Stimme ist nicht auf dem Band. Wo er sich während des gesamten Untergangs aufhielt, wurde nie untersucht, oder das Ergebnis wurde niemals veröffentlicht.

14 Schiffe, die sich in der näheren Umgebung der ESTONIA-Position befinden, hören das MAYDAY und die darauf folgenden Funkgespräche und nehmen Kurs auf die Unglücksposition.

MARIELLA ruft SILJA EUROPA

EUROPA: Ja, MARIELLA, hier ist EUROPA.

MARIELLA: Hörst du, wir sind noch neun Meilen weg von ESTONIA. Wir haben jetzt gedreht und sind auf dem Weg dorthin.

EUROPA: Ja, o.k., wir fahren dann hinter euch her.

ANETT ruft SILJA EUROPA auf Kanal 16

ANETT: Hallo, hier ist ANETT, in der Nähe von Suomen lejonet[1], wir haben den Notfunkverkehr gehört, ist das hier irgendwo in der Nähe?

EUROPA: Nein, das habe ich noch nicht richtig rausgefunden, aber ... ähm, wir gucken mal.

ANETT: Ich habe ein Licht zwischen Bogskär[2] und Suomen lejonet passieren gesehen vor einer halben Stunde, aber das sind vielleicht nicht die?

EUROPA: Das müssen wir herausfinden.

ANETT: O.k., ich höre weiter.

FINNJET ruft SILJA EUROPA

EUROPA: Ja, hier ist die SILJA EUROPA.

FINNJET: Wollen wir die 69 [Funkkanal, d. V.] nehmen?

EUROPA: Ja. – – – Hörst du mich?

MARIELLA ruft SILJA EUROPA

EUROPA: Ja, hier sind wir auf Kanal 16.

MARIELLA: Wir haben nun Kontakt [per Mobiltelefon, d. V.] mit Helsinki Radio mit NMT! Hätten wir DSI [Generalalarm, d. V.] geben sollen? Aber ich denke, die wussten schon Bescheid.

EUROPA: Ja, wir waren auch in Kontakt mit Helsinki Radio und die hatten es schon – ist wohl nicht nötig zu relayen[3].

---

1 Finnischer Leuchtturm-Signalpunkt innerhalb der finnischen Inseln.
2 Ebenfalls ein finnischer Leuchtturm-Signalpunkt.
3 relayen: (hier) aussenden.

MARIELLA:	Ja, so dachten wir, wir sind auf dem Weg dahin, ich habe weiter Kanal 16 gehört.
EUROPA:	Ja, wir haben nichts von euch gehört.
MARIELLA:	Ja, wir haben es an Helsinki Radio weitergegeben und sind jetzt auf dem Weg dorthin.

HELSINKI RADIO ruft SILJA EUROPA

Helsinki Radio:	Helsinki Radio.
EUROPA:	Helsinki Radio, ja! [sehr erleichtert, d. V.]
Helsinki Radio:	War es 21 [gemeint: Längengrad, d. V.], die Position?
EUROPA:	Ja.
Helsinki Radio:	Ja, das war auf Kanal 16. Es war gestört die ganze Zeit – es gab eine Störwelle, jetzt ist es erst o.k.
EUROPA:	O.k. – gut. Wir und MARIELLA sind schon auf dem Weg dorthin.
Helsinki Radio:	Wir geben jetzt Pan Pan.
EUROPA:	O.k. – gut.

SILJA SYMPHONY ruft ISABELLA

ISABELLA:	Ja, hier ist ISABELLA auf Kanal 16.
SYMPHONY:	Ja, 16.

HELSINKI RADIO an SYMPHONY

Helsinki Radio:	MAYDAY-Relay?
SYMPHONY:	Könnten Sie das MAYDAY-Relay jetzt reinspielen? SILJA SYMPHONY ruft EUROPA auf Kanal 6.

SILJA EUROPA ruft MARIELLA

MARIELLA:	Ja, hier ist MARIELLA
	Ja, hallo, hör mal, seht ihr ESTONIA?
EUROPA:	Nein, aber ich sehe jetzt ein rote Rakete.
MARIELLA:	Das ist wohl etwas ... Ja, wir sehen sie auf der Steuerbordseite. O.k., wir fahren dorthin.
EUROPA:	Ich habe ein Echo auf dem Radar, ungefähr 5 Meilen direkt von hier.
MARIELLA:	O.k.
EUROPA:	Das ist da, wo die Rakete ist, wir haben noch 5 Meilen vor uns.
MARIELLA:	Die Sache ist klar.
EUROPA:	Helsinki Radio gibt Pan Pan-Alarm an alle Schiffe im Umkreis.

Besonders interessant an diesem Funkkontakt ist, dass es den Offizieren der anderen Schiffe nicht möglich war, Kontakt zum Land, zu Radio Helsinki, zu bekommen und damit einen Generalalarm im gesamten Ostseebereich auszulösen. Radio Helsinki berichtet über eine Störwelle, die den gesamten Funkverkehr lahm legte. Doch das ist nicht das einzig Ungewöhnliche.

Während alle Schiffe im Umkreis Kurs auf die ESTONIA-Position nehmen, um zu helfen, wird ein kleines, nicht identifiziertes und unbeleuchtetes Schiff bemerkt, das nicht zur Unglücksstelle, sondern zielstrebig von dieser wegfährt – einige der Wachoffiziere der Schiffe in nächster Nähe sehen dieses Schiff auf den Radargeräten und berichten später, dass dieses Schiff zwischen der Position der ESTONIA und den finnischen Inseln verschwand.

In diesem Zusammenhang bekommt auch die spätere Aussage des überlebenden Passagiers Thure Palmgren eine besondere Bedeutung. Als er sich bereits in einer der Rettungsinseln befand, beobachtete er ein kleines Schiff, ohne Beleuchtung, von dem aus offenbar ganz gezielt ein paar Menschen aus dem Wasser gezogen wurden, und das sich dann vom Unglücksort entfernte, ohne sich um weitere Menschen zu bemühen, die ebenfalls im Wasser schwammen.

Auch der überlebende Matrose Elmar Siegel macht eine ähnliche Aussage. Er glaubt sogar, in diesem Schiff das Rettungsboot Nr. 1 der ESTONIA erkannt zu haben.[1]

In der Tat gibt es später über dieses Rettungsboot Nr. 1 einige merkwürdige Fakten zu berichten. Es wurde nämlich treibend bei Hangö an der finnischen Küste gefunden. Leer. Man brachte es nach Hangö, wo es wahrscheinlich noch heute zusammen mit Resten von Schwimmwesten und Rettungsinseln in einer Bootshalle der Küstenwache liegt.

Als die Zeugen Thure Palmgren und Elmar Siegel ihre Beobachtung der Presse erzählen, dementiert die Küstenwache. Man behauptet, dass der kleine finnische Tonnenleger HYLJE dieses Boot bereits am 29.09.1994 auf hoher See, jedoch näher zur estnischen als zur finnischen Küste aufgefunden und dann an Deck gehievt habe.[2]

Ca. 01.26 / 01.27 Uhr
> Die ESTONIA liegt jetzt praktisch auf nördlichem Kurs und zeigt mit dem Bug in Richtung Finnland.

Als der Maschineningenieur Margus Treu erkennt, dass er nichts mehr tun kann und die Schlagseite des Schiffes ein bedrohliches Ausmaß annimmt, verlässt er durch den Notausstieg im Maschinenschacht den Maschinenkontrollraum und erreicht dann durch den Schornstein das Deck VIII. Als er auf den letzten Metern ist, liegt die ESTONIA fast ganz auf der Seite, und ihm spült bereits Wasser entgegen. Trotzdem schafft es Margus Treu noch aus dem Schornstein hinaus ins Ostseewasser. Er wird von einer Welle sofort weggespült, und es gelingt ihm kurz darauf, sich an einem kieloben treibenden Rettungsboot festzuhalten.

Per-Erik Ehrnsten steht eine Weile mit dem Rücken zur Wand auf der Backbordseite der ESTONIA im vorderen Bereich. Er sieht jetzt die beiden anderen Ostseefähren MARIELLA und SILJA EUROPA in ziemlicher Nähe und ist in diesem Moment sicher, dass die Schiffe schnell zu Hilfe kommen werden.

---

1 Das Rettungsboot Nr. 1 ist das erste Boot der Steuerbordseite. Es ist besonders eingerichtet für Notfallsituationen, z. B. für »Mann über Bord«. Das Boot ist motorisiert und kann sehr schnell zu Wasser gelassen werden.

2 Dabei war am 29.09.1994 das Wetter so schlecht, dass sogar das finnische Vermessungsschiff SUUNTA nicht zur Wracksuche auslaufen konnte.

01.29 Uhr   Die Fähre MARIELLA versucht, die finnische Küsten-
                   wache in Turku, und die SILJA EUROPA versucht,
                   Radio Helsinki über UKW zu erreichen, jeweils
                   ohne Erfolg. Eine Störung des Funkverkehrs in die-
                   sem Bereich verhindert jeden Kontakt. Leutnant
                   Kärpälla, der diensthabende Wachoffizier der
                   Küstenwache in Turku, hat das MAYDAY inzwi-
                   schen registriert und macht eine Meldung an seine
                   Vorgesetzten. Die ESTONIA dreht sich noch weiter
                   Richtung Osten und weiter auf die Steuerbordseite.
                   Ein kleines Propellerflugzeug nähert sich der
                   ESTONIA.

Radio Helsinki teilt den Schiffen MARIELLA und SILJA EUROPA später im
Verlauf des Funkverkehrs mit, dass eine Störwelle einige Zeit den Funkverkehr zum Land hin behindert hatte. Dieses Phänomen wurde später
allerdings dem schlechten Wetter und der Unachtsamkeit eines unbekannten Funkers zugeschrieben. Jedoch auch die schwedische Telefongesell-
schaft Telia Mobil AB gab bekannt, dass aus ungeklärtem Grund ihr
gesamtes Funknetz zwischen 01.03 Uhr und 01.58 Uhr ausgefallen war.
Jahre später kam heraus, dass der russische Marine-Überwachungssender
auf Gogland, einer Insel vor St. Petersburg, zumindest für einen Teil dieser
Störung verantwortlich war. Das russische Militär entschuldigte sich sogar
in einem Zeitungsinterview für das lange Ausbleiben dieser Information.
Doch interessant ist in diesem Zusammenhang noch etwas anderes: Russland hat in einem offiziellen Fax an drei Staaten, Schweden, Finnland und
Estland, gleich am Morgen des 28. September 1994 ohne erkennbaren
Grund versichert, dass keine Schiffe und U-Boote der russischen Flotte in
der fraglichen Nacht im Ostseeraum waren. Der Sender Gogland operiert
aber nur aktiv, wenn sich Schiffe oder U-Boote der russischen Flotte im Ostseebereich befinden.
    Einer der wenigen, die das MAYDAY um 01.24 Uhr trotz der Störwelle
hören können, ist der junge Leutnant Kärpälla, der wachhabende Offizier
der finnischen Küstenwache in Turku. Er veranlasst keinen Generalalarm,
sondern telefoniert erst mit seinen Vorgesetzten in der vorgeschriebenen
hierarchischen Reihenfolge.
    Als die ESTONIA fast 90° Schlagseite hat, also fast ganz auf der Seite liegt,
wird von der Brücke aus das Nebelhorn betätigt. Die ESTONIA tutet ein letztes Mal.
    Der Überlebende Peter Pulganow, Koch auf der ESTONIA, beschrieb die-

sen Moment in einem Interview mit mir so: »Ich sagte zu meinen zwei Kollegen, das war's, jetzt sind wir verloren, das ist das Zeichen, dass wir von den Offizieren nichts mehr zu erwarten haben.«

Der deutsche Überlebende Georg Sörnsen erinnerte sich in einem Interview mit mir gleich nach dem Untergang: »Als sich die ESTONIA ganz auf die Seite legte, gab es so ein Geräusch. Die letzte Luft wurde aus dem Schiff gedrückt. Es klang wie das Fauchen eines Tieres.«

Auch dies ist ein Indiz dafür, dass sich die ESTONIA mit Wasser von unten gefüllt hat, denn wäre lediglich Wasser über das Autodeck eingedrungen, hätte die Luft in den übrigen darunter liegenden Decks nicht so schnell entweichen können. Das Schiff hätte zwar die Stabilität verlieren, sich eventuell auch nach kieloben drehen können, hätte dann aber wegen der verbleibenden Luft im Bereich unterhalb des Autodecks Stunden, wenn nicht Tage gebraucht, um zu sinken. Das beste Beispiel für einen solchen Fall ist die JAN HEWELIUS, die vor Rügen sank. Hier war tatsächlich einströmendes Wasser über das Autodeck die Unglücksursache gewesen. Das Schiff war dann gekentert und kieloben noch fast zwei Wochen auf der Ostsee getrieben.

Der Überlebende Urban Lambertson berichtete laut Polizeiprotokoll, dass ungefähr um diese Zeit ein Propellerflugzeug sich dem sinkenden Schiff von Osten her näherte, ein Paar Kreise zog und dann wieder Richtung Estland flog.

Ausschließlich die estnische Küstenwache benutzte 1994 Propellerflugzeuge, weil sie noch keine Helikopter hatte. Leider wurden auch hierzu keinerlei Untersuchungen angestellt, und durch mangelnde Kooperation der estnischen Küstenwache lässt sich bis heute nicht feststellen, ob es eines ihrer Flugzeuge war. Auf meine Anfragen erhielt ich keinerlei Auskunft. Hätte jedoch die estnische Küstenwache ein Propellerflugzeug Richtung ESTONIA geschickt, müsste dieses mindestens 45 bis 50 Minuten geflogen sein. Das würde bedeuten, dass die Küstenwache in Estland schon alarmiert worden wäre, noch bevor die ESTONIA ihr MAYDAY gefunkt hatte, und zwar zeitlich ziemlich kurz nach den besagten Knallgeräuschen an Bord. Dann wäre davon auszugehen, dass die Offiziere oder der Kapitän der ESTONIA bereits kurz nach den ersten Knallgeräuschen die Reederei oder sonst irgendjemanden in Estland angerufen und über den Notfall verständigt hätten.

Diese Schlussfolgerung stimmt überein mit einer Angabe, die Andi Meister, der estnische Transportminister und spätere Vorsitzende der JAIC in seinem Buch »Das unvollendete Logbuch«[1] gemacht hat. Dort heißt es: »... den Innenminister erreichte die Information, dass die ESTONIA auf der Seite lag.«

Sollte es tatsächlich so gewesen sein, dass man in Estland schon vor dem MAYDAY über die Notlage des Schiffes informiert war und diese Information nicht sofort in einen Generalalarm umgesetzt hat, sondern erst ein Flugzeug schickte, um von der Lage ein Bild zu bekommen, dann wäre es den dafür Verantwortlichen zuzuschreiben, dass die Rettungsmaßnahmen nicht schneller eingeleitet wurden. Es kann aber natürlich auch sein, dass es sich um ein Privatflugzeug handelte, und dann wäre es genauso wichtig herauszubekommen, wer dort zu diesem Zeitpunkt die sinkende ESTONIA umflog und mit welcher Absicht. Dies herauszufinden müsste eigentlich für ermittelnde Staatsanwälte oder die Polizei einfach sein, da auch Privatflugzeuge ihre Flüge anmelden und registrieren lassen müssen. Doch über etwaige Ermittlungsergebnisse konnte ich nichts in Erfahrung bringen.

01.31 Uhr   Der letzte Funkkontakt zwischen der ESTONIA und SILJA EUROPA. Er endet mit den Worten: ESTONIA: »Wie weit seid ihr noch weg? Es sieht jetzt schlecht aus hier, wirklich schlecht.« SILJA EUROPA: »Ja. Wir sind schon auf dem Weg, es sind noch 48 Minuten.[2]« Danach reißt der Funkverkehr mit der ESTONIA ab.

Der Dritte Offizier Andres Tammes und der Zweite Offizier Tormi Ainsalu verlassen die Kommandobrücke. Sie können sich zuerst noch auf Deck VII retten. Das wird von Henrik Sillaste beobachtet und später berichtet. Jedoch überleben beide den Untergang nicht. Andres Tammes wird tot geborgen, die Leiche von Ainsalu nicht gefunden. Der Erste Offizier Juhan Herma ist wahrscheinlich auf der Kommandobrücke mit dem Schiff untergegangen. Der Verbleib des Vierten Offiziers Kaimar Kikas ist ungeklärt.

Bei der Untersuchung der Kommandobrücke durch Taucher der Firma Rockwater im Dezember 1994 wird zwar offiziell keine der Leichen iden-

---

1 Meister, Andi: Das unvollendete Logbuch, Tallinn 1997.
2 Angabe, die sich auf die Längenminuten in der geografischen Position bezieht.

tifiziert, aber es werden drei Leichen im Bericht der Taucher erwähnt. Eine weitere Leiche liegt neben der Steuerbord-Brückennock, die zum größten Teil in den Mereresboden gedrückt ist. Eine weitere Leiche, so kann man auf einem der Tauchervideos erkennen, wird von einem Taucher durch ein Fenster der Brücke nach außen gezogen. Diese Leiche ist nur noch zur Hälfte vorhanden und wird überhaupt nicht protokolliert.

Es haben sich also vier Leichen auf der Kommandobrücke befunden. Wer sind die drei Unbekannten?

| 01.35 Uhr | Wassereinbruch auf der Kommandobrücke, die Schiffsuhr, die auf UTC-Zeit, also Greenwich/ mitteleuropäische Zeit, eingestellt ist, bleibt um 23.35 Uhr stehen. |
| | Kapitän Jan-Thore Thörnros von der MARIELLA berichtet, dass er aus der Entfernung sehen kann, wie die Lichter der ESTONIA verschwinden. |

Um 01.35 Uhr bricht das Wasser in die Kommandobrücke ein. Die Schiffsuhr bleibt genau in diesem Moment stehen und wird später von den Rockwater-Tauchern mit der UTC-Zeit 23.35 Uhr vorgefunden. Der Kapitän der MARIELLA traut seinen Augen nicht, als er die Lichter der ESTONIA erlöschen sieht. Noch glaubt er nicht, dass das Schiff gesunken ist. Er hält es vorerst für einen weiteren Stromausfall, denn auf dem Radarschirm ist die ESTONIA noch zu sehen.

| 01.35 Uhr | Die wachhabende Hubschrauberstaffel der Küstenwache in Turku/Finnland erhält und bestätigt Alarm. |

Der junge Wachoffizier der finnischen Küstenwache hat sich allmählich durch die Hierarchie seiner Vorgesetzten telefoniert und die Genehmigung erhalten, die Hubschrauber-Rettungsstaffel in Turku/Finnland zu informieren. Die Hubschrauberstaffel ist nachts nur in Rufbereitschaft, das heißt, dass die Mannschaft mit Piepern ausgerüstet ist, aber zu Hause im Bett liegt. Deshalb wird es noch gut eine Stunde dauern, bis sie abflugbereit ist.

| 01.42 Uhr | SILJA EUROPA gibt den Notruf an Radio Helsinki per Handy weiter. Der gesamte Funkverkehr der nördlichen Ostsee ist gestört. |

In der Stimme des Wachoffiziers der SILJA EUROPA liegt unendlich viel Erleichterung, als er endlich eine Reaktion von Radio Helsinki erhält. Auch Radio Helsinki erwähnt noch einmal die merkwürdige Störwelle, die den Funkverkehr zum Land und umgekehrt für gut eine Stunde unmöglich gemacht hat.

01.45 Uhr   Die ESTONIA liegt jetzt mit dem Kiel fast ganz oben, während das Heck schon in der Ostsee zu versinken beginnt.

Auf dem Schiffsboden, der sich jetzt fast 180° gedreht hat, befinden sich immer noch verzweifelte Passagiere. Einige Überlebende berichteten, dass sie sahen, wie die ESTONIA versank: mit dem Heck zuerst.

Dadurch wurde der Bugbereich noch einmal aus dem Wasser gehoben; allen fiel auf, dass das Bugvisier fehlte. Dann versank der vordere Teil des Schiffes in der Ostsee.

Der Passagier Leif Bogren berichtete: »... ich dachte zuerst, das war das Heck, weil sie [die ESTONIA, d. V.] so abgeschnitten war.«

Ein anderer Passagier, Kristner Eklöft, erzählte: »...das Visier war weg, ich dachte zuerst, es wäre das Heck, dann aber im Mondlicht sah ich, dass es der Bug war.«

Und auch der Überlebende Pierre Thiger beobachtete: »Das Visier war komplett weg, und sie [die ESTONIA, d. V.] sah merkwürdig nackt aus.«

01.48 Uhr   Die finnische Militärbasis auf der Insel Utö verliert die ESTONIA von ihrem Radarschirm.

Nur 15 Helikopter-Flugminuten entfernt befindet sich eine finnische Militärbasis auf der Insel Utö. Am Tag vor dem Unglück hatte hier eine militärische Katastrophenübung stattgefunden. Vierzig Ärzte und Schwestern waren deshalb noch vor Ort, es waren noch Feldlazarette eingerichtet, und es standen viel mehr Hubschrauber als üblich bei dieser Militäreinheit. Aber es gab auch ein Problem: Man hatte kein Flugbenzin für diese Helikopter. Bei der vorangegangenen Übung waren die Vorräte so gut wie verbraucht worden. Deshalb konnten die Helikopter nicht einfach spontan starten, sondern mussten erst zum Festland zum Auftanken geschickt werden.[1]

---

1 Dies schilderte mir der ärztliche Einsatzleiter der finnischen Rettungszentrale Dr. Atti Järskalainen in einem Interview im Mai 1996 in Turku: »Da auf Utö kein Benzin mehr war, fassten wir ganz schnell einen neuen Beschluss. Die Helikopter von Utö sollten zum Auftanken erst nach Marieham und Hangö fliegen.«

01.50 Uhr   Helsinki Radio sendet nur eine Pan Pan-Meldung.

Um 01.50 Uhr sendet Helsinki Radio einen so genannten Pan Pan-Call. Das war immer noch kein Generalalarm, sondern ein Alarm, der andere Schiffe darauf hinweist, dass irgendetwas Unvorhergesehenes ihren Weg kreuzt − z. B. ein Mensch, der über Bord gefallen ist oder ein Teil einer Schiffsladung o. ä. Warum das zwingend für den vorliegenden Fall vorgeschriebene MAYDAY nicht zum Einsatz kommt, bleibt ein Rätsel. Aus dem auf einem Tonband mitgeschnittenen Funkkontakt der Fähren untereinander und zum Festland geht nicht hervor, warum der Wachhabende von Radio Helsinki der finnischen Küstenwache nicht seinerseits ein MAYDAY auslöst. Trotzdem verstehen 14 Schiffe, darunter die SILJA EUROPA, SILJA SYMPHONY, MARIELLA, ISABELLA, FINNJET, FINN HANSA, FINN MERCHANT, ANETT und die WESTÖN, diese Botschaft richtig und steuern auf die letzte bekannte Position der ESTONIA zu, um zu helfen.

01.52 Uhr   Das finnische MRCC[1] informiert endlich das schwedische MRCC.

Erst als die ESTONIA schon fast vollständig versunken ist und fast eine halbe Stunde nach dem MAYDAY gibt das finnische MRCC den Notruf auch an die schwedischen Kollegen weiter. Die Finnen waren der Meinung, dass die Schweden alles über Radiofunk mitbekommen hätten. Aber das war nicht der Fall gewesen. Diese verzögerte Informationsweiterleitung führte später zu heftigen Vorwürfen gegen die finnische Küstenwache.

Die Schweden hätten mit viel mehr Hubschraubern und viel schneller eingreifen können, wurde von Seiten der schwedischen Rettungszentrale behauptet. Auch bei Sitzungen der JAIC wurde dies später diskutiert, wie das JAIC-Mitglied Bengt Schager mir nach dem Rücktritt in einem Interview am 26.9.1997 schilderte: »Wir sollten Erfahrungen sammeln und Rückschlüsse ziehen für … die Ausbildung der Besatzung, Rettungsaktionen, Funkkommunikation, Rettungsausrüstung, einfach alles.«

01.55 Uhr   Das Echo der ESTONIA verschwindet von den Radarschirmen der MARIELLA und der SILJA EUROPA.

Die beiden Ostseefähren SILJA EUROPA und MARIELLA sehen die ESTONIA nicht mehr auf ihren Radarschirmen, die Fähre ist gesunken.

---

1 MRCC: Maritime Rescue Coordination Centre (Seenotleitstelle der Küstenwache).

01.57 Uhr	Das MRCC in Turku/Finnland teilt dem MRCC in Stockholm/Schweden mit, dass es die Koordination der Rettungsarbeiten übernimmt.
01.58 Uhr	Das finnische MRCC fordert Rettungshubschrauber der schwedischen Kollegen an. Diese informieren das ARCC¹ in Arlanda/Stockholm.
02.00 Uhr	Commodore Raimo Tiilikainen, der ranghöchste Offizier des finnischen MRCC, wird zu Hause in Espoo bei Helsinki von dem wachhabenden Kollegen aus Turku informiert. Er macht sich sofort mit dem eigenen Pkw auf den Weg nach Turku und trifft dort ca. zwei Stunden später in der Rettungszentrale ein, wie er mir in einem Interview am Abend des 28.9.1994 erzählte. Mit Tränen in den Augen berichtete er weiter: »Nur 140 Menschen sind gerettet worden, von den Übrigen kann man annehmen, dass sie ertrunken und viele noch im Schiff sind. Der Untergang hat die meisten Passagiere wohl im Schlaf überrascht.«
02.05 Uhr	Das finnische MRCC in Turku ernennt den Kapitän der Silja Europa, Esa Mäkelä, zum Koordinator der Seenotrettungsaktion auf See.
02.07 Uhr	Die ersten schwedischen Hubschrauberstaffeln in Visby und in Ronneby erhalten Alarm.
02.12 Uhr	Die Mariella sichtet im Meer Lichter, Rettungswesten, Rettungsboote und -inseln.
02.30 Uhr	Die Mariella erreicht als erste Ostseefähre die Unglücksstelle und beginnt mit Rettungsarbeiten. Wegen ihrer hohen Bordwand und des schlechten Wetters kann sie aber nur sehr begrenzt Menschen aus den Fluten bergen. Der erste Hubschrauber startet von Turku aus.

---

1 ARCC: Air Rescue Coordination Centre (Luftunfallleitstelle).

Der schwedische Premierminister Carl Bildt erhält um 01.30 Uhr schwedischer Zeit, also 02.30 Uhr estnischer/finnischer Zeit, auf einer Feier seiner Partei einen Anruf vom schwedischen militärischen Geheimdienst MUST und wird über den Untergang verständigt. Dies lässt sich später aus einer Befragung der Mitarbeiter und Kollegen von Bildt durch Vertreter der Peter-Örn-Untersuchungsgruppe rekonstruieren. Peter Örn ist Leiter des schwedischen Roten Kreuzes und hat mit einer Untersuchungsgruppe im Jahre 1998 noch einmal das Verhalten schwedischer Politiker und Behörden nach dem Untergang untersucht. Nach diesen Angaben ist Carl Bildt also der erste Politiker, der offiziell vom Untergang der ESTONIA erfährt. Der estnische Innenminister Heiki Arike, der mit großer Wahrscheinlichkeit bereits eine Stunde vorher von der Havarie wusste, wird dazu später leider nie befragt, und es lässt sich deshalb nicht mehr mit Sicherheit feststellen, ob die Angabe des estnischen Transportministers Andi Meister in seinem Buch »Das unvollendete Logbuch« stimmt. Er schreibt: »Der Innenminister erhielt die Nachricht, dass ESTONIA auf der Seite liegt.« Da die ESTONIA nachweislich gegen 01.30 Uhr auf der Seite gelegen hat, wäre es sehr aufschlussreich gewesen zu erfahren, von wem der estnische Innenminister über diese Tatsache informiert wurde und wann dies geschah.

02.36 Uhr	Die finnische Küstenwache erkennt das Ausmaß des Unglücks und fordert von der finnischen Luftwaffe Unterstützung an.
02.43 Uhr	Erste Blitzmeldung der schwedischen Nachrichtenagentur TT: »ESTONIA gekentert und gesunken, in der See Rettungsboote und Menschen.«
02.44 Uhr	SILJA EUROPA trifft am Unglücksort ein. Innerhalb der nächsten Stunden weitere Schiffe, darunter die FINN HANSA und die FINNJET. Alle Schiffe sind in ihren Rettungsmöglichkeiten durch ihre eigenen technischen Gegebenheiten und das schlechte Wetter sehr eingeschränkt.
03.00 Uhr	Der estnische Präsident Lennart Meri erhält die Information über den Untergang.
03.05 Uhr	Der erste Helikopter aus Turku trifft am Unglücksort ein.

03.08 Uhr	Die Besatzung der MARIELLA rettet die ersten sechs Menschen mit ihren eigenen Rettungsinseln. Später werden noch sechs Menschen von der Besatzung der MARIELLA gerettet.
04.38 Uhr	Der erste Hubschrauber der finnischen Luftwaffe, stationiert auf der nur 15 Minuten vom Unglücksort entfernten Insel Utö, fliegt ab.
04.55 Uhr	Der finnische Premierminister Esko Aho wird benachrichtigt, danach die gesamte finnische Regierung.
05.00 Uhr	Erste Pressekonferenz im Rettungszentrum von Turku.
06.00 Uhr	Der estnische Präsident Lennart Meri unterzeichnet bereits ein erstes Dekret, in welchem er die sofortige Einsetzung einer estnischen Untersuchungskommission anordnet, die den Untergang und den estnischen Staatsapparat, also auch die Aktivitäten der Regierung und aller Behörden und staatlichen Einrichtungen, untersuchen soll.
08.00 Uhr	Von der russischen Regierung kommt das Angebot, dass die russische Flotte mitsamt U-Booten Hilfestellung geben würde und zum sofortigen Auslaufen in Bereitschaft versetzt wurde. Man weist besonders darauf hin, dass Überlebende sich noch in Luftblasen im Inneren des Schiffes befinden könnten und die russische Flotte über Spezialfahrzeuge und Werkzeuge verfüge, die diese Menschen retten könnten. In einer längeren Stellungnahme zu diesem Angebot, die über TASS veröffentlicht wird, sorgt man sich in der russischen Regierung vor allem um zwei russische Staatsbürger, die an Bord sind. Woher die russische Regierung bereits um diese Zeit, noch bevor irgendjemand einen Überblick über die Passagierliste hatte, speziell von zwei russischen Passagieren weiß, bleibt ungeklärt. Das Hilfsangebot der Russen wird von den Finnen und Schweden schroff abgelehnt.
08.13 Uhr	Die SILJA EUROPA berichtet, dass bis zu diesem Zeitpunkt ca. 90 Menschen gerettet wurden. Die meisten wurden

zuerst auf die nahe gelegene Insel Utö gebracht, einige befanden sich auf der MARIELLA, einige auf der SILJA EUROPA, und ein paar wurden auf Krankenhäuser in Stockholm und Turku verteilt.

09.00 Uhr Der letzte gerettete Überlebende wird nach Utö gebracht. Danach werden nur noch Tote geborgen. Die Zahl der Überlebenden wird zu dieser Zeit mit 146 angegeben. Einer stirbt später im Krankenhaus von Turku. Es verbleiben 145 Überlebende. Auf mysteriöse Weise verschwinden im Laufe des Tages dann aber acht Besatzungsmitglieder der ESTONIA, die zuerst auf der Liste der Überlebenden erschienen. Unter ihnen befindet sich auch der zweite Kapitän Avo Piht. Die offizielle Zahl der Überlebenden wird später mit 137 angegeben. Die Zahl der Totgeborgenen wird am Abend mit 94 angegeben.

11.00 Uhr Die erste, noch nicht amtliche bestätigte Namenliste der Geretteten wird über verschiedene Nachrichtendienste verbreitet. Dort wird auch der zweite Kapitän Arvo Piht als Überlebender gemeldet, ebenso weitere sieben Mitglieder der Besatzung. Später wurden diese Meldungen als Irrtum bezeichnet. So die Beamten Puhalainen und Salonen der Polizei in Finnland, die mir dies in einem Interview im Frühjahr 1996 in Turku erklärten. Doch bei meinen Nachforschungen sagte mir im Frühjahr 1996 in Stockholm der schwedische ärztliche Einsatzleiter der Rettungszentrale und gleichzeitige Chef des Huddinge Krankenhauses Dr. Bo Brismar: »Wir mussten die Listen überprüfen, und ich kann Ihnen garantieren: Die Namen und Auskünfte, die vom Informationszentrum gegeben wurden, die waren korrekt. Sie wurden mehrfach überprüft, bevor sie veröffentlicht wurden.« Und auch der Chefermittler bei der schwedischen Kriminalpolizei Per-Olof Palmgren räumte bei einem Interview im Frühjahr 1996 mir gegenüber ein: »Es ist klar, dass Herr Piht an Bord war. Er war nicht unter den Überlebenden, er wurde auch nicht tot aufgefunden. Also ist es offenkundig: Er wird vermisst.«

12.00 Uhr Der estnische Radiosender KUKU-Radio bringt eine Son-

dersendung, in der eine Liste mit den Namen der Überlebenden verlesen wird. Unter den Genannten befinden sich
ebenfalls Avo Piht und die sieben später verschwundenen
Besatzungsmitglieder. Erstellt und autorisiert wurde diese
Liste vom estnischen Transportministerium. Im Laufe des
Tages sendet KUKU-Radio ein Interview mit einem Hel-
fer des schwedischen Roten Kreuzes, der in einem Helikopter bei der Rettungsaktion am frühen Morgen dabei
war und berichtet, dass er persönlich mit Kapitän Avo Piht
gesprochen hat. Piht hätte ihm seinen Namen genannt
und hinzugefügt, dass er der zweite Kapitän sei. Er hätte
im Gespräch auch erwähnt, dass er von der estnischen
Insel Hiuma stammt, auf der noch heute seine Mutter
lebt. Mittags sehen ehemalige Kollegen sowie diverse
andere Zeugen Avo Piht im Fernsehen. Diese Bilder werden nur einmal gesendet. Das mysteriöse Verschwinden

Pressekonferenz in der Rettungszentrale Turku am Morgen des 28.9.1994.

von Avo Piht und den anderen sieben Besatzungsmitgliedern wird von den Behörden später mit Verwechslungen und Irrtümern erklärt und nie richtig untersucht.

15.00 Uhr   Carl Bildt, sein finnischer Amtskollege Esko Aho und der estnische Premier Maart Laar treffen in Turku zu einem Sechs-Augen-Gespräch zusammen. Bei dieser Gelegenheit wird beschlossen, die Ursachen der Katastrophe von einer gemeinsamen Sachverständigenkommission aus Estland, Finnland und Schweden feststellen zu lassen. In diesem Gespräch soll Carl Bildt bereits die Untersuchung von möglichen Konstruktionsmängeln besonders in den Vordergrund gestellt haben.

23.00 Uhr   In Turku wird von der Rettungszentrale der Küstenwache die erste amtlich bestätigte Liste der Überlebenden herausgegeben.

29.09.1994   Die Zusammensetzung der offiziellen, internationalen Untersuchungskommission (JAIC) wird bekannt gegeben, und die Kommission nimmt ihre Arbeit auf. Carl Bildt verspricht in einer bewegenden Rede vor der schwedischen Nation, dass alles getan werden wird, um die Unglücksursache zu klären, die Leichen zu bergen und eventuell sogar das Schiff zu heben.

30.09.1994   Das Wrack der ESTONIA wird gefunden, erste Sonarbilder werden der Presse zugänglich gemacht. Auf diesen Sonarbildern sieht es so aus, als ob das Visier nur wenig entfernt vor dem Schiff liegen würde. Dies wird von der JAIC jedoch als eine Metallplatte interpretiert, obwohl eine solche Metallplatte später nie gefunden wurde. Das amerikanische FBI schickt der schwedischen Regierung ein Fax. Inhalt: Man bietet Hilfe in Form eines Spezialteams an, das, so wörtlich, »auch mehrere Wochen vor Ort operieren könnte«.

02.10.1994   Das Wrack der ESTONIA wird von zwei finnischen ROVs (Tauchroboterkameras) gefilmt.
Das Visier befindet sich nicht mehr bei der ESTONIA und

auch nicht mehr davor, die Autorampe vorne sowie die Steuerbord-Heckrampe sind in leicht geöffneter Position. Das Wrack liegt ca. 80 Meter tief, auf der Steuerbordseite in einer Schräglage von ca. 110° bis 115°. Der Öffentlichkeit wird vom finnischen JAIC-Mitglied Kari Lehtola in voller Absicht eine falsche Fundposition angegeben. So finden die Trauergottesdienste der Angehörigen, die mit Schiffen extra zum Wrack der ESTONIA gefahren werden, auf der falschen Position, also nicht oberhalb der gesunkenen Fähre statt, sondern rund eine halbe nautische Meile davon entfernt. Kari Lehtola wird am 11.01.1995 in einem Entschuldigungsfax an das finnische Transportministerium angeben: »Ich habe wahrscheinlich meine Kompetenz überschritten, als ich das Wrack isolieren wollte.« Mit welcher Absicht er das tat, hat er der Öffentlichkeit nicht preisgegeben. Die korrekte Position des Wracks lautet: 59° 22′9″Nord und 21° 40′9″Ost.

04.10.1994   Die JAIC veröffentlicht einen ersten vorläufigen Bericht, in dem zum Ausdruck gebracht wird:
– Das Unglück sei durch eine Ansammlung von Wasser auf dem Autodeck verursacht worden.
– Wasser sei durch die Frontöffnung auf das Autodeck gedrungen.
– Das Visier sei eine gewisse Zeit vorher verloren und das Bodenschloss (Atlantikschloss) gebrochen vorgefunden worden.

17.10.1994   Der zweite Interim Report der JAIC in Tallinn wird veröffentlicht. Darin heißt es u.a.:
– Das Visier wurde verloren, als das Schiff noch in Fahrt war.
– Wasser drang auf das Autodeck durch die Autorampe.
– Das Visier ist vom Schiff als Folge des Versagens aller drei Verriegelungen abgerissen.
– Das Versagen ereignete sich bei den beiden Seitenverriegelungen in den Schweißnähten zwischen den Augen und dem Boden, und beim Atlantikschloss in den Augen, die den Bolzen trugen.
– Nach dem Versagen hat sich das Visier geöffnet durch

Seeschläge, als Folge von unkontrollierten Bewegungen des 55 Tonnen schweren Visiers brachen schließlich die Scharniere auf dem Backdeck, das Visier wurde nur durch die Hydraulikzylinder gehalten.

– Das Visier bewegte sich nach vorne, riss die Autorampe auf und fiel nach vorne über Bord.

– Das noch immer voll voraus fahrende Schiff schaufelte sich in kurzer Zeit tausende von Tonnen Wasser auf das Autodeck, kenterte und sank.

An diesem Szenario hielt die JAIC wider besseres Wissen bis zum Abschlussbericht fest. Es wurde lediglich im Hinblick auf die Ursache für das Versagen der Verriegelungen verfeinert, indem man sich alle Mühe gab, nachzuweisen, dass die Verriegelungen als Folge einer »Unterdimensionierung«, d.h. zu schwacher Bauweise duch die Werft, gebrochen seien:

18.10.1994   Laut JAIC-Bericht wird das Visier der ESTONIA auf der Position 59° 23′ Nord und 21° 39′ Ost gefunden. Diese Position liegt rund 1.800 Meter südwestlich vom Wrack. Erst vier Wochen später, vom 12. bis 19. November 1994, wird das Visier geborgen und nach Hangö/Finnland gebracht.

Wer spielt mit beim Cover-up?
Die Regierungen, die JAIC und das
schwedische Sjöfartsverket ...

Bei einem solch großen Ereignis wie dem Untergang einer Fähre mit rund 1.200 Menschen an Bord, drei beteiligten Ländern, Behörden, mehreren Schifffahrtsadministrationen, Versicherungen und hunderten von weiteren Mitarbeitern möchte man annehmen, dass es nicht leicht ist, Tatsachen zu vertuschen. Aber vielleicht ist es gerade wegen der zahlreichen Beteiligung der diversen Stellen viel leichter, als man denkt. Dabei gibt es verbindliche Regeln, wie ein Schiffsunglück zu untersuchen ist, denn nach dem spektakulären Sinken der TITANIC, 1912, hatten sich bereits am 20. Januar 1914 in London 13 Länder auf die so genannte SOLAS-Conven-

Bergung des Bugvisiers der ESTONIA.

tion geeinigt. Diese internationalen SOLAS-Vereinbarungen wurden dann in weiteren Konferenzen ergänzt, erweitert und verbessert. 1948 etablierte die UNO eine Organisation, die sich seither ständig mit der Sicherheit der Schifffahrt beschäftigt: die IMO, Intergovernmental Maritime Organization, deren erste Aufgabe es war, die SOLAS-Vereinbarungen für alle Mitgliedstaaten zu übernehmen. Da Schweden und Finnland UNO-Mitglieder sind, kann es über die Durchführung einer Havarieuntersuchung eigentlich gar keinen Zweifel geben, aber im Falle ESTONIA kam alles ganz anders.

Der Untergang der ESTONIA kam für die Politiker Schwedens denkbar unpassend. Man befand sich gerade in einer Zeit des Regierungswechsels. Die Moderaten[1], geführt von Carl Bildt, hatten die Wahlen verloren und befanden sich just in der Nacht vom 27. zum 28. September 1994 auf einer Abschiedsfeier in der Staatskanzlei Rosenbad. Die Regierungsgeschäfte sollten zwei Wochen später an die Sozialdemokraten übergeben werden, doch da sich in Schweden für einen glücklosen Politiker meist schnell wieder eine neue Aufgabe findet, herrschte bei dieser Feier keine Traurigkeit und schon gar nicht bei dem noch amtierenden Ministerpräsidenten Carl Bildt. Er war gerade im Begriff, mit einigen anderen Regierungsmitgliedern das Fest zu verlassen, als ihn um 01.30 Uhr schwedischer Zeit (02.30 Uhr estnischer Zeit), also rund 40 Minuten nach dem Sinken der Fähre, ein Telefonanruf erreichte. Bildt wurde vom schwedischen militärischen Geheimdienst (MUST) über die Katastrophe informiert[2]. Daraus geht hervor, dass er offiziell als erster Politiker der drei nordischen Staaten die Nachricht erhalten hatte. Offiziell, weil die estnische Regierung angibt, erst gegen 03.00 Uhr über den Untergang informiert worden zu sein, mit der Zeitverschiebung eingerechnet also erst eine halbe Stunde nach Carl Bildt.

Viele Fakten sprechen aber dafür, dass der estnische Innenminister Heiki Arike vom Untergang des Schiffes bereits um 01.30 Uhr estnischer Zeit wusste, denn Andi Meister, damals estnischer Transportminister und später Vorsitzender der JAIC, schreibt in seinem Buch »Das unvollendete Logbuch«, dass ihn der Innenminister Heiki Arike in der fraglichen Nacht angerufen und ihm berichtet habe, dass die ESTONIA auf der Seite lag. Erstaunlich ist, dass in Estland sofort von einer Explosion an Bord der ESTONIA gesprochen wurde. Viele Fakten sprechen dafür, dass der Innen-

---

1 Die Moderaten sind eine politische Partei, die eine vergleichbare Richtung wie die CDU in Deutschland vertritt.
2 Nachzulesen in den Gesprächsprotokollen der Analysegruppe (vgl.: S. 87).

minister Estlands Informationen aus erster Hand hatte. Doch warum eigentlich der Innenminister? Diese Frage hat bisher niemand gestellt

Doch es gibt Hinweise, dass Heiki Arike auf besondere Weise mit der ESTONIA verbunden war. Heiki Arike hatte 1993 seine Position als Innenminister dazu benutzt, Ausfuhrgenehmigungen für Waffenlieferungen zu unterzeichnen, die über Umwege nach Tschetschenien gehen sollten. Bei deren Verladung von der ESTONIA gab es Probleme mit dem estnischen Zoll. Arike erschien sogar persönlich im Hafen, um der ganzen Angelegenheit beim estnischen Zoll Nachdruck zu verleihen. Es kam zur Anklage gegen ihn; er wurde jedoch freigesprochen, weil das Gericht der Auffassung seines Anwalts folgte, dass der Waffentransport auch ohne Arikes Genehmigung hätte stattfinden können, da ein solches Dokument mit Arikes Unterschrift gar nicht vonnöten gewesen wäre.[1]

Als ich ihn im Mai 2001 persönlich anrief und ihn hierzu befragen wollte, lehnte er es nicht nur ab, sich mit mir sachlich zu unterhalten oder Stellung zu nehmen, sondern er beschimpfte mich und meine estnische Übersetzerin aufs Gröbste.

Zurück nach Stockholm

Carl Bildt erklärte den Untergang der Fähre sofort zur Chefsache und zog sich mit ein paar Vertrauten in einen Nebenraum in der Staatskanzlei zurück. Dort führte er bis zum frühen Morgen fast ununterbrochen Telefonate. Mit wem er sprach, konnte bisher leider nicht geklärt werden, aber es waren diverse in Englisch geführte Gespräche dabei, und es ist anzunehmen, dass an dieser Stelle bereits die wichtigsten Entscheidungen für den weiteren Verlauf der Untersuchung im Fall ESTONIA beschlossen wurden.

In Helsinki/Finnland wurde der Regierungssprecher erst um 04.50 Uhr von Commodore Tiillikainen, dem Leiter der Seenotrettungsaktion, von Turku aus informiert. Der Regierungssprecher informierte dann seinerseits den finnischen Ministerpräsidenten Esko Aho um 04.55 Uhr und bis 05.40 Uhr die gesamte finnische Regierung. Um 06.00 Uhr unterschrieb der estnische Staatspräsident Lennart Meri im Schloss Kadriorg die amtliche Bekanntmachung über den Untergang der Fähre ESTONIA und über die angeordnete Staatstrauer. Ein Teil dieser Erklärung lässt aufhorchen: »...ich habe angeordnet, eine unabhängige Kommission zu bilden, um die mit dem Unglück zusammenhängenden Sachverhalte und sämtliche staatlichen Stellen zu untersuchen.«

---

1 Estnische Zeitung *Eesti Päevalehti* 1.4./2.4. und 4.4.1997.

Lennart Meri hatte hiermit einen bemerkenswerten Schritt getan: Nicht nur das Unglück war zu untersuchen, sondern auch die Arbeit sämtlicher staatlicher Stellen, also auch alle Ministerien, Behörden und Verwaltungen, ob irgendwelche kriminellen Machenschaften vorlagen. Eine ganz außerordentliche Tatsache, die noch an Gewicht gewinnt, wenn man hinzufügt, dass in Estland bereits im Laufe des Vormittags eine strafrechtliche Untersuchung eröffnet wurde. Wusste man in estnischen Regierungskreisen zu dieser Zeit bereits etwas, was der Öffentlichkeit verborgen wurde und was man später unter den Teppich gekehrt hat?

Die Estline-Reederei-Direktoren Johan Johansson und Toivo Niinas formulierten es der Presse gegenüber bereits am frühen Morgen: Ein Anschlag sei der Hintergrund. Johansson sagte zur Nachrichtenagentur Reuters am Morgen des 28.9.1994 noch detaillierter: »Estline hat im Laufe des Jahres mehrere Warnungen erhalten, dass ein ›Unfall‹ auf der Ostsee passieren könne.« Später wollten beide dazu nichts mehr sagen.

Als ich im Mai 2001 noch einmal den Versuch machte, mit Johan Johansson in Kontakt zu treten, ließ er mir über Mittelspersonen ausrichten, dass er zum Fall ESTONIA keine Interviews gibt.

Am Vormittag machten sich Carl Bildt und Transport- und Kommunikationsminister Mats Odell und ein paar Berater einen Handlungsplan zur Bildung einer Havariekommission zwecks Untersuchung des Unglücks.

Um 12.00 Uhr flog Bildt mit Jonas Hafström, Ministerialrat des Außenministeriums, und Commander Emil Svensson von der sicherheitspolitischen Analysegruppe des Ministerrates nach Turku in Finnland, um mit seinen Ministerpräsidenten-Kollegen von Finnland und Estland, Esko Aho und Mart Laar, über ein weiteres Vorgehen zu beraten. In Turku fand dann ein Gespräch unter sechs Augen statt. Die Ministerpräsidenten beschlossen, eine Havariekommission unter dem Vorsitz von Estland zu bilden. Danach wurden Überlebende in den Krankenhäusern von Turku besucht.

Jeder sprach mit seinen eigenen Landsleuten, und so ging nach diesen Gesprächen von der estnischen Presseagentur Baltic News Service die Meldung raus, dass Mart Laar, der estnische Premier, bereits mit dem zweiten Kapitän Avo Piht gesprochen hätte, der am Leben sei. Später griffen diverse Medien dies auf, und es hieß unter Bezug auf Quellen, die mit Mart Laar in Turku waren, die Geheimnistuerei um Piht seien Sicherheitserwägungen, denn man müsse sich mit der Version des Terrorismus ziemlich ernst auseinandersetzen.

Diese Meldungen wurden später dann auch von schwedischer Seite bestätigt, als Bengt-Erik Stenmark vom schwedischen Sjöfartsverket der Nachrichtensendung Aktuell und Reuters gegenüber erklärte, dass Piht überlebt habe und bereits von Mitgliedern der JAIC verhört werde.

Gemäß der Aussage von Carl Bildt hingegen war für ihn etwas ganz anderes wichtig. Das jedenfalls hob er bei einer Befragung durch die Gruppe von Peter Örn[1] im Herbst 1997 hervor. Einige estnische Besatzungsmitglieder sollen davon gesprochen haben, dass »... die Bugpforte angehoben wurde« (vgl. Gesprächsprotokolle der Analysegruppe). Das schien Carl Bildt wichtiger, denn er instruierte seinen Kommunikationsminister Mats Odell noch von Turku aus.

Mats Odell notierte sich: »Der Ministerpräsident will, dass untersucht wird, ob andere in Fahrt befindliche Passagierfähren auf die gleiche Weise wie die ESTONIA konstruiert sind. Die Angabe von Besatzungsmitgliedern, dass ›die Bugpforte angehoben wurde‹, kann auf Konstruktionsfehler hindeuten« (vgl. Gesprächsprotokolle der Analysegruppe).

Dass es auch noch andere Gründe als Konstruktionsfehler für das Anheben der Bugpforte gegeben haben könnte, beispielsweise eine Explosion, zog Carl Bildt nicht in Erwägung.

Nach den Aufzeichnungen von Hafström fasste Carl Bildt gleich nach seiner Rückkehr aus Turku noch am selben Abend während einer Besprechung mit seinem Stab zusammen:
– Estland bildet eine Havariekommission, der Finnland und Schweden beitreten werden.
– Gewichtige humanitäre Gründe sprechen dafür, die Opfer zu bergen, eventuell das ganze Fahrzeug.
– Da ein Konstruktionsfehler das Unglück verursacht haben kann, ist zu untersuchen, ob ähnliche Fehler auf anderen Fähren existieren.

Damit hatte Carl Bildt bereits 14 Stunden nach dem Untergang die These aufgestellt, dass ein Konstruktionsfehler zum Untergang geführt haben könnte, und das, obwohl in Estland sich der damalige Estline-Direktor Johan Johansson besorgt über ein Attentat äußerte ebenso wie der zweite Mann bei Estline-Niinas. Und ohne über technische Sachkenntnis zu ver-

---

1 Peter Örn war zu diesem Zeitpunkt der Leiter des schwedischen Roten Kreuzes, und er wurde im Jahr 1997 von der schwedischen Regierung beauftragt, mit einer Analysegruppe die Handlungen von schwedischen Politikern und Institutionen nach dem ESTONIA-Untergang noch einmal kritisch zu untersuchen.

fügen, ohne mit Experten darüber gesprochen zu haben und ohne, dass auch nur annähernd geklärt gewesen wäre, was die Besatzungsmitglieder wirklich beobachtet und zu welchem Zeitpunkt des Untergangs sie diese Beobachtung gemacht hatten, kurz, noch bevor in irgendeiner Form mit Untersuchungen auch nur begonnen worden wäre.

Doch da sich durch die Konstruktionsfehler-Parole in nur wenigen Stunden der Verdacht des estnischen Staatspräsidenten, es könnte strafrechtlich relevante Zusammenhänge zwischen dem Untergang und seinem Staatsapparat geben, auf wundersame Weise erledigt hatte, hätte man fast den Eindruck gewinnen können, dass geradezu ein Aufatmen durch die Reihen der Verantwortlichen gegangen war.

Man hatte dank Carl Bildt einen Schuldigen gefunden, auf den man alles schieben konnte: die Bauwerft, denn falls Konstruktionsmängel zum Untergang geführt hatten, waren alle anderen aus dem Schneider.

In einem Interview, das ich mit dem estnischen Transportminister und späteren Vorsitzenden der JAIC, Andi Meister, nach seinem Rücktritt in Tallinn führte, formulierte er es noch zielsicherer: »... das war eine gute Chance, der Schiffbauindustrie eine Lektion zu erteilen.«

Da es auf der Ostsee eine Schiffskatastrophe solchen Ausmaßes noch nie gegeben hatte, beschlossen die drei nordischen Regierungen (Schweden, Finnland, Estland) eine paritätisch besetzte Untersuchungskommission einzusetzen.

Ihre Aufgabe sollte es sein, die Untergangsursachen aufzuklären und festzustellen, warum es so viele Opfer gegeben hatte, und Maßnahmen vorzuschlagen, wie eine solche Katastrophe zukünftig verhindert werden könnte. Jedes der drei Länder sollte drei Mitglieder nominieren und in die JAIC entsenden. Da in Finnland und Schweden seit Jahrzehnten Havariekommissionen als ständige Einrichtungen existierten, wurden deren Vorsitzende sowie jeweils ein nautisches und ein technisches Mitglied entsandt.

Dieses waren für Finnland:

Kari Lehtola   – Jurist und Direktor der Unfall-Untersuchungskommission

Heimo Ivonen   – Konteradmiral und Direktor der Finnischen Rettungsbootgesellschaft

| Dr. Tuomo Karppinen | – Wissenschaftler für Hydrographie am VTT, dem Technical Research Center of Finland, Manufacturing Technology |

Für Schweden:

Olof Forssberg	– Jurist und Generaldirektor der staatlichen Havariekommission und hochrangiger Beamter des Verteidigungsministeriums
Börje Stenström	– Schiffbautechniker und Chief Maritime Technical Investigator der staatlichen Havariekommission
Hans Rosengren	– Kapitän und Lehrer an der Nautischen Akademie, Kalmar, Chief Nautical Investigator der staatlichen Havariekommission

In Estland gab es eine derartige Einrichtung noch nicht, da aber Präsident Meri bereits am frühen Morgen die Bildung einer elfköpfigen Untersuchungskommission angeordnet hatte, wurden aus dem Kreis dieser Kommissionsmitglieder drei Namen ausgewählt, die den Botschaftern von Finnland und Schweden mitgeteilt wurden:

Andi Meister	– Transportminister und Vorsitzender der JAIC
Indrek Tarand	– Kanzler im Außenministerium
Uno Laur	– Kapitän und persönlicher Repräsentant des Präsidenten Lennart Meri

Gleich zur ersten Sitzung der JAIC am 29.9.1994 in Turku waren dann aber auch noch zusätzliche Personen als Berater und Experten berufen worden:

| Kapitän Sten Andersson | – Sjöfartsverket Schweden |
| Kapitän Kalle Pedak | – Leiter der estnischen Schifffahrtssicherheitsbehörde |

Jukka Häkämies	– . .Schiffsinspektionsabteilung im Sjöfartsstyrelsen, der finnischen Schiffssicherheitsbehörde
Heiki Arike	– Minister des Inneren, Estland
Jüri Kreek	– Leiter der estnischen Küstenwache
Kapitän Enn Neidre	– Leiter der nautischen Abteilung von ESCO und Sicherheitsberater von Estline

Dabei hätten alle, ob Mitglieder oder Nichtmitglieder der JAIC, an der Untersuchung gar nicht beteiligt werden dürfen, denn quasi sollten sie sich selbst bzw. ihre eigenen Behörden oder Arbeitgeber überprüfen, was natürlich die notwendige Objektivität fehlen lässt. Juristisch verwendet man dafür den Begriff »Befangenheit«.

So war z. B. der Vertreter für Finnland, Jukka Häkämies, 1993 für die Ausstellung der entsprechenden falschen Zertifikate für die ESTONIA verantwortlich gewesen. Der Vertreter Estlands, Kalle Pedak, war neben Aarne Valgma noch am Tag vor dem Untergang dafür verantwortlich, dass

Uno Laur, letzter Vorsitzender der JAIC:»Unser Bericht wird niemanden beschuldigen.«

90

das Schiff in einem seeuntüchtigen Zustand den Hafen von Tallinn verlassen hatte.

Andi Meister, der Vorsitzende der JAIC, war gleichzeitig Vorsitzender im Verwaltungsrat von ESCO, der Firma, die Miteigentümer der ESTONIA war. Sten Andersson war leitender Beamter des Sjöfartsverket in Schweden, der Schifffahrtsbehörde, die für die Port State Controls, also die Kontrollen zur technischen Sicherheit und Seetauglichkeit bei der ESTONIA verantwortlich war. Und Enn Neidre arbeitete als Sicherheitschef bei Estline und ESCO nicht nur für die Reederei, sondern war auch der direkte Vorgesetzte von Besatzungsmitgliedern. Das wirkte sich bei deren Befragung katastrophal aus, da kein Besatzungsmitglied irgendetwas auszusagen wagte, ohne durch vorherigen Blickkontakt und zustimmendes Nicken von Enn Neidre dafür die Genehmigung einzuholen. Dies berichtete mir Bengt Schager, zurückgetretenes JAIC-Mitglied, in einem Interview am 26.9.1997. Enn Neidre wurde sogar noch als ordentliches Mitglied der JAIC berufen und anschließend von estnischer Seite gegen Indrek Tarand ausgetauscht.

Wurde hier etwa nur ein absurdes Spiel inszeniert, für die Presse, für die Öffentlichkeit, für die Angehörigen?

Am 29.9.1994 um 14.00 Uhr trat die JAIC ein erstes Mal unter dem Vorsitz von Andi Meister zusammen.

Es waren drei estnische Besatzungsmitglieder, die überlebt hatten, zu einer ersten Vernehmung eingeladen worden: Wachmatrose Silver Linde, Ingenieur Henrik Sillaste und der wachhabende Motorwärter Hannes Kadak.

Die schwedische Tageszeitung *Dagens Nyheter* vom 08.10.1994 druckte die Befragung des Motorwärters Kadak ab:

»Hannes Kadak fuhr erst seit eineinhalb Jahren zur See und erst seit 10 Tagen auf der ESTONIA.

F: Wissen Sie, wie das Bugvisier funktioniert?
K: Kaum, das ist nicht mein Job.
F: War es dunkel, als Sie die ESTONIA verließen?
K: Da waren einige Lichter weiter weg. Während ich schwamm, sah ich die Silhouette der E. Es war erschreckend, sie hatte schwere Schlagseite. Ich rettete mich vor dem Kentern.
F: War das Visier in Position?

K: Möglicherweise, ich bin jedoch nicht sicher. Das Heck sank zuerst. Das Schiff drehte sich, als das Heck absank. Es war dann völlig dunkel.

F: Sahen Sie ein schwarzes Loch?

K: Das war unmöglich zu sehen.

F: Waren Sie auf Wache?

K: Ja, ich war auf Wache im Maschinenkontrollraum, aber ich habe nichts Ungewöhnliches gesehen.

F: Haben Sie auf den Monitor geschaut?

K: Ja, ich sah Wasser. Ich weiß nicht, wann das Eindringen begann. Die Höhe des Wassers lag über den Dächern der Pkws.

F: Sahen Sie, ob die Bugrampe durch eine Explosion aufgesprengt worden war?

K: Das weiß ich nicht. Ich war im Maschinenkontrollraum und fragte: Wollen wir nicht nach oben? Wir verließen den Maschinenkontrollraum durch das wasserdichte Schott, das wir nicht verschlossen, da gewisses Personal zurück blieb...«

Die gezielten Fragen nach einem schwarzen Loch sowie nach möglichen Beobachtungen, ob die Bugrampe durch eine Explosion aufgesprengt wurde, lassen den Schluss zu, dass auch die JAIC bereits in diesem sehr frühen Stadium der Untersuchung Kenntnis von den inzwischen nachgewiesenen Explosionen im Bugbereich der ESTONIA hatte.

Sehr zum Erstaunen der schwedischen und finnischen JAIC-Mitglieder unterbrach dann aber der estnische Vorsitzende Andi Meister die Befragung abrupt mit der Begründung, ihr Flugzeug warte auf sie, und verließ den Raum unter Mitnahme der Zeugen.

Dabei hätte das Flugzeug, das der estnischen Küstenwache gehörte, solange gewartet, wie es erforderlich gewesen wäre. Diese Vorgehensweise des estnischen Transportministers verursachte erhebliche Irritationen in Schweden und Finnland, und die schwedische Tageszeitung *Svenska Dagbladet* berichtete am nächsten Tag, dem 30.09.1994:

»**Politische Manipulation belastet die Havarie-Untersuchung.**

Estnischer Minister wird für den Abbruch der wichtigen Befragung der Überlebenden verantwortlich gemacht.

Der estnische Vorsitzende der JAIC, Transportminister Andi Meister, leistet sich politische Manipulationen, die der Arbeit der JAIC bereits Schaden zugefügt haben. Unter dem Druck durch die bevorstehenden Wahlen in Estland hat er die erste Befragung von Überlebenden in Turku abgebrochen. Damit hat Meister, der absolut keine Erfahrung mit der Untersuchung von Schadensfällen hat, bereits bewiesen, dass er völlig ungeeignet ist, die Arbeit zu leiten, sagte eine Quelle.

Sowohl die schwedischen wie auch die finnischen JAIC-Mitglieder sind von dem Abbruch der Zeugenbefragung durch den estnischen Vorsitzenden am Mittwoch in Turku irritiert. Die JAIC hatte drei Besatzungsmitglieder ausgewählt, die für die Wichtigsten gehalten wurden.

Die Befragung der Drei hat wertvolle Informationen erbracht. Es war sehr wichtig für die JAIC, diese Zeugen ohne Zeitdruck zu befragen. Daher ist das Verhalten des estnischen Ministers zumindest befremdlich, sagte einer der schwedischen Teilnehmer. Er gab uns kraftvoll und deutlich zu verstehen, dass die Befragung beendet sei, sodass er zu seinem Flugzeug zurückkehren könne, das auf dem Flugplatz von Turku wartete.«

In einem späteren Interview gab Andi Meister mir gegenüber selbst zu, dass »... es nicht die beste Entscheidung gewesen sei, ihn zum Vorsitzenden zu ernennen«. In seinem Buch »Das unvollendete Logbuch« erwähnt er jedoch nichts dergleichen, sondern stellt Seite um Seite den Versuch an, sich selbst, seine Motivationen und Handlungen reinzuwaschen. Er sagte mir in Tallinn, dass er das Buch »hauptsächlich für die Menschen seines Landes« geschrieben habe, die alle noch so unendlich viele Fragen hätten und denen er mit seinem Buch die Antworten geben wollte.

Nachdem ich das Buch gelesen hatte, stellte ich ihm die Frage: »Herr Meister, warum haben Sie bei all Ihren guten Absichten und als Vorsitzender der JAIC nicht während Ihrer Amtszeit kräftig mit der Faust auf den Tisch geschlagen und Erklärungen verlangt, Erklärungen von den Finnen, Erklärungen von den Schweden, aber vor allem Erklärungen Ihrer eigenen beteiligten Landsleute?«

Er antwortete, dass er sich diese Frage heute selber manchmal stelle.

Als ich Andi Meister im Mai 2001 noch einmal um ein klärendes Interview bat, lehnte er in einem Telefongespräch mit mir ab mit den Worten: »Ich will die ganze Sache vergessen und noch 10 Jahre in Ruhe leben. Aber mein Leben liegt in der Hand von einigen schwedischen Bürokraten. Deshalb kann und will ich nichts mehr sagen.«

Doch Meister spielte im Grunde nur eine untergeordnete Rolle, denn die Macht, die Wege und Ziele dieser Untersuchung zu bestimmen, hatten in diesem Gremium andere.[1] Sie lag ganz klar bei den Schweden. Und das lag

---

1 So berichtet Ingela Thalén, sozialdemokratisches Parlamentsmitglied, der Peter-Örn-Analysegruppe, dass in einer Besprechung am 5.10.1994, die im Regierungssitz Rosenbad stattfand, darüber berichtet wurde, dass Carl Bildt mit dem »administrativen Vorsitzenden« [der JAIC, d.V.] gesprochen hatte und damit war nicht der Vorsitzende Andi Meister gemeint.

nicht nur daran, dass sie das meiste Geld zur Untersuchung beisteuerten, sondern es lag vor allem daran, dass sie routiniert ihre Rollen richtig spielten.

Olof Forssberg war vom schwedischen Verteidigungsministerium, ein mit den Methoden der Geheimdienste vertrauter Beamter, der schon so manch kontroversen Fall für die Regierung bearbeitet hatte.

Börje Stenström, ein technischer Ermittler, war ebenfalls ein perfekter Routinier in diesem Ermittlungsgenre. Er war es, der den Bolzen des Atlantikschlosses, eines der Hauptbeweisstücke im Fall ESTONIA, einfach wieder ins Meer warf, nachdem Taucher das Teil gerade mühsam geborgen hatten, was er mir milde lächelnd während eines Interviews im Frühjahr 1995 in allen Einzelheiten schilderte.

Und etwas später kam noch Johan Franson dazu, der farblose Jurist des Sjöfartsverket, der es im Laufe der Jahre verstand, sich für die Regierung unentbehrlich zu machen und der sich, obwohl er über keinerlei technische und sachliche Erfahrung verfügte, plötzlich große ESTONIA-Kompetenz zumaß. Zwar war er kein JAIC-Mitglied, aber von Anfang an zuständig für alles, was sich sonst noch um den Fall ESTONIA herumrankte.

Sogar die Finnen Kari Lehtola, ebenfalls ein Jurist und Beamter seiner Regierung, und Tuomo Karppinen, Ingenieur des VTT, einer technischen Universitätsabteilung, der vorher noch nie einen solchen Fall untersucht hatte, hatten eine für die Untersuchung bestimmendere Stellung inne als Andi Meister, der estnische Vorsitzende.

Die schwedischen und finnischen JAIC-Mitglieder trafen sich am 30.09.1994 abermals in Turku und legten diesmal ohne die Esten, die bereits abgereist waren, die Regeln für die weitere Zusammenarbeit der JAIC fest. Dabei wurde sofort deutlich, dass die Schweden das Sagen haben würden. Im Einzelnen wurden laut Protokoll[1] folgende Aufgaben-Ermittlungsbereiche festgelegt und das Procedere:

1. Operation/Organisation	Schweden/Estland
Ladung	Schweden/Estland
Passagierlisten	Finnland
Seenotrettungsaktion	Finnland, jedoch sollte Schweden die Besatzungen der schwedischen Hubschrauber vernehmen.

---

1 Protokoll gemäß Akten der JAIC, Anlage Nr. 37.2447 des Untersuchungsberichtes der deutschen Expertengruppe, im Internet zu finden unter www.estoniaferrydisaster.net

| Wetter | Estland, jedoch sollte jedes Land die Wettermeldungen seines Wetterdienstes einbringen. |

2. Ein direkter Faxwechsel zwischen Finnland und Schweden bei wichtigen Angelegenheiten gilt als beschlossen.

3. Das nächste Treffen soll in Helsinki stattfinden, nachdem das Wrack gefilmt worden ist, danach soll ein vorläufiger Bericht erstellt werden.

4. Jedes Land führt ein selbstständiges Protokoll für die eigene Akte.

5. Die Bedenken der estnischen Regierung wegen der NATO-/Russland-Einmischungen am Wrack wurden angesprochen.

6. Der Umgang mit den Medien wurde in groben Zügen festgelegt.

7. Protokoll- und Archivangelegenheiten wurden verteilt.

8. Die schwedischen JAIC-Mitglieder sollen N&T am folgenden Tag aufsuchen und u.a. einen Stauplan von der Reederei verlangen.

9. Karppinen soll im Namen Finnlands teilnehmen.

10. Heimo Ivonen informiert über die Luftrettung in Finnland. Der schwedische Teil der JAIC soll die schwedischen Rettungskräfte informieren, dass die JAIC Fragen zu den schwedischen Rettungsdiensten und deren Control Center hätte. [Heimo Ivonen hat einen guten Kontakt in Estland: Kalle Pedak, d. V.]. Börje Stenström wies auf die Bedeutung der Vernehmung der Kapitäne der MARIELLA und SILJA EUROPA sowie des Ingenieurs Margus Treu hin.

11. Die Bewachung des Wracks wurde diskutiert.

12. Die Definition der »Mr. Skylight«-Ansage wurde diskutiert.

13. Pirjo V. teilte mit, dass der finnische Teil der JAIC Zugang zu den Plänen der ESTONIA habe.

14. Es gilt als zur Kenntnis genommen, dass eine Zeitung aus Helsinki berichtet hat, eines der estnischen JAIC-Mitglieder sei in eine Waffenaffäre verwickelt.

Besondere Beachtung sollte man dabei den Punkten 2, 5 und 14 schenken, denn mit Punkt 2 wurde quasi festgelegt, dass man Estland ausschloss von allen folgenden wichtigen Informationsflüssen. Punkt 5 spiegelt deutlich die politische Dimension der Folgen des Unterganges wider, wird jedoch geschickt als »Sorge Estlands« formuliert, denn natürlich waren im Herbst 1994 alle westlichen Länder besorgt über das NATO/Russland-Verhältnis. Denn nach russischer Meinung hatte sich die NATO bereits zu weit vorgestreckt und versucht, einen Fuß in die drei kleinen baltischen Staaten zu bekommen. Das hatte schon viel Konfliktpotenzial geschaffen. Punkt 14

spiegelt die deprimierende Situation wider, in der Estland zu diesem Zeitpunkt steckte, wie im Übrigen alle östlichen Länder beim Zerfall der alten
kommunistischen Ideologie und der Einführung der Marktwirtschaft:
Jeder wollte gerne schnell reich werden.

Korruption und mafiöse Organisationsstrukturen hatten in einer atemberaubenden Geschwindigkeit um sich gegriffen. Und Politiker, ja sogar
Minister und hochrangige Staatsbeamte, waren in diverse kriminelle Aktivitäten verwickelt. So auch der estnische Innenminister Heiki Arike, der zu
diesem Zeitpunkt unter dem Verdacht stand, in Waffengeschäfte verwickelt zu sein. Er wurde später von einem Gericht freigesprochen, obwohl
er als Innenminister Exportpapiere für illegale Waffen ausgestellt hatte
und auch persönlich für deren Weiterleitung nach Tschetschenien gesorgt
hatte. Aber seine Anwälte überzeugten den Richter, dass diese Papiere für
den Schmuggel gar nicht notwendig gewesen waren. Und deshalb ließ man
die Anklage fallen, obwohl sich der Sachverhalt tatsächlich wie beschrieben zugetragen hatte.

Das war für eine »unabhängige Ermittlungskommission« wie die JAIC
kein guter Anfang. Doch es sollte noch schlimmer werden.

Skandalöse Ermittlungsweisen waren kennzeichnend für die Arbeit dieses Gremiums: Zeugeneinschüchterungen[1] und Unterdrückung von Zeugenaussagen[2] bis hin zu angeblichen Verlusten von Aussagetonbändern[3],
Vernichtung von Beweismaterial[4], Verwendung gefälschter Dokumente[5]
und generell eine Ermittlung, die von Anfang an nur in die Richtung
geführt wurde, dass technische Mängel für den Untergang verantwortlich
wären, speziell Konstruktionsfehler, die der Herstellerwerft die Schuld am
Untergang gab[6], begleitet vom Rücktritt dreier Kommissionsmitglieder[7].

---

1 Zum Beispiel die überlebenden Besatzungsmitglieder Sillaste, Kadak und Linde bei der Befragung
durch die JAIC in Anwesenheit ihres Vorgesetzten Enn Neidre.
2 Im Fall von Thure Palmgren, dessen Aussageprotokoll immer an den Stellen, wo er wichtige Fakten
genannt hatte, später lediglich Pünktchen aufwies.
3 Im Fall von Leif Bogren, dessen erstes Verhör durch einen Polizisten auf Tonband aufgenomm
worden war.
4 Börje Stenström schmiss den Bolzen des Atlantikschlosses wieder ins Meer, nachdem Taucher ihn
geborgen hatten. Der Bolzen wäre ein Hauptbeweismittel gewesen bei der Klärung der Frage, ob
tatsächlich das Atlantikschloss gebrochen war und infolgedessen der Untergang ausgelöst wurde.
5 Die Mängelliste der Inspektoren Zahlé und Sjöblohm, die nachträglich verändert wurde, lag nachweislich auch in ihrer Originalform, also unverändert mit der Eintragung aller Mängel, der JAIC vor.
Dies beweist die Registriernummer am rechten oberen Rand des Dokumentes. Trotzdem wurde die
gefälschte Liste von der JAIC als Beweis gewürdigt.
6 Aussage vom Vorsitzenden Andi Meister mir gegenüber in einem Interview, dass man die Gelegenheit ergreifen und der Schiffbauindustrie eine Lektion erteilen wollte.
7 Andi Meister, Olof Forssberg, Bengt Schager.

Die JAIC vermittelte den beteiligten Ländern den Eindruck einer gewissenhaften Untersuchungstätigkeit, sodass die jeweiligen Staatsanwaltschaften und Polizeibehörden der drei Länder Schweden, Finnland und Estland ihre eigenen Ermittlungen zurückstellten bzw. dem späteren Ergebnis der Untersuchungen durch die JAIC unterordneten. Ich befragte im Jahr 1996 die Polizeibehörden in Stockholm, die leitenden Kriminalbeamten Per Olov Palmgren und Bo Wide, warum sie keine eigenen, kriminalpolizeilichen Ermittlungen anstellten, und bekam von Bo Wide die Antwort: »Am Tag nach oder zwei Tage nach dem Unglück leitete der Staatsanwalt eine Voruntersuchung ein, die klären sollte, ob sich jemand eines Fehlers schuldig gemacht hatte oder nicht. Diese Untersuchung ist noch nicht abgeschlossen. Wir warten auf die Stellungnahme der Havariekommission. Und danach wird der Staatsanwalt Stellung dazu nehmen, wie wir weiter vorgehen. Die Havariekommission wird ja berichten, was geschehen ist. Wenn der Schlussreport vorliegt, wird er entscheidend dafür sein, wie der Staatsanwalt weiter vorgeht in dem Teil, der ein Verbrechen untersucht und mit dem wir hier zu tun haben.«

Ich stellte in Finnland ebenfalls im Frühjahr 1996 die gleiche Frage an die leitenden Kriminalbeamten der Polizei in Turku, Juhani Salonen, Kalle Puhalainen, und bekam fast die gleiche Antwort. Kurt Alopaeus: »...jetzt untersuchen wir nichts Größeres mehr, wir haben eigentlich nur noch Fragen der JAIC zu beantworten, die die an uns stellen. Die werden dann ja alles im Report schreiben.«

Ich reiste ebenfalls im Frühjahr 1996 nach Estland und befragte dort den leitenden Kriminalinspektor, Priit Männik, und bekam nochmals haargenau das Gleiche zu hören: »Wir warten jetzt auf das Untersuchungsergebnis der JAIC. Wir haben zwar immer wieder Hinweise, aber wir warten jetzt erst mal, was im Report festgestellt wird.«

Die JAIC hatte es geschafft, alle Aktivitäten anderer lahm zu legen. Und dabei hatte die JAIC nie vor, jemals einen Schuldigen zu präsentieren, denn ebenfalls im Frühjahr 1996 sagte mir in einem Interview das JAIC-Mitglied Uno Laur: »Unser Bericht wird niemanden beschuldigen.«

Bei einem Untergang von der Bedeutung des Falles ESTONIA wäre es ein nicht unüblicher Vorgang, dass eine Untersuchungskommission sich zuerst mit den Überlebenden befasst, mit den Zeugen. Doch von vornherein hatte die JAIC nur ein sehr spärliches Interesse daran, Zeugen anzuhören. Passagiere wurden gleich als »Laien« und »unter Schock stehend« abqualifiziert, und auch von den Besatzungsmitgliedern wurden nur ganz wenige vernommen. Als deren Aussagen widersprüchlich ausfielen, wurde ein Einziger zum Kronzeugen »gekürt«, dessen Aussage besonders gut mit den Vorstellungen der JAIC-Kommission harmonierte.[1] Bemerkenswert ist auch, dass wichtige Umstände und Tatsachen der Öffentlichkeit vorenthalten wurden. Die Liste der Beispiele hierzu ist lang, jedoch gibt es ein besonders prägnantes Beispiel: Der finnischen Rettungszentrale MCCR und den finnischen Rettungshilfskräften sind nach dem Untergang starke Vorwürfe von Seiten der schwedischen Mitglieder der Kommission gemacht worden: Der Notruf sei nicht schnell genug an Schweden weitergeleitet worden, und damit sei wertvolle Zeit verloren gegangen, in der noch Menschenleben hätten gerettet werden können.

In der Tat sind die schwedischen Kollegen von Seiten der finnischen Seenotleitstelle MCCR erst um 01.52 Uhr verständigt worden, also erst 56 Minuten nach dem MAYDAY. Also war der Vorwurf, zumindest theoretisch, berechtigt.

Der praktische Ablauf klärt jedoch über die tatsächlichen Umstände auf. Das belegen die Aussage des Kapitäns der MARIELLA Jan Thore Thörnroos, sowie die Bestätigung durch seinen Offizier Ingmar Eklund. Hier ein Auszug aus dem Telefonverhör, das der schwedische Kriminalbeamte Lars-Erik Andersson mit Thörnroos am 6.10.1994 geführt hat:

»*T*: Eine andere Sache, von der ich glaube, dass sie erwähnt werden sollte und welche Sie, der Sie diesen Fall hier untersuchen, sich merken sollten, ist der Alarm. Nachdem sie den Notruf sendeten, waren es nur die EUROPA und wir, die ihn beantworteten, und wir hatten wirklich große

---

1 Das JAIC-Mitglied Bengt Schager berichtete mir darüber ausführlich und ergänzte im Interview September 1997: »Ich hatte vorgeschlagen, 15 Zeugen auszusuchen, die offenbar alle gute Beobachtungen gemacht hatten, sehr wichtige Beobachtungen, und die waren auch an den wichtigen Plätzen im Schiff, als alles losging. Die wollte ich befragen, ich wollte mehr Details, weil ich wusste, dass wir [die JAIC, d.V.] daran Interesse haben sollten. Aber das wurde abgelehnt.«

Probleme, Kontakt mit den Küstenstationen zu bekommen. Es ist nicht so, dass sie dort den Notruf empfingen, wie sie den Medien erzählten. Sie erhielten ihn erst, nachdem wir sie mit einem Mobiltelefon anriefen. EUROPA rief Turku mit einem Mobiltelefon an, und wir riefen Helsinki mit einem Mobiltelefon an. Nachdem sie die Notrufe gesendet hatten, waren es nur die EUROPA und wir, die sie beantworteten.

A: Bedeutet das, dass die Rettungsdienste an Land nie den Empfang eines Notrufes bestätigten?

T: Sie haben nie etwas bestätigt.

A: Nicht den Empfang der Meldungen?

T: Nein, sie taten es nicht, bis wir sie mit dem Mobiltelefon benachrichtigten. Am Anfang wussten wir nicht einmal, wen wir anrufen sollten. Wir versuchten es sofort, nachdem wir von der ESTONIA die Information über ihre Position usw. erhielten, und nachdem der Kontakt unterbrochen war, versuchten wir beide, die EUROPA und wir, MRCC und Helsinki Radio, Mariehamn Radio zu kontaktieren. Zu Beginn über VHF Kanal 16, dem Notruf-Kanal. Überhaupt keine Reaktion. Niemand hörte zu, nicht einmal in Stockholm. Also wechselten wir zu Kanal 2182, der die gesamte Ostsee abdeckt, und wir riefen an und an. Überhaupt kein Kontakt. Das Einzige, was wir hörten, war, dass jemand anderes anrief. Er sprach später mit der EUROPA. Er hörte, dass wir anriefen, und wir hörten, dass er anrief, aber an Land war keine Reaktion.

A: Zusammenfassend heißt das, dass die ESTONIA ein MAYDAY sendete, das unmittelbar nur von der MARIELLA und der EUROPA empfangen wurde. Nur sie beide bestätigten den Empfang?

T: Ja, das war es, was wir jedenfalls gehört haben.

A: Und dann versuchten Sie, die Rettungsdienste zu benachrichtigen?

T: Ja.

A: Beide, in Finnland und in Schweden?

T: Ja.

A: Und Sie erhielten keine Antwort?

T: Nein.

A: Und dann benutzten Sie ein Mobiltelefon, um die Rettungsdienste in Finnland anzurufen?

T: Um die Rettungsdienste in Finnland anzurufen, und EUROPA tat das Gleiche unabhängig von uns. Sie entschieden sich, Turku anzurufen, und wir riefen Helsinki an. Anfänglich sendeten sie eine Pan Pan-Nachricht, die bedeutet »Mann über Bord«, und erst später, nachdem sie den Pan Pan gesendet hatten, sendeten sie MAYDAY. Das war Helsinki Radio.

A: Was war die Nachricht?

T: Pan Pan. Das ist nicht so schwerwiegend wie ein MAYDAY-Ruf. Er wird benutzt, wenn z. B. jemand über Bord gegangen ist, aber keine Gefahr für das Schiff selbst besteht.

A: Also das kam von Helsinki Radio.

T: Ja, das kam von Helsinki, und ich weiß auch, dass später auch noch ein MAYDAY kam, was wir selbst nicht hörten, aber die EUROPA hörte es.

A: Auf jeden Fall muss das detailliert diskutiert werden, wenn Sie nach Stockholm kommen.

T: Ja.

A: Aber ich weiß von Ihnen schon, dass es auf jeden Fall sehr schwer war, in Kontakt mit den Rettungsdiensten zu treten.

T: Wir mussten viel mit ihnen zusammen arbeiten, und es war nicht das erste Mal, dass wir Mobiltelefone benutzen mussten.

A: Ja, und war es dasselbe mit Schweden, mit Stockholm?

T: Ja, obwohl wir auf finnischem Gebiet waren, und Schweden – außer es gäbe bestimmte Umstände – nicht alarmieren sollten, aber wir wussten nicht, was passiert war. Das Einzige, was wir wussten, als wir die Rettungsdienste benachrichtigten, war, dass sie ein MAYDAY gesendet hatte. Dann hatten wir keine Idee, was passiert war, und wir konnten die Fähre immer noch sehen und konnten uns nicht vorstellen, dass eine solche Katastrophe passiert war. Das ist auch etwas, was wir nicht den Medien sagten und was wir nur unter uns diskutiert haben. Deshalb ist diese Tatsache noch nicht herausgedrungen.

A: Nein, das ist gut so. Wir werden das während der Untersuchung für uns behalten.

T: Ja.«

Eine Aussage, die die Absprache belegt, dass man diese Informationen der Öffentlichkeit vorenthalten wollte.

Es gibt zwei mögliche Erklärungen dafür, dass zuerst niemand in den Seenot-Leitstellen erreicht wurde:

1. Es war niemand da.
2. Die Notrufe genauso wie die Mobiltelefonanrufe drangen nicht sofort durch.

Diese Erklärung scheint sich durch die später festgestellten Tatsachen belegen zu lassen. Aufgrund der ca. eine Stunde lang bestehenden Störwelle, die den Funkverkehr auf der Ostsee zum Teil erheblich behinderte, ja sogar eine Telefonverbindung zur Rettungsstation in Turku, Helsinki und nach Stockholm unmöglich machte, bekamen die Offiziere der MARIELLA und auch der SILJA EUROPA zuerst keinen Kontakt zu den Rettungszentralen Finnlands und Schwedens. Wer oder was diese Störwelle ausgelöst hatte, konnte damals nicht herausgefunden werden, und es wurde auch nicht weiter untersucht. Man nahm sogar in Kauf, dass die finnischen Retter heftigst kritisiert wurden für die langsame Reaktion, die sie während dieser großen Katastrophe zeigten, obwohl alle wussten, dass dies nicht der Wahrheit entsprach. Dass die Kapitäne der anderen Fähren aber nicht darüber zur Presse reden sollten, das stellte man sofort sicher, wie das Interview mit Kapitän Thörnroos beweist.

Eine unendliche Zahl von Beispielen belegt, wie außerordentlich arrogant und uninteressiert die JAIC während ihrer Untersuchung mit den Zeugen umging.

Der Passagier Leif Bogren hatte wichtige Beobachtungen gemacht. Dies hatte er sofort nach seiner Rettung einem Kriminalbeamten mitgeteilt, der die Aussage auf Tonband aufnahm. Als Leif Bogren später den Partreport las, traute er seinen Augen nicht, weil wesentliche Vorgänge des Untergangs komplett anders dargestellt wurden. Deshalb verlangte er sein Verhörprotokoll einzusehen, und dabei kam heraus, dass das Tonband irgendwie verloren gegangen war und seine Aussage nur ganz bruchstückhaft und natürlich nicht mit den entscheidenden Passagen wiedergegeben war. Daraufhin wurde Bogren ärgerlich und verlangte ein Treffen mit Olof Forssberg. Nach vielen Telefonaten gelang es ihm endlich, einen Termin zu bekommen. Forssberg gab ihm eine halbe Stunde. Schließlich holte aber auch Forssberg ein Tonbandgerät und nahm die Aussage von Bogren auf Band auf. Doch mehr geschah nicht, denn ausgewertet oder berücksichtigt wurde die Aussage von Bogren nie, sonst hätte die JAIC zu ganz anderen Ergebnissen kommen müssen.

Ähnlich ging es dem Passagier Thure Palmgren. Auch er verlangte Jahre später sein Aussageprotokoll einzusehen, und auch er war entsetzt, denn auch hier hatte man an entscheidenden Stellen immer Pünktchen eingesetzt. Daher konnte Thure Palmgren sehr genau verfolgen, wo man seine Angaben verfälscht hatte.

Es ist müßig, hier aufzuzählen, dass viele andere Schlüsselzeugen auch nicht beachtet wurden: Carl Övberg, Carl-Erik Reintam, Pierre Thiger, Bengt Nilsson, Rolf Sörman, Anders Ericsson, Per-Erik Ehrnsten, Maria Fägersten und Töni Spuhl und und und...

Die deutsche Expertengruppe hat im Herbst 1999 die zwölf wichtigsten Schlüsselzeugen unter den Passagieren noch einmal ganz genau befragt.

Keiner musste dazu überredet werden, denn die Überlebenden waren gerne bereit, endlich Auskunft zu geben, was sie beobachtet hatten in dieser schrecklichen Nacht. Herausgekommen sind jeweils fast 100 Seiten. Ganz exakte und genaue Schilderungen, die allesamt ein äußerst detailliertes Bild vom Geschehen an Bord der ESTONIA in der Untergangsnacht geben. Das alles hätte auch die JAIC erfahren können, doch daran war man offensichtlich nicht interessiert.

Die JAIC hat sich in ihrem Abschlussbericht schließlich nur auf einen einzigen Zeugen berufen, auf den estnischen Wachmatrosen Silver Linde. Doch anstatt eine klare Schilderung der Ereignisse abzugeben, machte er bei neun verschiedenen Befragungen ebenso viele unterschiedliche Aussagen. Obwohl einige Mitglieder von der deutschen Expertengruppe, Bengt Schager und viele Journalisten aus mehreren Ländern bereits zweifelten, wie ein Zeuge so häufig seine Aussage ändern kann, wurde das von der JAIC aufgestellte Untergangsszenario, das ausschließlich auf den Angaben von Silver Linde beruhte, von den Regierungen aller drei nordischen Länder bei der Übergabe des Endberichts nicht beanstandet.

Da die JAIC von Anfang an davon ausging, dass das Bugvisier durch zu schwache Schlösser in den starken Wellenbewegungen abgefallen wäre und damit ein Konstruktionsfehler der Grund für den Untergang sein müsste und nicht die Explosionen, die Löcher in den Schiffsstahl gerissen hatten, musste sie sogar physikalische und mathematische Gesetzmäßigkeiten außer Acht lassen, um ein passendes Szenario zu konstruieren.

Hierzu gehörte, dass in der Rekonstruktion des zeitlichen Ablaufs der Zeitpunkt für den Abriss des Bugvisiers möglichst früh angenommen werden musste, damit zumindest theoretisch genügend Wasser über das Autodeck hatte eindringen können, um ein Schiff von der Größe der ESTONIA zum Kentern zu bringen.

Da der Wecker eines Passagiers während der ersten Schlagseite zu Boden gefallen und deshalb genau um 01.02 Uhr stehen geblieben war, und die erste Schlagseite nach dem JAIC-Szenario durch das Wasser verursacht sein musste, das über das Autodeck eingeströmt war, musste man die Aussagen des Wachmatrosen Silver Linde irgendwie anpassen.

Er hatte nämlich ausgesagt, dass die ersten Knalle während seiner Wachrunde auf dem Autodeck passiert wären, kurz vor 01.00 Uhr, und er sogar noch 5 Minuten den Frontbereich des Schiffes genau untersucht, aber keinen Wassereinbruch festgestellt und daher seinen Wachgang fortgesetzt hätte.

Wenn also die erste Schlagseite schon um 01.02 Uhr eingetreten war, waren rechnerisch nur fünf bis zehn Minuten geblieben, um das gesamte Autodeck zu fluten, damit die Schlagseite eintreten konnte. Das war aber nicht möglich.

In einem Interview im Mai 2001 machte Linde mir gegenüber eine bemerkenswerte Aussage: Die diversen unterschiedlichen Aussagen seien von ihm erpresst worden. »Ich wurde wie ein Krimineller behandelt. Ich arbeitete zuerst nicht gleich wieder auf einer Fähre, ich hatte über einen Monat keine Arbeit. Dann kam die Sicherheitspolizei und fing an, mich und meine Familie zu Hause regelrecht zu belästigen, sogar nach halb neun Uhr abends kamen sie noch. Ich lebte damals in Tartu. Sie kamen zu mir nach Hause und nahmen mich mit. Ich sollte ihnen den Unterschied zwischen meinen zwei ersten Aussagen erklären. Da gab es aber keinen Unterschied, die eine war nur übersetzt worden und die andere hatte ich direkt in Estnisch gemacht. Das war der einzige Unterschied.

Dann forderten sie von mir, dass ich aufschreibe: ›Ich erzähle keine Lügen.‹ Sie schikanierten mich und setzten mich richtig unter Druck. Also schrieb ich die Worte auf einen Zettel.

Dann, im Frühjahr 1995, als ich auf der Tallink-Fähre gearbeitet habe, fuhr ich Finnland hin und zurück. Da kam ein Polizist an Bord, der nahm mich mit nach Tallinn zur Transportpolizei.

Dort setzten sie mich wieder unter Druck. Ich erzählte noch einmal, was ich wusste, aber der Polizist erzählte mir seine Version und dass er meiner nicht glauben würde. Er wollte etwas, was ich nicht durchschaute. Er erwähnte immer wieder fünf Minuten … irgendwelche fünf Minuten Differenz von dem Wecker einer schlafenden Person.

Ich sagte, dass ich genug hätte von alledem, dass ich genug davon hätte, immer wieder zur Polizei zu müssen. Ich sagte: ›Machen Sie doch, was Sie wollen, Sie kriegen Ihren Bonus und ich weiß nicht was. Die Untersuchung wird bald vorbei sein.‹ Ich war so erschöpft. Ich bereute schon, dass ich überlebt hatte. Die haben richtige Gehirnwäsche mit mir gemacht mit dieser Zeitdifferenz.

Noch weitere zwei Male holte mich die Polizei, und beide Male waren die Kreuzverhöre drei Stunden lang. Sie blieben bei dieser verrückten Geschichte mit den fünf oder zehn Minuten, und ich wusste eigentlich gar nicht, worüber die redeten. Aber mir war inzwischen alles egal, ich wollte nur in Ruhe gelassen werden. Ich sagte ihnen, sie können schreiben was sie wollen, damit sie mich und meine Familie endlich in Ruhe lassen.«[1]

---

1 Aus dem Estnischen übersetzt von Ene Moldau.

Damit wird klar, dass es nicht einen einzigen Zeugen gibt, der den Untergang so wiedergegeben hat, wie ihn die JAIC-Kommission in ihrem Abschlussbericht beschreibt.

Inzwischen hat man den Esten Silver Linde in Finnland zu neun Jahren Gefängnis verurteilt, weil er, obwohl man es nicht beweisen konnte, auf einer Fähre Drogen geschmuggelt haben soll. Dabei gab es weder Zeugen noch Beweismaterial noch wurde ihm die Anklageschrift übersetzt noch bekam er überhaupt einen Übersetzer zur Seite gestellt. Die Gerichtsverhandlung lief ab, obwohl er der finnischen Sprache nicht mächtig ist, ein Vorgehen, das gegen die Grundrechte eines Menschen verstößt.

Silver Linde brachte es in seinem Interview mit mir im Mai 2001 auf den Punkt: »Die wollen mich mundtot machen, mich wegschließen, damit ich nicht erzählen kann, dass sie mich gezwungen haben, die Aussagen immer wieder zu korrigieren, bis sie ihnen in den Kram passten.«

Andi Meister

Obwohl Andi Meister gleich am ersten Sitzungstag der JAIC mit seinen estnischen Zeugen wieder abgereist war, blieb er auf ausdrücklichen Wunsch vom estnischen Präsidenten Meri Vorsitzender. Hiermit setzte sich Meri gegen den Wunsch von Carl Bildt durch, was aus dem Fax-Wechsel zwischen Meri und Bildt vom Oktober 1994 hervorgeht.

Meister blieb auch Vorsitzender nach dem Regierungswechsel in Estland im April 1995, agierte aber ohne jegliche Überzeugungskraft. Nach einer Reihe von in den Medien geführten Auseinandersetzungen mit dem schwedischen Kommissionsmitglied Olof Forssberg trat er im Juli 1996 entnervt von seinem Amt als Vorsitzender der JAIC zurück.

In einem Interview, das ich mit ihm nach seinem Rücktritt führte, sagte er, dass er nicht die Informationen von den Schweden bekommen hätte, die er hätte bekommen müssen, um den ganzen Fall beurteilen zu können, und dass auch die zur Verfügung gestellten Dokumente und Videos nur lückenhaft und unvollständig waren, sodass er sich nicht im Stande sah, daraus Rückschlüsse zu ziehen. Ganz besonders machte er den Schweden zum Vorwurf, dass sie bei einer Tauchaktion, die der Untersuchung des Wracks diente, nicht die Leichen auf der Kommandobrücke identifiziert hatten. Daraus hätte man Schlüsse ziehen können, ob Kapitän Andresson während des Unterganges auf der Brücke war oder nicht.

Olof Forssberg

Der ausgebildete Jurist mit Richterqualifikation und erfahrene Ermittler in Schadensangelegenheiten aller Art, untersuchte üblicherweise in leitender Funktion Schadensfälle im Auftrag der schwedischen Regierung, wobei seine Tätigkeit für das Verteidigungsministerium dabei nicht unerwähnt bleiben darf, sondern im Zusammenhang mit dem Amt bei der Havariekommission zu sehen ist. Er war der Mann fürs Grobe, der bisher seine Aufgaben stets zur Zufriedenheit seiner Auftraggeber zum Abschluss gebracht hatte.

Als Ende 1996/Anfang 1997 die Glaubwürdigkeit der JAIC zusehends dahinschmolz (nicht zuletzt durch den Rücktritt Andi Meisters und der damit verbundenen Anschuldigungen an die schwedische Seite der JAIC), suchte Olof Forssberg vermutlich nach Möglichkeiten, ohne allzu großen Gesichtsverlust aus der Verantwortung zu gelangen, damit er seine Unterschrift nicht unter den Untersuchungsbericht setzen müsste. Diese Möglichkeit bot sich ihm, als er im Mai 1997 »einer kleinen Vergesslichkeit« durch den Rundfunkjournalisten Erik Ridderstolpe überführt wurde. Gemessen an den sonstigen Skandalen der JAIC war es eine Winzigkeit, denn er hatte behauptet, den Inhalt eines Briefes nicht zu kennen, mit dem ihn der Journalist konfrontierte. Später musste er zugeben, schon jahrelang Kenntnis über diesen Brief gehabt zu haben. Sofort bezichtigte er sich in den schwedischen Medien als Lügner in dieser Petitesse und akzeptierte blitzschnell die Entlassung durch die Kommunikationsministerin Inez Uusman.

Damit war Forssberg fein raus, zog und zieht aber bis zum heutigen Tage die Fäden aus dem Hintergrund. Noch im Jahr 1997 wurde Forssberg zunächst zum Richter am Landgericht und wenige Monate später zum Richter am Oberlandesgericht berufen. Ein merkwürdiger Vorgang, dass in Schweden jemand ins Richteramt berufen werden kann, der gerade öffentlich der Lüge überführt wurde.

Bengt Schager

Man holte den Psychologen, der sich auf das Motivationstraining von Schiffsbesatzungen, Reedereiangestellten und ähnlichen Personen spezialisiert hat und dies über seine Firma Marine Profile AB mit Sitz im schwedischen Halmstad als Serviceleistung anbietet: erstens weil man in solchen Fällen immer gerne in die Arbeit einer größeren Kommission einen Psychologen mit einbezieht, und zweitens weil man ihm, zumindest scheinbar, die Auswertung der Zeugenaussagen überlassen wollte.

Doch als ich ihn nach seinem Rücktritt in Halmstad aufsuchte, erzählte er mir, dass er de facto im Verlauf seiner gesamten Arbeit für die JAIC nur ein einziges Mal die Gelegenheit bekommen hatte, mit Überlebenden zu sprechen und das nicht alleine. Alle weiteren Anträge zur Vernehmung wenigstens der Schlüsselzeugen wurden abgelehnt. Man ließ ihn lediglich aus den 137 Statements jeweilige Kurzzusammenfassungen schreiben, wobei er als Nicht-Fachmann in technischen Ermittlungsfragen gar nicht wissen konnte, welche die wichtigen Teile der Aussagen waren und welche nicht. So fasste er die Aussagen zusammen, wie er es für richtig hielt, was dazu führte, dass die Beschreibungen über menschliche Tragik während des Untergangs den wesentlich größeren Teil ausmachten. »Ansonsten«, so erzählte er mir, »war ich zur Untätigkeit verurteilt und musste zusehen, wie sich die Kommissionsmitglieder schließlich nur noch mit Streitereien aufhielten, die darin gipfelten, dass man darüber ›verhandelte‹, ob man im Abschlussbericht behaupten könne, dass der Kapitän auf der Brücke gewesen sei. Auch bestand die estnische Seite der JAIC konsequent darauf, dass der Besatzung keinerlei Schuld zugewiesen werden dürfe. Der schwedischen Seite war es hingegen extrem wichtig, dass die Wartungsmängel und die schwedische Verantwortung für die Port State Controls inklusive der letzten Inspektion am 27.9.1994 durch die schwedischen Schiffsinspektoren, die das Schiff für seeuntüchtig erklärt hatten, nicht ins Gewicht fielen. Den Finnen war schließlich wichtig, dass das schlechte Funktionieren der Rettungsarbeiten nicht zu genau unter die Lupe genommen wurde und vor allem, dass die von ihnen und ihrer VTT gemachten Materialstärke-Tests der Schlösser die größte Beachtung und das größte Gewicht im Endreport bekamen, denn hier saßen eitle Wissenschaftler mit am Tisch. [...] Es war bei manchen dieser Meetings so verrückt, wie um Fakten verhandelt wurde, dass ich manchmal sagen musste: Hej, Leute, das Schiff ist aber wirklich untergegangen, das lässt sich nicht wegdiskutieren.«

Schager wollte einen Endbericht mit lauter Lügen und Halbwahrheiten nicht mit verantworten, deshalb trat er am 8.9.1997 ebenfalls zurück.

Börje Stenström

Der studierte Schiffbautechniker, hervorgegangen aus der Landorganisation der alten Salén Reederei, hatte schon mit dem späteren Generaldirektor des Sjöfartsverket Kaj Janérus und dem Technischen Direktor von N&T und Vorstandsmitglied von Estline Sten-Christer Forsberg zusammen gearbeitet und war seit dieser Zeit gut mit ihnen bekannt. Stenström war der technische Chefermittler in der JAIC, solange seine Gesundheit es zuließ. Er setzte die an Olof Forssberg erteilten politischen Vorgaben, die Carl Bildt bereits am Tag des Unterganges in die Diskussion gebracht hatte, also die Suche nach Konstruktionsfehlern, für die Untersuchung in die Praxis um und entwickelte das Szenario über die angeblich zu schwach dimensionierten Verriegelungen des Bugvisiers. Gegen alle Widerstände aus der Fachwelt und entgegen der Beweisführung der im Auftrag der Bauwerft arbeitenden deutschen Expertengruppe hielt er an der Version der unterdimensionierten Schlösser fest.

Ich bemerkte schnell bei einem mit ihm im Frühjahr 1995 geführten Interview, dass dieser Mann stur war und bei seiner Sicht der Dinge bleiben würde, komme, was da wolle. Ich befragte ihn z.B. danach, ob die ESTONIA durch die vielen Fahrten durch das Packeis im Winter 1993/94 vielleicht technische Beschädigungen gehabt hätte. Er behauptete daraufhin, dass es im letzten Winter doch gar kein Eis auf der Ostsee gegeben hätte. Es sei doch ganz mildes Wetter gewesen. Ich insistierte, weil ich mich erinnerte, dass es im Winter 1994 zum Steckenbleiben der SALLY ALBATROS im Packeis mitten auf der Ostsee gekommen war. Er schwieg. Ich fragte, ob er sich schon mal die Eiskarten aus dem Winter 1993/94 angesehen hätte. Er lächelte milde und bestätigte mir, dass dies ein guter Hinweis sei und dass er demnächst vielleicht einen Blick drauf werfen würde.

Später wurde durch Korrespondenz, die er innerhalb der JAIC mit anderen Mitgliedern geführt hatte, klar, dass er natürlich schon lange eine Wetterauswertung vorgenommen hatte, diese aber bei der Betrachtung nach einer möglichen Vorschädigung der Schlösser möglichst unter den Tisch fallen lassen wollte.

Auch die überlebenden Passagiere wurden von ihm von vornherein als Zeugen abqualifiziert, weil es ja nur »Laien waren. Was können Laien schon von einem selbst miterlebten Schiffsuntergang wissen?«[1]. Stenström

---

1 So geäußert von Börje Stenström in einem Telefonat mit Kapitän Werner Hummel, Mitglied der deutschen Expertengruppe.

ging sogar so weit, dass er, als die Zeugenaussagen nicht zusammen passten, Margus Treu für unglaubwürdig erklärte.

Stenström war der Verfasser aller Pressemitteilungen der JAIC mit technischem Inhalt wie auch des so genannten Partreports, und er wäre wohl auch der Verfasser des Endreports der JAIC geworden, wenn er nicht im Februar 1997 an Krebs gestorben wäre. Trotzdem wurde die Untersuchung »in seinem Sinne« zu Ende geführt und deshalb ist es auch nicht verwunderlich, wenn der Endbericht nur bestätigt, was Börje Stenström für die JAIC schon bei einer allerersten Pressemitteilung am 4. Oktober 1994 verkündet hatte, also noch bevor das Bugvisier überhaupt gefunden worden war und noch bevor irgendeine Untersuchung stattgefunden hatte: »Die ESTONIA sank durch tausende von Tonnen Wasser, die über das Autodeck in das Schiff eindrangen. Dies geschah aufgrund der Tatsache, dass die zu schwach konstruierten Bugverriegelungen durch einige starke Wellen zerbrochen waren, das Bugvisier dadurch abriss und im Abreißen die Autorampe mit aufriss, sodass daraus folgend das Autodeck geflutet wurde.«

Erste Pressestatements der JAIC sowie Part- und Endreport sind auffallend ähnlich.

Das Ergebnis der Untersuchung stand von vornherein fest

Vom ersten Pressestatement der JAIC am 4. Oktober 1994, das von Börje Stenström geschrieben wurde über einen vorläufigen Bericht über die Untergangsursachen am 17. Oktober sowie den Partreport vom Frühjahr 1995 und schließlich den Endreport vom 3. Dezember 1997 wartete die JAIC immer wieder mit ein und demselben Szenario auf:

»JAIC Pressestatement 4.10.1994

1. Die JAIC ist der Meinung, dass der Verlust des Schiffes zweifellos durch eine Ansammlung von Wasser auf dem Autodeck verursacht wurde.

2. Die JAIC ist ebenfalls überzeugt, dass dieses Wasser durch die vordere Rampe auf das Autodeck drang.

3. Es ist festgestellt worden, dass das Visier zu einer bestimmten Zeit verloren ging. Das Bodenschloss ist durch ROVs identifiziert worden. Es wurde zerbrochen vorgefunden. Es konnte jedoch nicht ermittelt werden, ob das Versagen durch Materialermüdung oder Überlastung verursacht wurde.

4. Nachdem das Visier abgefallen war, war die Rampe den Wellen ausgesetzt, die bewirkten, dass die Verriegelungen der Rampe schrittweise versagten und die Rampe sich ein Stück öffnete. Dadurch drang Wasser auf das Autodeck. Es konnte nicht verifiziert werden, ob die Verriegelungen der

Rampe funktioniert hatten, d.h. ob sie beschädigt waren oder ob die Rampe sich aus einer verriegelten Position vorwärts bewegt hat. Es ist noch nicht möglich gewesen klarzustellen, ob die Außenhautschäden als Folge des Abreißens des Visiers weitere Leckagen verursachten.
5. Die Zeitfolge der verschiedenen Ereignisse konnte noch nicht bestimmt werden.
6. Es ist noch nicht festgestellt worden, ob Fehler in der Hydraulik der Verriegelungen erklären können, weshalb die Verriegelungen der Rampe sich zu einer bestimmten Zeit öffneten.
7. Es konnte bisher noch nicht festgestellt werden, welche Informationen vor der Havarie über eine unmittelbare Gefahr auf der Brücke vorlagen und welche Maßnahmen eingeleitet wurden.«

»17. Oktober 1994:
Heute wurde der 2. Interim Report der JAIC in Tallinn veröffentlicht, der wie folgt lautet:
– Anlässlich des Treffens in Tallinn am 17.10.1994 analysierte die JAIC neue Informationen, die sich aus zusätzlichen Videofilmen von dem gesunkenen Schiff ergaben und welche die Schlussfolgerungen des 1. Interim Reports bestätigten.
– Das Visier wurde verloren, als das Schiff noch in Fahrt war.
– Wasser drang durch die vordere Rampe aufs Autodeck.
– Die JAIC geht von folgenden Positionen und Einzelheiten sowie der sich daraus ergebenden wahrscheinlichsten Ursache aus:
1. Das Visier wurde vom Schiff getrennt als Folge des Versagens von allen drei Verriegelungen. Gemäß Beobachtungen von Besatzungsmitgliedern geschah dieses gegen 01.15 Uhr, als Wasser auf einem TV-Monitor beobachtet wurde, wie es gleichzeitig durch Öffnungen an beiden Seiten der Bugrampe auf das Autodeck strömte. Das Versagen der beiden Seitenverriegelungen fand statt in den Schweißnähten der Augen am Visier und im Falle der Mittelverriegelungen durch das Versagen der Augen, durch die der Bolzen führte.
2. Nach dem Versagen der Verriegelungen hat sich das Visier durch die Wellenbelastung geöffnet. Die auf Deck angebrachten Scharniere haben schließlich bedingt durch die unkontrollierten Bewegungen des 55 Tonnen schweren Visiers nachgegeben, sodass es nur noch durch die Hydraulikzylinder befestigt war.«

Es folgen die Punkte 3–8, in denen die JAIC ihre frühere Veröffentlichung wiederholt.

Würde man dem Szenario vom 17.10.1994 folgen, so müssten zwischen 01.15 Uhr und 01.35 Uhr tausende von Tonnen Wasser nicht nur das Autodeck geflutet haben, sondern auch noch in die sich darunter befindenden Decks geströmt sein und so die Fähre versenkt haben, denn um 01.35 Uhr blieb die Schiffsuhr stehen, und das Schiff lag rund 90° auf der Seite.

Die Behauptung, dass das Bugvisier während der Fahrt verloren gegangen sei, ist reine Spekulation und diente zu diesem Zeitpunkt wahrscheinlich dazu, die These zu untermauern, dass der ganze Vorgang so plötzlich einsetzte, dass der Crew überhaupt keine Zeit zum Handeln blieb.

Doch obwohl sofort kritische Stimmen aus Fachkreisen[1] laut wurden, schaffte es die JAIC, dass ihnen die nicht-fachmännischen Journalisten insbesondere in Schweden diesen Unfug abkauften und brav ihre Berichte gemäß den Verlautbarungen veröffentlichten.

Wie die JAIC-Theorien sich durch die schwedische Presse manifestierten, mag ein kleiner Pressespiegel aus der betreffenden Zeit dokumentieren:

29.09.1994 *Dagens Nyheter:*
»Kari Lehtola (finn. JAIC-Mitglied) weigerte sich, über die Ursachen für die Katastrophe zu spekulieren, sagte jedoch: ›Da sich zwischen der Backbord- und Steuerbordseite des Autodecks ein Schott befindet [gemeint ist das Centrecasing, d. V.], kann das Übergehen von Ladung ausgeschlossen werden.‹

Auch Carl Bildt wollte nicht über die Ursachen spekulieren, meinte jedoch: ›Es kann nicht nur das schwere Wetter gewesen sein‹, und fügte hinzu, dass bei der bevorstehenden Untersuchungsarbeit › ... jeder Stein umgedreht werden wird‹.«

01.10.1994 *Dagens Nyheter:*
»Lehtola machte keine definitiven Statements, räumte jedoch ein, dass sehr viel darauf hindeutete, dass das Visier die Ursache für die Katastrophe war: ›Wir haben sehr viele Indikationen, die darauf hinweisen, jedoch keine Beweise. Diese werden wir erst bekommen, nachdem das Wrack gefilmt worden ist.‹

---

1 Z.B. deutsche Expertengruppe, ITF (International Transport Federation, London) und Prof.Vassalos, Strathclide University, Glasgow, der sogar anhand eines Animationsmodells die Unmöglichkeit dieser These bewiesen hat.

Olof Forssberg sagte: ›Unsere Arbeit konzentriert sich jetzt darauf, das Wrack zu filmen. Mit Hilfe der Videos und deren Analyse hoffen wir Schlussfolgerungen über die Ursache der Havarie ziehen zu können. Ein vorläufiger Bericht wird etwa eine Woche, nachdem die Videos analysiert worden sind, veröffentlicht werden.‹«

02.10.1994 *Dagens Nyheter:*
»In finnischen Zeitungen wurde am Samstag [01.10.94, d. V.] berichtet, dass die ESTONIA bereits eine Stunde, bevor der Alarm ausgestrahlt wurde, Probleme gehabt hat. Das Schiff soll vom normalen Kurs abgewichen sein und soll Probleme beim Manövrieren und beim Bestimmen der Position gehabt haben und seit mehr als einer Stunde von ihrem normalen Kurs abgewichen sein. Das finnische Kommissionsmitglied Kari Lehtola wies dieses jedoch in sehr bestimmter Weise zurück und lehnte es ab, dass die JAIC sich mit einer derartigen Theorie beschäftigen würde. ...›Die JAIC ist überzeugt, dass das Versagen des Visiers die Katastrophe verursachte. Neue Beweise stützen die Theorie, dass Wasser auf das Autodeck strömte, vorbei an Visier und Autorampe.‹

›Wir sind sehr sicher, dass es so passiert sein muss. Anderenfalls hätte der Verlauf der Ereignisse nicht derartig schnell sein können‹, sagte Sten Andersson, der Beobachter des Sjöfartsverket.

Sten Andersson weigerte sich darüber zu spekulieren, was das Versagen oder die Beschädigung des Visiers verursacht haben könnte. ›Die JAIC hat noch keine ausreichende Dokumentation, um sichere Schlussfolgerungen zu ziehen. Es wird jedoch erwartet, dass die Videofilme vom Wrack dieses erlauben werden.

Wir hoffen, dass die Filme uns den endgültigen Beweis liefern werden. Am Ende der nächsten Woche wird die JAIC den ersten vorläufigen Havariebericht vorlegen, wenn alles nach Plan verläuft.‹«

03.10.1994 *Dagens Nyheter:*
»Alles deutet auf das Visier hin. Alles weist auf das Visier, welches sich vor der Bugrampe zum Autodeck befindet, als Ursache für die Havarie hin.«

04.10.1994 *Dagens Nyheter:*
»»Filmbilder zeigen, dass das Visier abgerissen wurde. Die JAIC schlussfolgert, dass die auf das Autodeck eingedrungene Wassermenge groß genug war, um das Schiff zum Kentern zu bringen. Weshalb das Visier abgerissen wurde und weshalb die Verriegelungen der Bugrampe ebenfalls beschädigt sind, kann die JAIC momentan noch nicht sagen.‹ [...]

›Wir brauchen für uns Zeit, um die Antworten dafür zu finden, weshalb das Visier losgerissen wurde.‹ Dieses können gemäß Forssberg zum Beispiel eine schwere See, zu hohe Geschwindigkeit unter den obwaltenden Umständen und zu große Belastung gewesen sein...«

23.11.1994 *Lloyd's List:*
»In einem Zwischenbericht gibt die JAIC an, dass das Visier in die innere, wasserdichte Rampe geschlagen sei. Der Bericht, der den englischen Fährschiffsreedereien überlassen wurde, bestätigt, dass die Katastrophe durch ein Versagen der Visierverriegelungen ausgelöst wurde... Gemäß dem Bericht geschah das ursprüngliche Versagen des Visiers, als alle drei Verriegelungssysteme gleichzeitig versagten. Das Visier wurde am 18.10.94 gefunden und am 18.11.1994 gehoben und nach Hangö/Finnland transportiert, wo es in umgekehrter Lage, wie auf dem Meeresboden vorgefunden, abgelegt wurde.«

Börje Stenström berichtete nach Abschluss der Tauchaktion vom 1.–4. Dezember 1994 dem JAIC-Vorsitzenden Andi Meister:
»Feststellungen im Bugbereich bestätigen im Allgemeinen die frühere Hypothese über die Entwicklung des Unfalles... Die Feststellungen unterstützen die Hypothese, dass das Visier vom Schiff abgebrochen ist durch hohe Wellenbelastungen in Verbindung mit unzureichender Stärke der Verriegelungen. Eine detaillierte Untersuchung der Konstruktion und der Regeln der Klassifikationsgesellschaft, die seinerzeit gültig waren, wird durchgeführt...«

Am 15.12.1994 präsentierte Börje Stenström der JAIC ein weiteres internes Arbeitspapier:
»MS Estonia – Zusammenfassung der technischen Feststellungen und die technische Auswertung der wahrscheinlichen Zeitfolge und Unfallursache.
Die Untersuchung der technischen Fakten in Bezug auf den Unfall ist mit hoher Priorität fortgesetzt worden. Die Feststellungen und Schlussfolgerungen, wie sie auf der Besprechung am 17.10.1994 berichtet und vereinbart wurden, sind im Wesentlichen nach wie vor gültig, jedoch wurden verschiedene zusätzliche Feststellungen getroffen und die wahrscheinliche Entwicklung des Unfalles weiter klargelegt und modifiziert.
Alle Beweise, die bisher gefunden wurden, bestätigen die Hypothese, dass das mechanische Versagen mit dem Versagen der unteren Verriegelungen des Visiers begann. Sehr wahrscheinlich versagte die Bodenverrie-

gelung (Atlantikschloss) zuerst. Die Augen dieser Verriegelung sind vom Wrack geborgen worden. Sie weisen daraufhin, dass das Versagen der Augen durch Überlast ausgelöst wurde und dass auch die tatsächlichen Schweißnähte zwischen der Buchse für den Bolzen und diesen Augen schwächer waren, als sie nach den Ingenieursberechnungen hätten sein müssen. Die gesamte Tragfähigkeit des Bodenschlosses war daher geringer als beabsichtigt. Die internen Arbeitsabläufe der Bauwerft in Bezug auf diesen Zustand werden mit der Werft diskutiert...«

Börje Stenström, dessen Sturheit und Hartleibigkeit niemand gewachsen war, vergaß zum Beispiel »die lieben Kollegen« der JAIC darüber zu informieren, dass er in Wahrheit nicht einen einzigen Beweis hatte dafür, dass das Boden-, also das Atlantikschloss, zuerst gebrochen sei und dass er höchstpersönlich das einzige Beweisstück wieder über Bord geworfen hatte: den Verriegelungsbolzen des Atlantikschlosses.

Ich fragte Börje Stenström nach diesem Bolzen, denn auf den Tauchervideos konnte man deutlich sehen, dass er von den Tauchern geborgen worden war. Daraufhin gestand er ein, dass dieses Teil zwar von den Tauchern hochgeholt worden war, man aber im Hubschrauber wegen Übergewicht keinen Platz mehr dafür gehabt hätte und er es daher wieder über Bord geworfen hatte.
Mir hat sich der Eindruck aufgedrängt, dass dieses Handeln sozusagen stellvertretend für die gesamten Untersuchungen war. Alles, was nicht in das JAIC-Szenario hineinpasste, wurde einfach rausgeworfen: Zeugen, Zeitabläufe, Beweise, Knallgeräusche, Wasser auf dem Deck unterhalb des Autodecks und so weiter.
Und so erstaunte der Partreport im Frühjahr 1995 auch nicht mehr.

»7.4.1995 Partreport
Die JAIC hat bereits zuvor schlussgefolgert, dass der Unfall durch die Verriegelungen des Visiers ausgelöst wurde, die nicht in der Lage waren, den Belastungen, verursacht durch die Geschwindigkeit, den Kurs und die Seegangsbedingungen, zu widerstehen. Diese Schlussfolgerung hat nach wie vor Gültigkeit.
Dieser Teilbericht behandelt die wesentlichen technischen Feststellungen und Schlussfolgerungen. Der spätere Abschlussbericht wird auch alle anderen Faktoren und Umstände abdecken, die als zum Ablauf der Havarie beitragend befunden werden. Dieses sind u.a. die operative Praxis, Zertifikate und Inspektionen, Stabilitätsinformationen, Wetterbedingungen

und Ausbildung. Die Seenotaktion und zur Verfügung gewesene Ressourcen werden ebenfalls erwähnt werden.

Der Inhalt des vorliegenden Partreports mag erweitert und redaktionell geändert werden als Teil des Abschlussberichtes, es ist jedoch davon auszugehen, dass alle Fakten und Schlussfolgerungen, die hier berichtet werden, in Substanz unverändert bleiben.«

In der Tat veränderte sich im Abschlussbericht der JAIC, der am 3. Dezember 1997 der Öffentlichkeit präsentiert wurde, nichts mehr.

Die schwedische Schifffahrtsbehörde Sjöfartsverket glich in den Tagen nach dem ESTONIA-Untergang einem »Bienenhaus«. So jedenfalls beschrieben es mir einige Mitarbeiter. Ein Meeting jagte das andere, und alles geschah hinter verschlossenen Türen.

Im Sjöfartsverket hatte man schlimmste Befürchtungen, in die Haftung genommen zu werden. Deshalb zog man Johan Franson zu diesen Gesprächen hinzu. Er war ein blasser Mann, Jurist, der bisher beim Sjöfartsverket in einer untergeordneten Funktion tätig gewesen war.

Dieser Mann erlebte im Verlauf der nächsten Jahre nach dem ESTONIA-Untergang einen kometenhaften Aufstieg, ja man kann sagen, dass der Fall ESTONIA für ihn der große Treffer seiner beruflichen Karriere war, denn Franson verstand es meisterhaft, den Fall zu dirigieren, und zwar vor und hinter den Kulissen. Eine Frage gerichtlicher Konsequenzen für das Sjöfartsverket ließ er überhaupt nicht aufkommen.

Dabei wäre das Sjöfartsverket auf jeden Fall haftbar zu machen gewesen, legt man die inzwischen bekannten Fakten zu Grunde über die beiden Sjöfartsverket-Schiffsinspektoren Sjöblohm und Zahlé, die das Schiff am Abend des 27. September 1994 gar nicht auslaufen lassen wollten und es für seeuntüchtig erklärt hatten.

Als der Sturm nach ein paar Wochen abflaute, hatte das Sjöfartsverket, dank Franson, eine völlig neue Struktur. Die meisten der bisherigen Machthaber waren versetzt worden oder hatten andere Aufgaben bekommen. Für die jetzt im Mittelpunkt stehende »Aufgabe ESTONIA« gab es nur noch einen Mann: Johan Franson. Sogar Sten Andersson, der als Ermittlungschef des Sjöfartsverket der JAIC beiwohnte, wurde auf einen Nebenplatz verwiesen. Und Franson verstand es, immer mehr Macht und Einfluss zu gewinnen.

So weitete er den Regierungsauftrag, für die Tauchaktion im Dezember 1994 eine Ausschreibung durchzuführen und die geeignete Firma dafür zu finden, gleich dahingehend aus, dass er selbst entschied, welche Firma den

Auftrag bekam[1], wer an der Tauchaktion teilnahm und vor allem, was im Einzelnen gemacht werden sollte. Er ließ es sich auch nicht nehmen, persönlich die Tauchaktion vom 1.–4. Dezember 1994 zu leiten und während dieser Aktion von den Tauchern sehr merkwürdige Aktionen durchführen zu lassen. So mussten die Taucher auf Deck VI Kabinen öffnen und in jeder Kabine nach einem bestimmten Aktenkoffer suchen. Fündig wurden sie schließlich in der Kabine Nr. 6130, in der der estnische Passagier Vorodin mit seinem 15-jährigen Neffen und seinem Schwiegervater gewohnt hatte. Schaut man sich die betreffende Stelle auf dem Video an, so versteht man, dass der Taucher nach einer endlosen Suche in anderen Kabinen und dem Auffinden des Aktenkoffers von Vorodin (der Name steht im Aktenkoffer und wurde auch gefilmt) genervt die Frage stellt: »Does that now ring any bells up there?« Besonders merkwürdig ist diese Aktion deswegen, weil erstens die Suche nach einem Aktenkoffer überhaupt nicht zu den Aufgaben der Tauchaktion gehörte. Sie sollte klären, ob man das Schiff bergen und die Position und die Zahl der Opfer herausfinden könnte. Später gab es plötzlich keinerlei Dokumentationen über diesen Koffer oder Inhalt beziehungsweise seine Bedeutung. Die Kabine soll üblicherweise die des zweiten Kapitäns, Avo Piht, gewesen sein. Warum sie es auf dieser Fahrt nicht war, blieb bisher im Dunkeln.

Und Franson hatte es offenbar auf weitere Koffer abgesehen. So ließ er, laut Aussage eines Tauchers, auch noch auf speziellen Wunsch eines Angehörigen der russischen Botschaft, der sich unregistriert auf der Taucherplattform befand, nach einem Aktenkoffer suchen, der sich mit einer Handschelle am Handgelenk eines Mannes befunden haben soll.

Dieser Mann wurde schließlich in der Nähe der Bar gefunden. Allerdings wurde von den Auftragstauchern nur seine genaue Position vermerkt, der Körper aber nicht geborgen, ebenso wenig wie der Aktenkoffer.

Über Sinn und Zweck dieser Aktionen und sein Verhalten hat Johan Franson bis heute keine zufriedenstellenden Antworten gegeben.

Doch damit nicht genug. Franson, kaum zurück vom Tauchausflug, setzte sich sofort an den Computer und formulierte das wohl verhängnisvollste Dokument der ganzen ESTONIA-Affäre: die Konsequenzanalyse.

---

1 Und es war nicht etwa die Firma, die das preisgünstigste Angebot gemacht hatte. Rockwater bekam den Auftrag, weil sie garantierten, nur englische und amerikanische Taucher einzusetzen, die sich zu vollkommenem Stillschweigen verpflichteten. In Fachkreisen ist bekannt, dass Rockwater über eine Firmenverflechtung zu Halliburton gehört, einem amerikanischen Konzern, der zu einem Teil Dick Cheney, dem amerikanischen Vizepräsidenten unter George W. Bush, gehört.

Er war sich bewusst, dass maßgebliche Politiker in Schweden und ein inzwischen gegründetes ethisches Komitee, das über die Bergung der Opfer eine Empfehlung aussprechen sollte, auf diesen Bericht warteten und von ihm maßgeblich beeinflusst werden würde. Er scheute sich nicht, Geschmacklosigkeit an Geschmacklosigkeit zu reihen. Er baute die Bergung der Leichen als »Horrorszenario« auf, das man den armen Tauchern und Hilfskräften ersparen sollte. Schwerste psychologische Schäden seien später bei den Bergungshelfern zu erwarten, und außerdem würde es entsetzlich stinken, wenn man das Schiff heben und dann durch die schwedischen Schären bis zum Festland ziehen würde. Für die Sommerhausbesitzer in diesem Inselgebiet würde es eine Zumutung werden, diesen Gestank ertragen zu müssen. Außerdem bezifferte er die Kosten einer möglichen Bergung mit 1,5 Milliarden Kronen, eine Zahl, für die jede Berechnungsgrundlage fehlte, die aber den Politikern erst einmal einen ordentlichen Schrecken einjagte.

Nachdem diese Konsequenzanalyse auch den letzten Politiker überzeugt hatte, dass eine Nicht-Bergung besser sei, musste eine andere dauerhafte Lösung für das Wrack der ESTONIA gefunden werden, und auch dazu hatte Franson einen Aktionsplan parat, der in mehrere Stufen gegliedert war: Zuerst sollten per Gesetz alle Tauchaktionen im und am Wrack verboten werden. Dann sollte im nächsten Schritt eine komplette Abdeckung des Wracks stattfinden, eine Betonkonstruktion, die zukünftig total und für alle Zeiten verhindern würde, dass irgendjemand, sei es auch für Ermittlungszwecke, an das Wrack heran kommen könnte.

An allen wichtigen Entscheidungen des Falles ESTONIA war Franson maßgeblich beteiligt, und er hat die Aktionen dirigiert. Als im Herbst 2000 von der schwedischen Regierung an alle beteiligten Stellen im Land wegen unserer beabsichtigten Tauchaktion die Frage gestellt wurde, ob eine erneute Untersuchung des Falles als notwendig erachtet wurde, antwortete Franson für das Sjöfartsverket, man habe alle notwendigen Erkenntnisse erlangt, und er sehe keinen Grund für eine neue Untersuchung.[1] Und im August 2001, nach einer weiteren Tauchaktion und Veröffentlichung der Tatsache, dass sich das Schiff inzwischen weiter kopfüber gedreht hatte, verkündete er der Öffentlichkeit, dass er an solch eine Drehung nicht glaube, weil die ESTONIA doch auf ziemlich festem Meeresgrund liegt – eine Einschätzung, die sich nicht einmal Geoexperten zutrauen würden.

---

1 Quelle: Antwortschreiben von Johan Franson auf Anfrage der Regierung.

ESTONIA im Unterwassergrab: bergen oder Deckel drauf?

Die Suche nach dem Wrack der ESTONIA und auch später nach dem Visier wurde organisiert und durchgeführt von der finnischen Marine mit Unterstützung der Küstenwache und der Schiffssicherheitsbehörde Sjöfartssty-relsen, dem Finnish Board of Navigation (F.B.N.). Die Finnen in der JAIC, also Kari Lehtola, Tuomo Karppinen, Heimo Ivonen und Klaus Rahka engagierten sich als Organisatoren.

Sobald es das Wetter erlaubte, wurden am 02.10.1994 so genannte ROVs[1] zum Wrack der ESTONIA hinuntergeschickt. ROVs sind Videokamera-Roboter, die von kleinen Propellern angetrieben werden und über ein Kabel mit dem Schiff verbunden sind. Von dort werden sie über eine Fernbedienung, einen Joystick, gesteuert. Die Videos waren von guter Bildqualität und zeigten, dass das Visier verschwunden und die Scharniere und Verriegelungen gebrochen waren.

Es wurden zwei ROVs eingesetzt, die die Namen JUTTA und SIMO trugen und eine niemals veröffentlichte Zahl von Filmen produzierten, von denen nur die aufgeführten drei Filme später öffentlich gemacht wurden: Video 1 (JUTTA II) 02.10.1994: 1 Std. 9 Min.; Video 2 (JUTTA I) 02.10.1994: 3 Std. 4 Min. 28 Sek.; Video 4 (SIMO I) 02.10.1994: 2 Std. 56 Min. 40 Sek. Kopien dieser drei Videos wurden im März 1995 von der finnischen JAIC an Interessierte, Journalisten und auch der deutschen Expertengruppe als so genanntes Rohmaterial übergeben. Es stellte sich jedoch schon sehr bald heraus, dass wichtige Aufnahmen von der Steuerbordseite wie auch von bestimmten Objekten auf dem Meeresboden aus den Videobändern herausgeschnitten worden waren.

Die ROVs waren von Bord des Ölbekämpfungsschiffes HALLI zu Wasser gelassen worden. Dieses Fahrzeug gehörte der Umweltbehörde Finnlands und war für den ESTONIA-Einsatz an die finnische Marine ausgeliehen worden. Gemäß Tagebucheintragungen befanden sich Tuomo Karppinen und

---

[1] ROV: Remote Operated Vehicle; eine Roboterkamera.

S. Aarnio von der finnischen JAIC an Bord, und alle Videoaufzeichnungen wurden zwischen 12.17 Uhr und 20.45 Uhr gemacht. Auch die drei bereits erwähnten Filme fallen in diesen Zeitraum, jedoch wurden alle Aufnahmen herausgeschnitten, die bewiesen hätten, dass sich Löcher, Risse und weitere Beschädigungen in der Schiffswand befanden. In einem Gespräch mit dem schwedischen Journalisten Knut Carlqvist[1] hat Tuomo Karppinen später eingeräumt, dass Teile bereits vor Ort herausgeschnitten bzw. gelöscht wurden. Eine Begründung nannte er nicht.

Die erste Ankerposition, von der aus zwischen 12.17 Uhr und ca. 16.30 Uhr Videoaufzeichnungen durchgeführt wurden, lag sehr dicht am Wrack. Anschließend wurde HALLI auf eine neue Position südwestlich vom Heck der ESTONIA versetzt, und dort wurden weitere Videoaufnahmen von beiden ROVs gemacht, sowohl vom Wrack als auch von den Objekten auf dem Seeboden. Die spätere Auswertung ergab, dass ein Teil des Steuerbord-Geländers der Autorampe ca. 250 Meter südlich vom Heck des Wracks lag und ein Bereich mit diversen Objekten von Bord der ESTONIA in Richtung 200° im Abstand von ca. 230 Meter vom Heck lagen.

Das lässt den Schluss zu, dass die ESTONIA von Südwesten kommend in Richtung Nordosten zu ihrer Untergangsposition trieb und sich nach sachlichem Ermessen niemals auf der Position, auf der später angeblich das Visier gefunden wurde, befunden haben kann. Wie das Visier dann allerdings zu der Position kam, wo es angeblich gefunden wurde, soll in einem späteren Kapitel noch ausführlich behandelt werden. Zusätzlich ist mir während unserer eigenen Tauchaktion im August 2000 aufgefallen, dass es sich bei dem gefilmten Gebiet fast genau um das Gebiet handelte, das wir während der Suche nach unserem verlorenen Sonarfisch durchforsteten und in dem wir die Leichen, die zusammen mit diversen Schiffsgegenständen verstreut auf dem Meeresgrund lagen, geortet hatten. Deshalb gehe ich davon aus, dass auch auf den von Tuomo Karppinen angesprochenen Videobändern Leichen zu sehen waren. Damit entstand für mich auch die Frage, ob nicht einige Mitglieder der JAIC von Anfang an wussten, dass sich diverse Leichname in diesem Areal außerhalb des Schiffes befanden.

Während das Schiff SUUNTA dasWrack am 30.9.1994 auf Anhieb fand, die Position war ja ungefähr durch das MAYDAY und durch die Radaraufzeichnungen der Radarstationen auf Utö und Orö bekannt, fand man das Visier angeblich nicht dort.

---

1 Siehe: Carlqvist, Knut: Tysta Leken. Varför sjönk ESTONIA? [in etwa: Das stille Spiel. Warum sank ESTONIA?, d. V.] Stockholm 2001.

Bugvisier der ESTONIA.

Verwunderlich ist zunächst, dass man erst zwei Tage nach dem Untergang mit der Wracksuche begann. Als Grund hierfür gab man schlechte Wetterverhältnisse an. Dieses trifft wohl auch für den Untergangstag zu, jedoch schon nicht mehr für den 29.9.1994 und die folgenden Tage. Zumal am 29. September das kleine Tonnenleger-Schiff HYLJE südlich von Hangö/Finnland, also mitten im Golf von Finnland, das relativ große und schwere Rettungsboot Nr. 1 an Deck gehievt haben soll, was sicherlich bei schwerem Seegang gar nicht möglich gewesen wäre.

Was sich über und unter Wasser in den allerersten Tagen nach dem Untergang auf der nördlichen Ostsee wirklich zugetragen hat, ist nur schwer nachzuvollziehen, doch ein wenig Licht ins Dunkel bringt hier die Fax-Korrespondenz, die zwischen schwedischen und finnischen JAIC-Mitgliedern, nämlich Kari Lehtola, Finnland, und Olof Forssberg, Schweden, hin- und hergeschickt wurde und aus einigen Veröffentlichungen in *Dagens Nyheter* und *Svenska Dagbladet*.

Am 30.9.1994 informierte Kari Lehtola den schwedischen Teil der JAIC (Staatens Havarie Kommissionen, SHK) darüber, dass das Wrack auf der Position 59°23'09"N; 21°42'09"E gefunden worden sei. Dies war eine Falschangabe.

Das Wrack liegt nachweislich eine halbe Seemeile entfernt davon. Ich war selbst sowohl im Sommer 1995 während der Tauchaktion mit Peter Barasinski als auch im August 2000 mit der ONE EAGLE dort, und es steht fest (und das gab auch Herr Lehtola später zu), dass das Wrack exakt auf der Position 59°22,9′N; 21°40,9′E liegt.

Damit hatte Kari Lehtola nachweislich seine schwedischen Kollegen in der JAIC an der Nase herumgeführt. Diese Falschangabe korrigierte er nicht von sich aus, sodass alle Trauerfeierlichkeiten, die für die Angehörigen veranstaltet wurden, mit Segnung des Wassers durch Kirchenoberhäupter sowie Kranzwürfen in die See, an denen Lehtola übrigens persönlich teilnahm, eine Farce waren, da sie an der falschen Stelle stattfanden.

Auch noch in den durch das schwedische Sjöfartsverket erstellten Ausschreibungsunterlagen für die Tauchuntersuchung des Wracks, die an 16 Tauchunternehmen in Europa verschickt wurden, gab man die falsche Position an, sodass die Smit/Rockwater Gruppe das Wrack zunächst nicht finden konnte. Erst nach einigen Stunden Suche mit dem Side Scan Sonar der SIRA SUPPORTER, einem der Begleitschiffe, wurde das Wrack schließlich entdeckt. Tatsächlich führten die für die Auftraggeber von Smit/Rockwater, das schwedische Sjöfartsverket, blamablen falschen Positionsangaben zu einer Anfrage des schwedischen Ministeriums für Kommunikation und

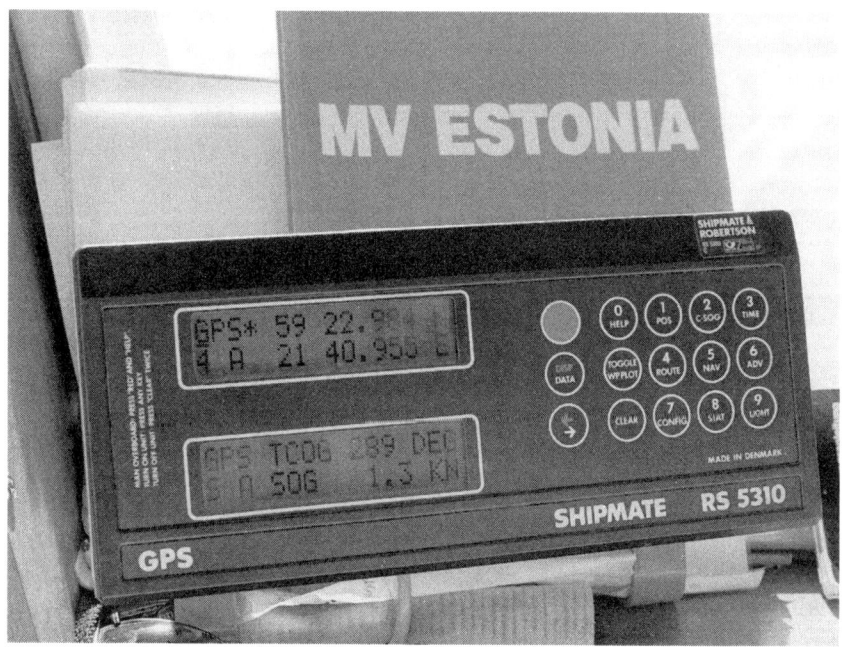

Tatsächliche Wrackposition der ESTONIA.

Transport bei dem finnischen Transportministerium. Dort wandte man sich daraufhin an Lehtola, der am 11.01.1995 einen Entschuldigungsbrief schickte. Darin schrieb er, dass er möglicherweise seine Kompetenzen überschritten habe, als er das Wrack isolierte.

Doch wozu sollte ein solches »Isolieren« gut sein? Die Antwort blieb er sogar den Anfragen seiner eigenen Regierung schuldig.

Am 1.10.1994 schickte Lehtola Sonaraufzeichnungen und einen Radarplot an Forssberg. Das Sonarbild zeigt das Wrack auf der Seite liegend mit einem dicken schwarzen Fleck im Bugbereich. Dieses Sonarbild wurde auch an die Medien gegeben, die es veröffentlichten.

Aus *Svenska Dagbladet* vom 1.10.1994:

»Die ersten Bilder vom Wrack
Gemäß Dr. Nuorteva [finnischer Sonarexperte, d. V.] liegt das Wrack auf östlichem Kurs. Neben dem Bug befindet sich ein großes Objekt, welches entweder abgerissen ist oder vom Rumpf herunterhängt. Nach Nuortevas Aussagen könnten es das beschädigte Visier oder Teile davon sein.«

Lloyd's List veröffentlichte am 3.10.1994 einen ganz erstaunlichen Artikel auf der Titelseite:

»ESTONIAS Visier abgebrochen. Beweise über katastrophales Versagen, nachdem der Tauchroboter das Visier 15 Meter von der gesunkenen Fähre entfernt gefunden hat.
Sonarbilder des Wracks der ESTONIA deuten darauf hin, dass die Fähre katastrophale Schäden an ihrem Visier erlitten haben muss...«

Dazu muss man wissen, dass die JAIC an diesem wie auch am nächsten Tag in Turku zusammensaß und sich das von den ROVs produzierte Videomaterial anschaute. Ich nehme deshalb aufgrund der zeitlichen Abfolge an, dass auf diesem Treffen entschieden wurde, dass das Visier als »noch nicht gefunden« betrachtet werden sollte, obwohl eines der JAIC-Mitglieder dem Reporter von *Lloyd's List* bereits mitgeteilt hatte, dass das Visier nur 15 Meter entfernt vom Wrack gefunden worden sei. Offensichtlich wollte die JAIC das Visier erst »finden«, nachdem ein passendes Szenario festgelegt worden war. Hätte man nämlich zugegeben, dass das Visier so nahe neben dem Schiff lag, hätte dies schon wegen des zeitlichen Ablaufs der

Untergangsthese der JAIC widersprochen. Auch die von der JAIC angenommene Reihenfolge des Szenarios wäre von vornherein völlig unlogisch gewesen. Die JAIC hatte behauptet:

- Das Visier fiel nach vorne.
- Das Visier riss die Autorampe auf und fiel nach vorne ab, dabei überfuhr das nach wie vor mit etwa 14,5 bis 15 kn laufende Schiff das Visier. Der Wulstbug verursachte die schwere Beschädigung an der Steuerbordseite des Visiers, die Besatzung auf der Brücke merkte nichts.
- Das immer noch unverändert schnell laufende Schiff schaufelte über die offene Autorampe in kurzer Zeit sehr viel Wasser auf das offene Autodeck und kenterte zur Steuerbordseite. Der Sinkvorgang begann, 35 Minuten später war die Fähre gesunken.

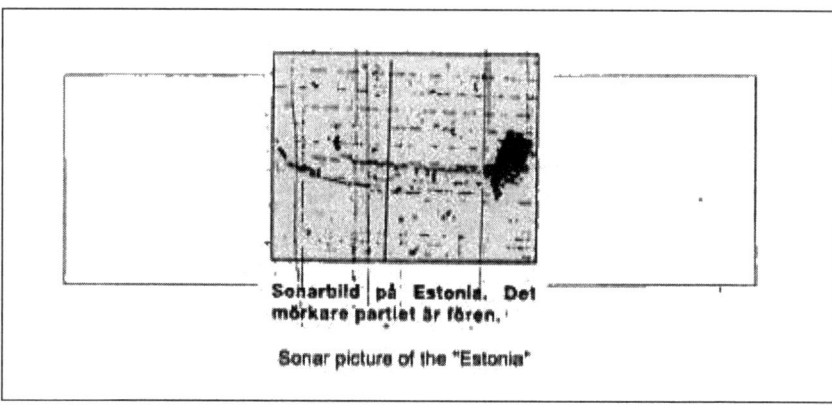

Sonarbild vom Wrack der ESTONIA.

Tatsächlich haben zwei Überlebende ausgesagt, dass sie während des Sinkens vorne am Bug eine ca. vier mal fünf Meter große Stahlkonstruktion gesehen haben, die sich im Wasser bewegte und die beide Augenzeugen zuerst für einen der Seitenstabilisatoren gehalten haben. Da diese aber mittschiffs angebracht sind und sich auch heute noch dort befinden, kann es sich nicht um Stabilisatoren gehandelt haben, sondern vielmehr ist anzunehmen, dass es das Bugvisier gewesen ist, das schon fast abgerissen war, aber immer noch an der Autorampe hing und sich daher im Wasser bewegte. Als das Heck des Schiffes dann auf dem Meeresgrund aufsetzte, stand der Bugbereich noch eine kleine Weile weit aus dem Wasser. Zu diesem

122

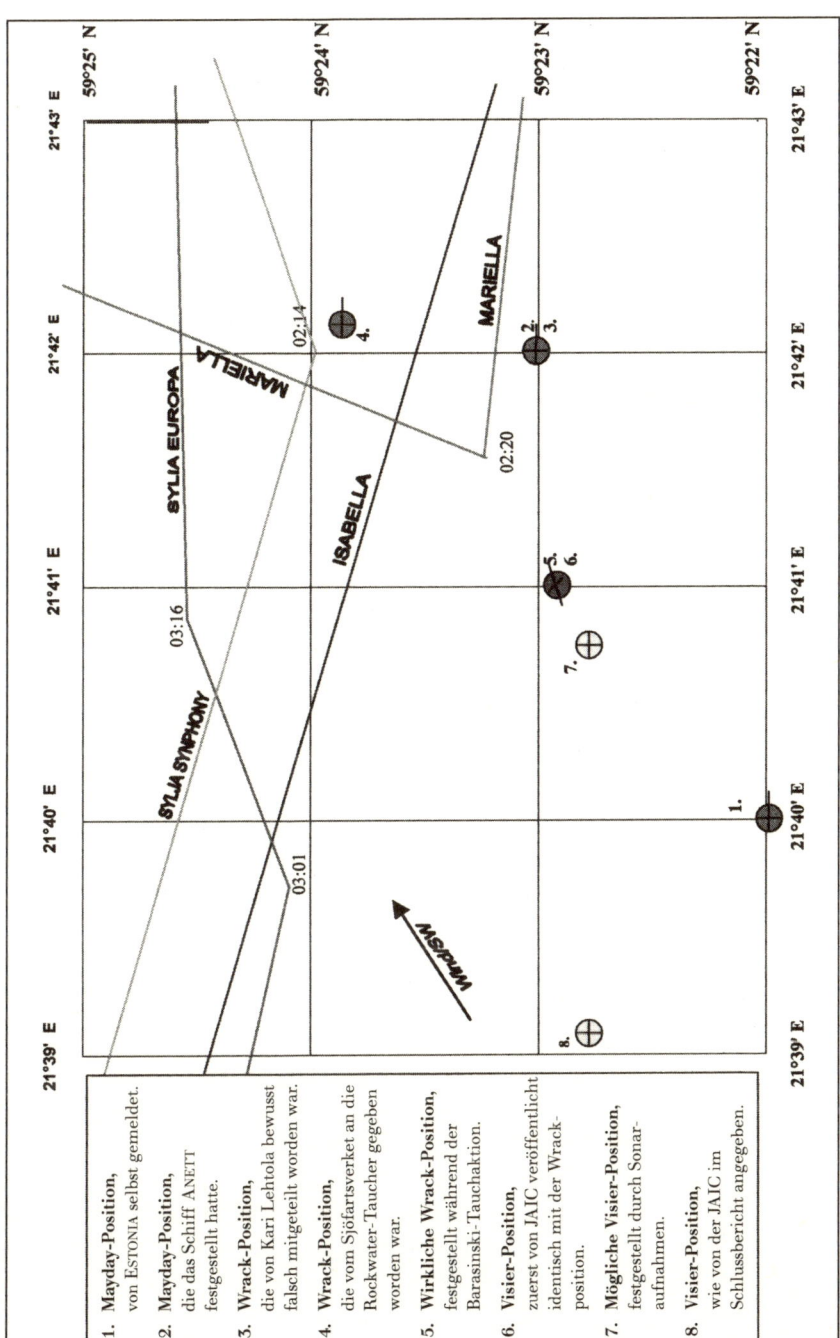

1. **Mayday-Position,**
   von ESTONIA selbst gemeldet.

2. **Mayday-Position,**
   die das Schiff ANETT
   festgestellt hatte.

3. **Wrack-Position,**
   die von Kari Lehtola bewusst
   falsch mitgeteilt worden war.

4. **Wrack-Position,**
   die vom Sjöfartsverket an die
   Rockwater-Taucher gegeben
   worden war.

5. **Wirkliche Wrack-Position,**
   festgestellt während der
   Barasinski-Tauchaktion.

6. **Visier-Position,**
   zuerst von JAIC veröffentlicht
   identisch mit der Wrack-
   position.

7. **Mögliche Visier-Position,**
   festgestellt durch Sonaraufnahmen.

8. **Visier-Position,**
   wie von der JAIC im
   Schlussbericht angegeben.

Zeitpunkt, so sagten wieder mehrere Zeugen aus, haben sie deutlich gesehen, dass das Bugvisier fehlte.

Auf Grund der Aussage dieser Zeugen ist es also sehr wahrscheinlich, dass das Visier in unmittelbarer Nähe des Wracks gelegen haben muss.

Doch wie kam das Visier auf die andere Position?

Dafür gibt es zwei Erklärungen:

1. Die Angabe der Visierposition ist genauso falsch, wie es die Position war, die Kari Lehtola für das Wrack angegeben hatte.

2. Die Angaben im Logbuch des Visierbergungsschiffes NORDICA stimmen nicht mit den wirklichen Bergungsaktivitäten überein.

Merkwürdig ist in diesem Zusammenhang auch, dass das Visier laut JAIC am 18.10.1994 gefunden wurde, aber erst rund einen Monat später, in der Zeit vom 12. bis 19. November durch den finnischen Multipurpose-Eisbrecher NORDICA gehoben wurde, wobei der schwedische Minenjäger FURUSUND assistierte. Es wurden ROVs sowie ein bemanntes Mini-U-Boot eingesetzt. Nach Aufzeichnungen der schwedischen Marine soll dieses auf einer Position ca. 1.800 Meter westlich des Wracks gewesen sein, nach handschriftlichen Eintragungen in dem Logbuch der NORDICA jedoch nur ca. 1.400 Meter vom Wrack entfernt.

Meine Schlussfolgerung ist, dass das Visier entweder auf eine andere Position geschleppt und dann geborgen wurde oder von der ursprünglichen Position direkt neben dem Wrack geborgen und die Positionen falsch in das Logbuch der NORDICA eingetragen worden sind.

Die Wrackuntersuchung durch die schwedische Regierung vom 1. bis 4. Dezember 1994

Auf Basis eines Vertrages mit dem Sjöfartsverket, tätig im Auftrag der schwedischen Regierung, untersuchten Taucher und ROVs der Firmen Rockwater und Smit-Tak in der Zeit vom 1. bis 4. Dezember 1994 das Wrack der ESTONIA und den Meeresboden rund um das Wrack. Die Taucher arbeiteten mit zwei Taucherglocken als Basisstationen rund um die Uhr. Die Taucherglocken wurden von dem Taucherbasisschiff SEMI I eingesetzt, das Vermessungsschiff SIRA SUPPORTER war auch mit von der Partie. Leiter der Aktion war der soeben ernannte Seesicherheitsdirektor des Sjöfartsverket, der Jurist Johan Franson, der auch den Auftraggeber, die schwedische Regierung, vertrat. Ziel der Aktion war festzustellen:
- ob das Wrack gehoben werden kann,
- ob, und falls ja, wie viele Leichen aus dem Wrack geborgen werden können,
- ob das Wrack gegebenenfalls mit Steinen/Beton abgedeckt werden könnte.

Die Ergebnisse der Untersuchungen wurden in mehreren Berichten dargelegt, von denen zwei der Öffentlichkeit zugänglich gemacht wurden:
1. Condition Survey of the Vessel ESTONIA for the Swedish National Maritime Administration by Rockwater A/S, Stavanger/Norway,
2. Survey Report MV ESTONIA vom 8.12.1994 von Smit-Tak B. V. Rotterdam/Holland.

Zusätzlich hatten die Taucher auf Anweisung von Börje Stenström das Vorschiff und die Brücke zu untersuchen und auf Video zu dokumentieren.

Die JAIC wurde vertreten durch Börje Stenström und sehr wahrscheinlich auch durch Tuomo Karppinen. Estland wurde repräsentiert durch den Leiter der Schiffssicherheitsabteilung des E.N.M.B., Aarne Valgma. Weiterhin befand sich an Bord als Reedereivertreter der Chefinspektor von Nordström & Thulin, Ulf Hobro. Das waren im Fall ESTONIA bereits bekannte Namen. Zusätzlich waren noch mit von der Partie der Tauchexperte Gustav Hanuliak als Assistent und Berater für Franson sowie schwedische Kriminalbeamte und andere Leute, die nicht namentlich bekannt sind. Darüber hinaus soll sich auch ein Vertreter der London Salvage Association auf der SEMI I befunden haben, der ebenfalls nicht mit Namen genannt wurde. Gemäß dem Rockwater Report für das Sjöfartsverket wurde die Unterwasserarbeit von ihnen auf 19 Videobändern dokumentiert, die an das Sjöfartsverket und die schwedische Kriminalpolizei übergeben wurden. Dabei geht nicht klar hervor, ob die im Auftrag der JAIC angefer-

tigten Videofilme in dieser Zahl enthalten sind. Bei Rockwater selbst verblieben nach eigenen Angaben nur Kopien derjenigen Videos, auf denen
Details hinsichtlich der Sicherheit der Taucher dokumentiert wurden, für
den Fall, dass später gesundheitliche Probleme auftreten sollten, was
jedoch nicht der Fall war. Diese Videos sollen laut Rockwater nach einer
Woche, nachdem der letzte Taucher die Taucherglocke verlassen hatte,
gelöscht worden sein.

Auf einem Treffen in Helsinki am 2.10.1996, zu dem Kari Lehtola im
Namen der JAIC geladen hatte und an dem der Geschäftsführer von Rockwater und die Projektmanager Dave Carson und Terry Joost (beide hatten
die Kommandobrücke der ESTONIA betaucht) teilnahmen, wurde festgestellt: »Was immer die Taucher taten, wurde von Rockwater im Einzelnen
in drei verschiedenen Logbüchern dokumentiert. Es ist möglich, jede indi-
viduelle Episode zu überprüfen durch Vergleich der Logbucheintragungen
mit den Videologs beziehungsweise mit den Videoaufzeichnungen. Es kann
ausgeschlossen werden, dass Sequenzen aus den Videos entfernt wurden...« Diese Aussage legt die Vermutung nahe, dass die Rockwater-Ver-
treter doch Logbücher und Videos in Kopie besitzen, denn sonst hätten sie
diese Aussage nicht machen können.

Die Tauchaktionen wurden durch vier Teams von jeweils drei Tauchern
durchgeführt, die rund um die Uhr aus zwei Taucherglocken arbeiteten,
die neben dem Wrack hingen. Der erste Taucher blieb jeweils in der
Glocke, während die anderen beiden sich zum angewiesenen Bereich begaben, wo dann einer die Arbeit machte, während der andere ihn sicherte. Sie
arbeiteten in Schutzanzügen mit Helmen, auf denen sich der Scheinwerfer
und die Videokamera befanden, und sie wurden durch ein Versorgungskabel mit Helium-Trimixgas versorgt, und dieses Kabel barg auch die Kom-
munikations- und sonstigen Leitungen. Jeder Taucher erhielt seine
Instruktionen durch je einen Kopfhörer für jedes Ohr, wovon jedoch nur
eine Seite aufgezeichnet wurde, diejenige, die für die Öffentlichkeit
bestimmt war.

Es wird jedoch gelegentlich auf den Videos deutlich, dass der Taucher
anders reagiert oder antwortet, als nach den gehörten Anweisungen bzw.
Fragen zu erwarten wäre, z. B. wenn er seinen Kopf – und damit die Videokamera – schnell von Bereichen wegdreht, die der Öffentlichkeit verborgen bleiben sollen, z. B. die Explosionsschäden auf dem Autodeck auf der
Innenseite der Bugrampe. Manchmal wurden auch zusätzliche ROVs
eingesetzt, z. B. als der Versuch unternommen wurde, das Autodeck zu
erkunden.

Als ich die Videobänder eine Weile intensiv anschaute, drängte sich mir der Eindruck auf, dass die Taucher ohne einen konkreten Plan vorgingen und auch von der Taucherplattform aus keine zielgerichteten Anweisungen bekamen. So heißt es immer wieder: »Geh mal da hin oder dort hin«, und der Taucher folgt diesen Anweisungen auch. Was er konkret tun soll, bleibt unklar. Mir kam es fast wie eine Alibi-Veranstaltung vor, die man für die Öffentlichkeit und die Angehörigen inszenierte, damit man mit gutem Gewissen sagen konnte: »Aber es wurde doch alles genauestens gefilmt.« Umso erstaunlicher war für mich dann im Bericht von Rockwater der Abschlusssatz: »Eine Bergung der ESTONIA ist möglich.«

Die Konsequenzanalyse des Johan Franson und der Ethische Rat

Hatte Carl Bildt am Tag des Unterganges in einer bewegenden Rede versprochen, dass Schiff und Leichen schnellstmöglich geborgen werden sollten, war schon ein paar Monate später keine Rede mehr davon. Ganz im Gegenteil. Die Regierung versuchte, aus der Sache so schlank wie möglich wieder herauszukommen.

Mein Partner Kaj Holmberg, ein Finne, der der schwedischen Minderheit Finnlands angehört, erklärte mir das merkwürdige Verhalten der Schweden so: »In Schweden denkt man, dass dort die totale Demokratie umgesetzt sei. In Schweden müssen Beschlüsse immer durch irgendeinen Kompromiss irgendwelcher Gruppen zu Stande kommen. Da es aber die ideale Welt kaum gibt, und die Interessen und Meinungen vieler Beteiligter schon naturgemäß sehr vielfältig und unterschiedlich, manchmal auch unversöhnlich sind, ist es in vielen Fragen fast unmöglich, einen Kompromiss herzustellen. Das führt dann dazu, dass zwar vordergründig alle ›einverstanden‹ zu sein scheinen, aber viele Menschen mit einer entsetzlichen Wut im Bauch weiterleben, weil sie der Meinung sind, dass sie sich einem faulen Kompromiss beugen mussten. Der beste Trick z. B., um in Schweden eine allgemeine Akzeptanz einer Sache zu erreichen ist, eine Findungs- oder Analysegruppe einzusetzen.«

Im Fall ESTONIA, als es um die Frage der Bergung von Schiff und Leichen ging, war es der »Ethische Rat«. Die schwedische Transportministerin Inez Uusman setzte eine Gruppe ein, die sie selbst ausgesucht hatte, und diese Gruppe sollte diskutieren und abwägen und schließlich eine Empfehlung an die Regierung aussprechen. Die Mitglieder des Ethischen Rates waren ein Erzbischof und eine Dompröbstin, zwei Leute von einer Kinderschutzgruppe, die Freundin des wichtigsten Verlegers in Schweden und ein Beamter aus dem Außenministerium. Es war niemand vertreten, der über maritime Kompetenz oder Erfahrungen in der psychologischen Katastrophenbewältigung verfügte. Dieser Ethische Rat empfahl, die Leichen nicht zu bergen.

Als ich den Bericht las, hatte ich das Gefühl, dass die Wünsche, Hoffnungen und Emotionen der Angehörigen überhaupt nicht ins Gewicht gefallen waren. Vielmehr unterstellte man ihnen Rücksichtslosigkeit in ihrem Begehren, vom Staat die Bergung ihrer Lieben zu verlangen. Ich fand es besonders tragisch, dass nach der Veröffentlichung ein Trend einsetzte, der die Angehörigen für jede Art von respektloser Behandlung freigab. »Nun reißt euch mal zusammen. Jetzt habt ihr uns lange genug mit eurer Trauer genervt...«, schien zu einer allgemeinen Parole zu werden. Den Gipfel der Respektlosigkeit erreichte die Sache aber, als Inga-May Calamnius von der Dompröbstin Caroline Krook, die im Ethischen Rat Mitglied gewesen war, einen Brief bekam. Frau Calamnius hatte ihre Tochter bei dem ESTONIA-Untergang verloren und die Dompröbstin um eine Stellungnahme gebeten, warum sie als Kirchenvertreterin die Bergung und anschließende Bestattung der Leichen abgelehnt hatte. Caroline Krook antwortete, dass man im Falle einer Bergung nur noch mit »verrotteten Körperteilen« rechnen könnte und es sich »gar nicht lohne«, die Leichen zu bergen. Der Brief[1] ist voller Takt- und Geschmacklosigkeiten und hat der Familie Calamnius einen schweren Schock zugefügt. Meiner Meinung nach hat Frau Krook sich damit als Seelsorgerin und als ranghöchste Kirchenvertreterin Stockholms disqualifiziert, denn wenigstens die Kirche hätte die Angehörigen in dieser Sache unterstützen müssen.

Die Empfehlungen des Ethischen Rates lauteten im Einzelnen:
1. ESTONIA sollte nicht geborgen werden.
2. Das Bergen einer sowieso nicht bekannten Anzahl Leichen sollte unterbleiben.
3. Der Ort, an dem ESTONIA versank, sollte geschützt und zum Grab ernannt werden.
4. Das Schiff sollte so verschlossen werden, dass Plünderungen und jegliches Tauchen von Privatleuten unmöglich gemacht würden. Das Schiff sollte bewacht werden.

---

1 Eine Kopie des Schreibens liegt mir vor, und der Inhalt wird mit freundlicher Genehmigung der Familie Calamnius hier veröffentlicht.

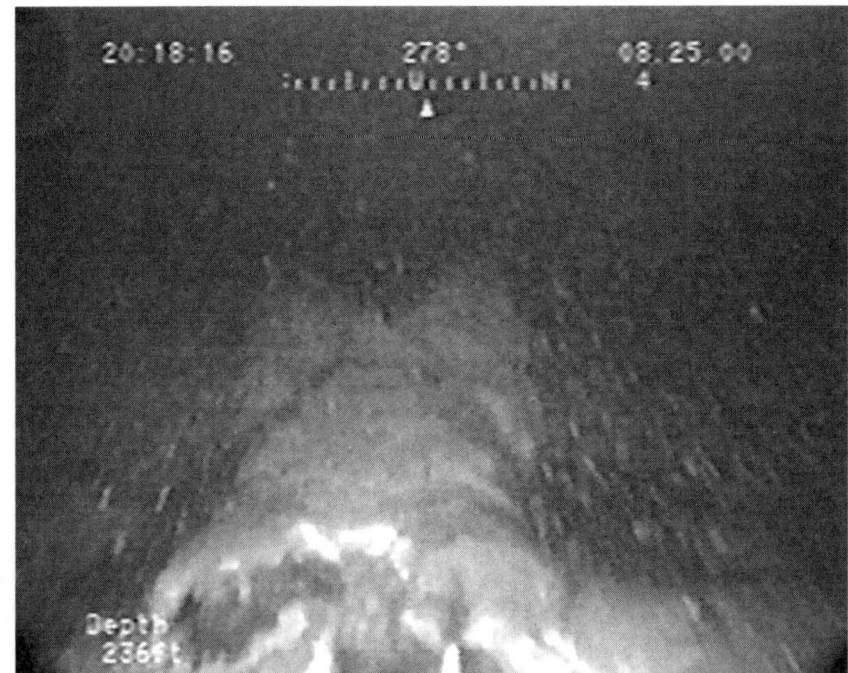

Leiche auf dem Meeresboden, gefilmt während der Tauchexpedition im August 2000.

5. Die Regierung sollte in Erwägung ziehen, eine Stiftung für Kinder zu gründen, die ihre Eltern durch das Unglück verloren haben: eine Lebensstiftung.
6. Die Regierung sollte schnell zu einer Entscheidung kommen, damit die Ungewissheit für die Betroffenen ein baldiges Ende fände.

Als wichtigsten Punkt, der gegen eine Bergung spräche, nannte man die Gesundheit des Bergungspersonals – psychologisch gesehen. Außerdem wäre der Medienrummel, der bei der Aktion entstehen würde, unwürdig. Und dann folgte noch ein letzter, sehr wichtiger Satz: »Es wurden keine Leichen außerhalb des Schiffes gefunden.« Diese Aussage machte der Ethische Rat aufgrund der Informationen von Johan Franson. Er war gerade selbst vor Ort gewesen. Auch er hatte die Leichen gesehen, ohne Zweifel. Aber jeder an Land hätte sofort nach Fransons Bericht Zweifel anmelden müssen, denn wie war es möglich, dass es keine Leichen auf dem Meeresgrund gab, obwohl das Schiff sich nach kieloben gedreht hatte?

Als wir im August 2000 die Vielzahl von Leichen sahen, die außerhalb des Schiffes lagen, und das Zeigen von Leichen im Fernsehen für nicht angemessen hielten und deswegen das Material nicht für TV-Sendungen freigaben, wurden wir Lügner genannt. Man wollte auf Video dokumentierte Beweise. Als wir die dann lieferten, erfolgte keinerlei Reaktion.

Am 15. Dezember 1994 traten Carl Bildt, der frühere Premierminister, und Ingmar Carlssson, der neu gewählte Premierminister, in Eintracht vor die Fernsehkameras und verkündeten, dass weder das Schiff noch die Leichen geborgen werden sollten, statt dessen beabsichtige man, ein Gesetz zu erlassen, das es zukünftig verbieten würde, zur ESTONIA zu tauchen. Aus dem Schiff sollte ein geschlossener Sarg gemacht werden. Carlsson sagte wörtlich: »...wenn ich nach dem Untergang gewusst hätte, was ich heute weiß, hätte ich nicht die Bergung des Schiffes versprochen.« Sollte das heißen, dass Carlsson drei Monate nach dem Untergang plötzlich über Informationen verfügte, die eine Bergung der ESTONIA nicht mehr wünschenswert machten?

Die Angehörigen waren schockiert.

Die Bergung der ESTONIA war von Rockwater doch als durchaus möglich attestiert worden. Sogar Pläne waren von den Tauchern angefertigt worden mit den genauen Fundorten der Leichen im Schiff, um eine spätere Bergung zu erleichtern.

Die zuständige Ministerin Inez Uusman, noch völlig neu im Amt und vorher Postangestellte, erzählte den erstaunten Reportern: Die bergenden Hilfskräfte würden schwere seelische Schäden davontragen, die Taucher müssten Wochen, wenn nicht gar Monate in Dekompressionskammern leben und das sei schließlich unzumutbar, und im Falle, dass man das ganze Schiff bergen würde, müsste man mit einem ungeheuren Gestank rechnen, der den Ferienhausbesitzern in den schwedischen Schären nicht zuzumuten wäre. Außerdem wurde in der schwedischen Presse diskutiert, dass eine Bergung der ESTONIA oder auch nur der Leichen enorme Summen verschlingen würde. Mir stellte sich die Frage, ob man sich schon zu diesem Zeitpunkt für eine scheinbar preiswertere Lösung – für einen Betondeckel – entschieden hatte, der »nur« 65 Millionen DM kosten sollte.

Kaum war der Regierungsbeschluss gefasst und verkündet, musste er natürlich auch in die Tat, sprich in ein Gesetz, umgesetzt werden. Auch dafür verfasste Franson unermüdlich Entwürfe, Pläne, Gesetzestexte, wofür normalerweise Staatssekretäre oder Politiker verantwortlich sind. Und so kam es, dass die Regierung – ohne Parlamentsbeschluss – bereits am 23. Februar 1995 das Gesetz zum Verbot des Tauchens erließ.

Hier ein Auszug:

§ 1: Das Wrack der ESTONIA und das umliegende Gebiet, wie in § 2 definiert, sollen als letzte Ruhestätte der Opfer der Tragödie gesehen werden, und dem soll angemessener Respekt gezollt werden.

§ 2: Die Stelle, die als letzte Ruhestätte im Rahmen dieses Vertrages gesehen werden soll, geht in einer geraden Linie von Punkt Nr. 1 durch Punkte Nr. 2, 3, 4 und zurück zu Punkt Nr.1:

Punkt Nr. 1   (oben links)   59°23.500′N und 22°40.000′E
Punkt Nr. 2   (oben rechts)   59°23.500′N und 21°42.000′E
Punkt Nr. 3   (unten rechts)   59°22.500′N und 21°42.000′E
Punkt Nr. 4   (unten links)   59°22.500′N und 21°40.000′E

Alle Positionen sind durch die geografischen Koordinaten im »World-Geonetic System von 1984« (WGS 84) definiert.

§ 3: Die Vertragspartner beschließen, dass die ESTONIA nicht geborgen wird.

§ 4: 1. Die Vertragspartner beschließen, ein Gesetz zu erlassen, welches alle Aktivitäten verbietet, die die letzte Ruhestätte stören könnten, insbesondere solche, die dem Zweck dienen sollen, Leichen oder Besitztümer aus dem Wrack oder vom Meeresgrund zu bergen.

2. Die Vertragspartner beschließen, dass der Verstoß gegen § 2 dieses Gesetzes mit einer Gefängnisstrafe bestraft werden soll.

3. Trotz der oben genannten Vorkehrungen werden die Vertragspartner Maßnahmen ergreifen, um das Wrack abzudecken oder um das Wrack vor maritimen Schäden zu schützen.

§ 5: Die Vertragspartner vereinbaren, dass sie die jeweils anderen Vertragspartner informieren werden, wenn sie von geplanten oder stattfindenden Aktivitäten, die laut § 4 strafbar sind, erfahren, die von Schiffen aus geführt werden, die unter der Flagge der anderen Vertragspartner fahren.

In Kraft trat dieses Gesetz am 1. Juli 1995, und von diesem Zeitpunkt an war es schwedischen, finnischen und estnischen Staatsangehörigen untersagt, zur ESTONIA zu tauchen. Danach offerierten die Schweden allen anderen Ostseestaaten den Beitritt zu diesem Abkommen.

Einige traten bei, wie z. B. Dänemark und Litauen und auch einige Länder außerhalb des Ostseebereichs, wie z. B. Großbritannien. Deutschland trat nicht bei und auch nicht die USA.

Dazu sagte mir Henning Witte, der damalige Anwalt der größten Angehörigengruppe in Schweden 1997 in einem Interview: »Was Schweden und die Länder, die diesem Abkommen beigetreten sind, da machen, widerspricht dem Völkerrecht, denn das Völkerrecht garantiert die Freiheit der Meere. Das Wrack der ESTONIA liegt im internationalen Gewässer, und daher kann kein Land für sich beanspruchen, ein solches Gesetz zu erlassen. Eine solche Einschränkung der Freiheit der Meere aus nationalem und einseitigem Interesse darf einfach nicht geduldet werden.«

Wie unsicher die Schweden selbst hinsichtlich ihres Vorgehens waren, wurde klar, als Anfang 2001 viele der bisher geheim gehaltenen Dokumente aus dem schwedischen Außenministerium freigegeben wurden.[1] Doch trotz der völkerrechtlichen Unwirksamkeit und der insgesamt juristisch bedenklichen Lage zögerte man nicht, im Falle von Zuwiderhandlungen hart durchzugreifen und das sogar noch, bevor das Gesetz in Kraft trat, wie der Fall Peter Barasinski zeigte.

Mitte Juni 1995 erhielten wir einen Anruf aus Schweden. Es war Peter Barasinski. Er war von seiner Regierung zutiefst enttäuscht. Er wollte seine Frau Carita in Uppsala beerdigen, so wie er es ihr versprochen hatte. Denn kurz nachdem Peter und Carita geheiratet hatten, waren sie verliebt über den malerisch schönen Friedhof von Uppsala, Caritas Heimatstadt, geschlendert. Carita hatte ihrem Peter damals das Versprechen abgenommen, dass er sie hier beerdigen sollte, falls sie einmal vor ihm sterben würde. Peter hatte dieses Versprechen gegeben, leichtherzig, wie jemand, der denkt, dass er noch viele Jahre Zeit hat, es zu halten.

Dann hatte die ESTONIA seine junge Frau auf so dramatische Art mit in die Tiefe gerissen. Peter war wie betäubt gewesen. Hatte keinen Schmerz und keine Verzweiflung gespürt. Nur Ungläubigkeit. Fast schien das Gute auch wahr zu werden, denn als er gegen fünf Uhr morgens zusammen mit Caritas Mutter am Estline-Terminal in Stockholm angekommen war, hatte ihm ein Kollege, der im Büro von Estline arbeitete, gesagt, dass Carita wahrscheinlich gerettet worden wäre. Peter hatte daraufhin einem wartenden Reporter ins Mikrophon gerufen: »Sie sehen hier den glücklichsten Menschen der Welt.« Doch schon wenige Stunden später stellte sich heraus, dass nur Caritas Kollegen den Fluten entkommen waren.

Von diesem Tag an hatte Peter jede Nacht Albträume. Immer wieder sah er Carita in ihrer roten Segeljacke in die Fluten sinken, träumte, dass nicht Carita, sondern er auf der ESTONIA Dienst hätte. Jede Nacht ertrank er für sie aufs Neue in der Ostsee. Er konnte kein Schiff mehr betreten und des-

---

1 Diese Freigabe erfolgte, weil nach schwedischem Gesetz die Öffentlichkeit nach Ablauf einer jeweils festgelegten Zahl von Jahren ein Recht darauf hat, auch als »Geheim« gestempelte Dokumente einzusehen.

halb auch nicht mehr arbeiten. Man bot ihm eine Umschulung an, aber er hatte nicht die Kraft dazu, sich für irgendetwas Neues zu interessieren. Er hatte Selbstmordgedanken. Doch unter allen Umständen wollte er sein Versprechen halten. Er schloss sich der Angehörigenorganisation SEA an und begann zusammen mit anderen Angehörigen für die Bergung der Leichen zu kämpfen. Doch am 15. Dezember vernahm er aus den TV-Nachrichten, dass die schwedische Regierung von ihrem Versprechen zurücktrat. Dies war der zweite schwere Schock in seinem Leben. Er hatte alles erwartet, aber das nicht.

Er sagte mir in einem Interview, er sei als gebürtiger Pole vor Jahren nach Schweden geflohen und hätte um politisches Asyl gebeten. Er hätte an Selbstbestimmung und Demokratie geglaubt. Schweden wäre das Land seiner Träume gewesen, und er hatte nicht geglaubt, dass es hier solch unmenschliche Entscheidungen geben könnte.

Lange Zeit konnte er es nicht fassen. Und dann packte ihn die Wut. Sie entwickelte sich ganz langsam, aber als er das Geld der Versicherung als Entschädigung für Caritas Leben ausgezahlt bekam, stand für ihn fest, was er damit machen würde: sein Versprechen halten.

Als er mich und meinen Partner Kaj in Berlin anrief und fragte, ob wir ihn auf diesem Weg begleiten würden, um mit der Kamera zu dokumentieren, dass er kein Grabräuber war, sondern nur seine Frau aus dem Schiff

Carita und Peter Barasinski.

133

bergen wollte, hatte er schon fast die gesamte Aktion organisiert. Ein Schiff stand in Gdynia/Polen bereit, mit vier professionellen Bergungstauchern und mit Druckkammer an Bord und allem Equipment, das man für solch eine Bergungsaktion braucht. Ein guter Freund, der für ein polnisches Bergungsunternehmen arbeitete, hatte ihm geholfen.

Auch wir zögerten keine Sekunde, mit Peter diese Expedition zu unternehmen, und so kamen wir Mitte Juni 1995 in Begleitung eines Zwei-Mann-Kamerateams in Gdynia an. Schon wenige Stunden später trafen wir uns mit Peters Freund. Alles war bestens vorbereitet. Wir besichtigten das Schiff, lernten den Kapitän kennen und überzeugten uns von der Hochwertigkeit der Ausrüstung. Gleich am nächsten Tag sollte es losgehen. Doch über Nacht war auf diplomatischem Wege eine Drohung bei der polnischen Regierung eingegangen. Die Schweden protestierten dagegen, dass ein polnisches Bergungsschiff Peter behilflich sein wollte. Das Schreiben der Schweden war in einem sehr unfreundlichen Ton verfasst und gipfelte in massiven wirtschaftlichen Drohungen. Mich entsetzte, dass hier die ganze Staatsmacht eingesetzt wurde, um einen trauernden und harmlosen Witwer daran zu hindern, seine Pflichten als Hinterbliebener zu erfüllen. Warum legte sich der Staat Schweden so ins Zeug?

Peter war am Boden zerstört. Er wollte die Tauchaktion auf alle Fälle noch vor Inkrafttreten des Tauchverbotsgesetzes am 1. Juli 1995 erledigen, später würde er sich der Gefahr aussetzen, dass er bis zu zwei Jahre in Schweden ins Gefängnis gehen müsste. Er war wütend und verzweifelt zugleich.

Wir überlegten gemeinsam. Vielleicht konnte er ein Schiff von Deutschland aus chartern? Wir telefonierten und telefonierten. Schließlich fanden wir eine kleine Reederei in Cuxhaven, die bereit war, ein Schleppschiff zur Verfügung zu stellen. TAUCHER OTTO WULF hieß das Schiff. Als Auslaufhafen wurde Rostock vereinbart, und wir hatten Glück, denn mit so viel Einfallsreichtum hatte die schwedische Regierung nicht gerechnet. Wir konnten unbehelligt in See gehen. Leider hatten wir keine Taucher mehr organisieren können, aber die Firma Baltic Taucher half mit einem ROV und einem erfahrenen Operator dazu, dem Engländer Philip Sayers, aus. Das ROV war mit einem Greifarm ausgerüstet, und damit würde es hoffentlich möglich sein, Carita zu bergen.

Schnell wuchs unser Team mit der Crew des Schiffes und den Baltic Tauchern zusammen, und als wir uns der Position des ESTONIA-Wracks näherten, waren wir bereits ein Team, das zusammenarbeitete, als hätten wir nie etwas anderes in unserem Leben getan. Ich habe noch niemals vorher einen solchen Einsatzwillen erlebt wie auf dieser Fahrt.

134

Wir waren 17 Personen auf diesem Schiff aus 9 verschiedenen Nationen. Der Kapitän war der beste, den ich je kennen gelernt habe. Das Schiff war nur für maximal 9 Leute zugelassen. Das Wasser musste vom ersten Tag an rationiert werden, und schlafen konnten wir zum Teil nur umschichtig in der winzig kleinen Messe.

Zuerst fanden wir das Wrack nicht. Wir suchten auf der falschen Position des Kari Lehtola. Wir kreuzten hin und her, doch keine bemerkenswerte Untergrunderhöhung ließ sich feststellen. Dann versuchten wir es auf einer anderen Position, die Koordinaten hatte ich von der deutschen Bundesmarine, und dort fanden wir das Wrack sofort.

Doch noch bevor wir das ROV ins Wasser bringen konnten, näherte sich der Eisbrecher ALE von der schwedischen Marine. Die Staatsmacht zeigte Präsenz. Man wollte uns einschüchtern. Wir wurden über Funk angesprochen.

Peter erklärte seine Absicht. Die Schweden hielten uns hin, indem sie erst eine Rückfrage in Stockholm starten wollten, ob man unsere Aktion dulden würde. Das war für uns ohne Bedeutung, deshalb begannen wir mit unserer Aktion.

Wir ließen das ROV ins Wasser und fanden auch tatsächlich 10 Minuten später das Wrack. Philip Sayers musste sich erst einmal orientieren, an welcher Stelle er am Wrack gelandet war, und als wir den kleinen Schriftzug ESTONIA durch die Kamera des ROV lesen konnten, wussten wir, dass es das Heck war.

Langsam arbeitete sich Philip Sayers weiter vor. Bis zu Deck VII auf der Backbordseite musste er das ROV steuern. Dort befand sich die Tür zum Außendeck, aus der Carita nicht mehr hatte fliehen können. Gerade als Philip fast auf der Höhe der Reling war, fiel plötzlich das Bild aus. Ein Kamera- oder Kabelschaden, diagnostizierte er sofort. Das Gerät wurde vorsichtig wieder an Bord geholt. Eine langwierige Fehlersuche und anschließende Reparatur begannen. Die Stunden flossen dahin, und als wir das ROV erneut zu Wasser lassen konnten, war es schon Nachmittag. Nur noch wenige Stunden, dann würde das Tauchverbotsgesetz in Kraft treten. Es begann ein Wettlauf gegen die Zeit.

Der Eisbrecher ALE, der sich bis dahin passiv verhalten hatte und auf Abstand zu uns geblieben war, kam nun immer näher. Mit dem großen Bugstrahlruder und Seitenpressluft tat man alles, um uns von der Position zu verdrängen. So gut es ging, hielt Dietmar, unser Kapitän, die Position. Aber es wurde schwierig, das ROV zielgenau zu steuern, weil durch jede größere Schiffsbewegung Spannung in das Kabel kam und das ROV wieder an eine andere Stelle gezogen wurde. ALE ging auf Kollisionskurs, drehte das Heck an unseren Bug und nahm es bewusst in Kauf, uns zu rammen. Bis auf wenige Zentimeter kam das Marineschiff an unseres heran, Dietmar bewies Nerven und wich keinen Zentimeter zurück. Philip hatte inzwischen das ROV schon an die betreffende Öffnung gesteuert. Die Tür, die Carita den Ausgang versperrt hatte, gab es nicht mehr, sie war beim Untergang herausgerissen worden. Jetzt gähnte hier nur noch ein schwarzes Loch.

Philip musste das ROV vorsichtig hineinmanövrieren, und dann würden wir sehen, ob wir schon im Lichtstrahl des ROV die rote Segeljacke von Carita irgendwo erspähen konnten. Doch das Glück war in diesen Minuten nicht mit uns. Das Kabel des ROV verhakte sich in der Reling. Es dauerte einige Stunden, bis das ROV wieder befreit werden konnte.

Peter brach die Aktion ab. Weinend ging er ans Heck und warf die mitgebrachten roten Rosen ins Wasser. Er hatte es nicht geschafft, Carita aus dem Schiff zu holen, aber er hatte wenigstens alles versucht, was in seiner Macht stand. Was ihm blieb, waren die Trauer und der feste Wille, weiter um Carita zu kämpfen. Er erzählte mir später die Geschichte vom Wasa-Schiff: 333 Jahre hatte es gedauert, bis die Schweden beschlossen, es zu ber-

Der schwedische Eisbrecher ALE setzt zum Rammen an.

gen. Heute steht es in einem eigens dafür geschaffenen Museum in Stockholm. Die Knochenreste der Toten wurden in einem Sammelgrab beigesetzt. Peter lächelte und bemerkte: »Naja, ich bin ja noch jung.«

Beton ist keine Lösung

Seit der Reaktorkatastrophe im Atomkraftwerk in Tschernobyl steht eine »Einbetonierung« als Synonym für eine Nuklearverseuchung. Die ESTONIA wollte man also mit einem riesigen Betondeckel zu einem gigantischen Unterwassergrab machen und gleichzeitig verhindern, dass Plünderer und Sporttaucher hier eindrangen. Doch wieso stimmte eine Regierung einem technisch gewagten Unternehmen zu, für das es weltweit keinerlei Erfahrungswerte gab? Schon die ersten Bodengutachten der beauftragten holländischen Firma warnten vor dem Beton-Vorhaben. Der Boden unter dem Wrack und um das Wrack herum bestehe aus einer ca. 50 Zentimeter dicken Schlamm- und Sandschicht. Erst danach komme darunterliegender harter Lehm, der allerdings in seiner Schichtung und Här-

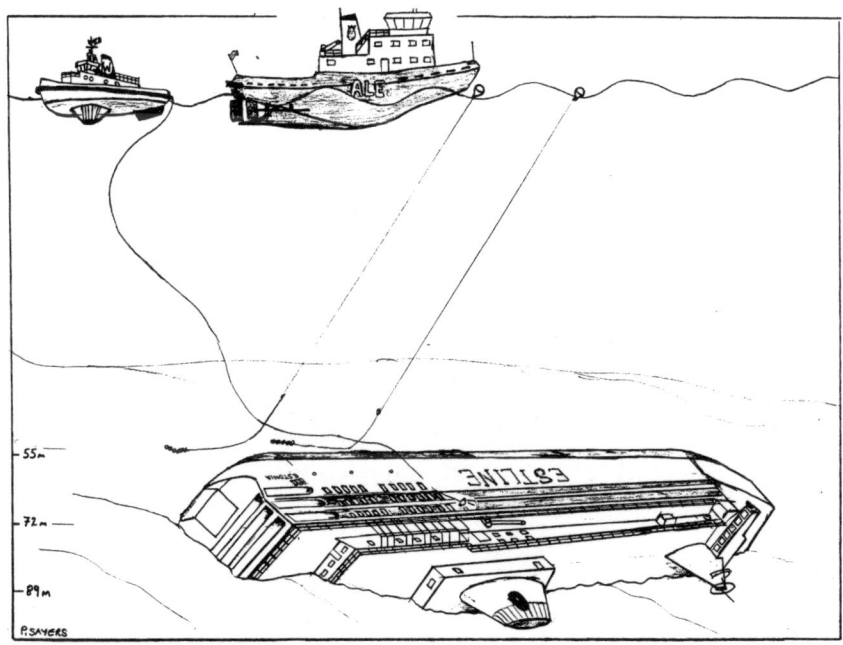

Zeichnung von der Tauchaktion Peter Barasinskis (Philip Sayers).

te nicht homogen sei. Man konnte daher nicht sicher sein, dass die ESTONIA nicht komplett verrutschen oder sogar Teile des Meeresbodens abbrechen könnten und das Wrack weitere 30 Meter in die Tiefe abgleiten würde.

Doch wieder einmal ließ Johan Franson den Politikern keine Bedenkzeit. Er plante und arbeitete die Ausschreibung aus, die dann umgehend zur Auftragserteilung nach undurchsichtigen Regeln führte. Das ganze Vorhaben sollte rund 300 Mio. SKR kosten, etwa 60 Mio. DM. Eine stattliche Summe, wenn man die Vergleichszahl von ca. fünf bis zehn Mio. DM nimmt, die von Fachunternehmen für die Bergung der Leichen kalkuliert worden war. Eine Bergung der Toten wäre also auch ökonomisch die bessere Lösung gewesen. Trotzdem wurde Fransons Beton-Idee durchgezogen.

Den Zuschlag bekam NCC, ein Konsortium, an dem auch das Fährunternehmen Silja Line beteiligt ist. Doch da NCC selber nicht über die notwendige Technik und die Fachleute verfügte, wurden die holländischen Firmen Smit Tak und Van Ord mit unter Vertrag genommen. Van Ord war für die vorbereitenden Arbeiten zuständig. Der Plan sah vor, zuerst um die ESTONIA herum Geröll und Sand zu platzieren, um das Wrack zu stabilisieren und ein mögliches Abgleiten zu verhindern.

Mit den Arbeiten wurde im Frühjahr 1996 begonnen. Rund 380.000 Tonnen Sand und kleine Steine brachte Van Ord zum Wrack der ESTONIA und positionierte den Sand mit einer Rüssel-ähnlichen Konstruktion.

Doch schon nach wenigen Tagen wurden die Pläne geändert. Der Druck, den die Angehörigen der Opfer auf die Politiker Schwedens ausübten, scheint zu groß gewesen zu sein. Das belegen Fax-Schreiben, die vom schwedischen Außenministerium an die Regierungen von Estland und Finnland in der ersten Junihälfte 1996 geschickt wurden und ein vorsichtiges diplomatisches Vorbereiten des Abbruchs der Aktion belegen.

Trotzdem wurde mit den Arbeiten weitergemacht. Noch im Frühjahr 1997 wurde nochmals ein Schiff zum Wrack geschickt, das erkunden sollte, inwieweit die Arbeiten weitergeführt werden könnten. Erst danach wurde die ganze Aktion abgebrochen. Unüblicherweise hatte das Konsortium der NCC aber bereits den Löwenanteil des Geldes ausgezahlt bekommen. Bereits 224 041 235 Mio. SKR waren nur für das Abkippen von Sand und Geröll über dem Wrack der ESTONIA gezahlt worden. Ein Skandal.

Manipulationen lassen Zweifel wachsen

Bei beiden Unterwasser-Aktionen der finnischen und schwedischen Regierung, im Oktober 1994 von finnischen ROVs und im Dezember 1994 von Tauchern der Firma Rockwater, wurden stundenlange Videoaufzeichnungen hergestellt. Es war auch sinnvoll, sich einen Eindruck vom Schadensbild zu verschaffen und Informationen zu erstellen für eine mögliche Bergung entweder der Leichen oder sogar des ganzen Schiffs.

Nach Angaben der Firma Rockwater wurden bei der Tauchaktion vom 1. bis 3. Dezember 1994 insgesamt 19 Videobänder gefilmt. Am Schluss der Taucharbeiten wurden diese Bänder in eine Metallkassette verpackt und mit dem Helikopter nach Schweden geflogen, zusammen mit den von einem Unterwasserschneidbrenner abgebrannten und hochgeholten Schloss- und Metallteilen der ESTONIA. Börje Stenström und Johan Franson begleiteten diesen Transport im Helikopter. Da Stenström sich vorwiegend mit technischen Fragen befasste, gehen alle Experten davon aus, dass Franson als Auftraggeber der gesamten Tauchaktion die Videobänder an sich genommen hat. Rockwater-Angestellte haben in ihrem Bericht und in einer Anhörung ausgesagt, dass die Bänder in PAL aufgezeichnet und im Original von Farbe und Schärfe her von hoher Qualität waren. Das Aufzeichnungsformat war aber leider nur VHS, was nicht gerade für die Professionalität von Rockwater spricht. Normalerweise hätte man den 1994 üblichen technischen Standard gewählt, und das wäre Beta SP gewesen. Auf jeden Fall kann man davon ausgehen, dass irgendwo Originale existieren, die wesentlich bessere Qualität aufweisen als die Kopien, die mir (für Berichterstattungszwecke), der Öffentlichkeit und auch der deutschen Expertengruppe für 600,– SKR pro Video zur Verfügung gestellt wurden. Diese Videos sind von einer so miserablen Qualität, dass kaum noch etwas vom Bildinhalt zu erkennen ist. Dabei hatte Kari Lehtola am 3.10.1994 in einem Interview zu *Dagens Nyheter* gesagt: »Die Bilder sind von hoher Qualität. Das können wir sagen, und wir gehen über das Schiff, Schraube um Schraube.« Also: Wo sind die Originalaufnahmen?

Ähnlich verhält es sich mit den Videoaufnahmen der finnischen ROVs, die nach Angaben der JAIC ausschließlich in den ersten Tagen nach dem Untergang am 1., 2., 3. und noch einmal am 9. und 10. Oktober 1994 zum Wrack heruntergelassen wurden. Mir erscheint es wenig glaubwürdig, dass zwei große Seenationen, deren Marinetaucher ganz zweifelsfrei zu den

Besten der Welt zählen, am Anfang nur mit ferngesteuerten Kameraroboter operierten und nicht sofort auch Taucher mit dem Auftrag zum Einsatz gebracht haben, alles abzufilmen.

Insbesondere mit den Erfahrungen, die ich selbst im August 2000 bei der von mir und Gregg Bemis organisierten Tauchaktion gesammelt habe, erscheint es mir umso unglaubwürdiger, dass das Wetter damals eine solche Rolle gespielt haben soll, denn sogar die Privattaucher hatten bis Windstärke 4 keine Probleme mit dem Abtauchen, und sobald ein Taucher erst einmal eine gewisse Tiefe erreicht hat, gibt es ohnehin keine Wellenbeeinflussung mehr.

Doch bleiben wir bei den Videoaufzeichnungen der finnischen ROVs. Es kamen verschiedene ROVs zum Einsatz: JUTTA I und JUTTA II sowie SIMO I. Die drei Videobänder, die aus dieser Produktion von der JAIC überhaupt nur veröffentlicht wurden, stammen von Arbeiten am 1., 2. und 3. Oktober sowie am 9. und 10. Oktober 1994. Das Video von der Visiersuche am 18.10.1994 sowie eine unbekannte Anzahl weiterer Videobänder wurden jedoch nicht der Öffentlichkeit zugänglich gemacht.

Da die deutsche Expertengruppe sehr schnell merkwürdige Bildsprünge und andere Ungereimtheiten auf den veröffentlichten Videobändern feststellte, ließ sie die Bänder von der englischen Spezialfirma Disengage Bild für Bild untersuchen. Bei dieser Untersuchung wurden zahlreiche und schwer wiegende Manipulationen festgestellt, und deshalb baten die deutschen Experten die finnischen Mitglieder der JAIC sowie die finnische Kriminalpolizei um Aufklärung, denn bei den Finnen lagern die Originalvideos, und nur dort verfügt man über die Kompetenz, Einsicht zu gewähren. Zur Klärung der Manipulationsfrage fand dann am 31.7.2000 ein Treffen in Räumen der Kriminalpolizei in Helsinki statt, wo die angeblichen Originalvideos verwahrt werden. Von der deutschen Expertengruppe war Werner Hummel anwesend sowie der Assistent Martin Roolvink. Aus dem Büro von JAIC-Mitglied Kari Lehtola kam seine engste Mitarbeiterin, die Büroleiterin Pirjo Valkam-Joutsen, ferner kamen zwei Anwälte der Rechtsanwaltskanzlei Gahmberg, Hästo & Co sowie der Detective Sergeant des National Bureau of Investigation und Videoexperte der finnischen Kriminalpolizei Heikki Säpponen.

Sorgfältig wurden alle Videos, die die deutsche Expertengruppe von der JAIC zur Begutachtung ausgehändigt bekommen hatte, angeschaut und mit den angeblichen Originalen verglichen. Heraus kam Erstaunliches. Auch die angeblichen Originale der Kriminalpolizei waren manipuliert: Sie waren an den identischen Stellen geschnitten. Zudem fehlten einige der so genannten finnischen Originale, und der Detective Sergeant des

National Bureau of Investigation und Videoexperte der finnischen Polizei, Heikki Säpponen, fand heraus, dass Dr. Nuorteva, der finnische Sonarexperte, wesentliche Bänder in seinem Hobby-Privatarchiv verwahrt. Eine skandalöse Tatsache. Da Herr Nuorteva im Urlaub war, konnten diese Bänder nicht einmal verglichen werden. Dennoch waren die möglichen Vergleiche an den vorhandenen Bändern aufschlussreich. Auch der Videoexperte der Kriminalpolizei musste zugeben, dass hier manipuliert worden war. Später jedoch weigerte er sich, ebenso wie die Büroleiterin von Kari Lehtola, ein entsprechendes Protokoll zu unterzeichnen und das, obwohl zwei Anwälte und ein weiterer Assistent der deutschen Expertengruppe als Zeugen während dieses Ansichtstermins zugegen gewesen waren. Auch wurden seitens der finnischen Kriminalpolizei bis heute keinerlei weitere Untersuchungen angestellt, wer die Videoaufzeichnungen manipuliert hat.

In einem Interview im Mai 2001 erklärte mir Heikki Säpponen: »Die Videobänder waren mir von Mitgliedern der JAIC übergeben worden. Ich hatte keinen Grund daran zu zweifeln, dass es sich um die Originale handelt.« Und auf meine weitere Frage, ob er nun von polizeilicher Seite aus ermitteln würde, da er ja jetzt mit eigenen Augen gesehen und festgestellt hatte, dass es sich um geschnittene Videobänder handelt, gab er mir die verblüffende Antwort: »Die Videos stellen für mich nur Dokumentationsmaterial dar und sind keine Beweise im Sinne einer Ermittlung. Deshalb ist es ziemlich egal, was da drauf ist und ob es sich um Originale handelt oder ob da Schnitte drin gemacht wurden.«

Zu den Videomanipulationen ist im Einzelnen anzumerken: Die VHS-Kopien sind durchweg überhell und nebelig, teilweise verschwommen. Doch liegt dies nicht etwa an einem eventuell mangelhaften Recorder, der versehentlich benutzt wurde, sondern die Erklärung ist technisch kompliziert und wurde erst durch die Videoexperten der Firma Disengage in England herausgefunden, einer Firma mit viel Erfahrung im Videobereich. Dort stellte man fest, dass die Videos von der Fernsehnorm PAL auf PAL/SECAM übertragen worden waren, jedoch ohne Zwischenschaltung eines so genannten Konverters. Das Ergebnis waren sehr schlechte Kopien, deren Auswertung fast unmöglich ist.

Doch das war kein Versehen, sondern hatte Methode, denn auch weitere Manipulationen sind an den Videobändern nachweisbar: z.B. zahlreiche Schnitte, insbesondere im Bereich der Dokumentierung der Steuerbordseite zwischen Deck 0 und Autodeck. Diese, von jedermann bei der Schwedischen Staatens Havariekommission bestellbaren Videos, wurden in Stockholm von einer Privatfirma namens Forsvarsmedia kopiert. Diese Firma soll vorwiegend für das Verteidigungsministerium arbeiten und ist aus diesem Grunde zur Verschwiegenheit verpflichtet. Deshalb kann man über diese Firma auch über Kopiermethoden, Ausgangsmaterial etc. keinerlei Angaben bekommen.

Einige JAIC-Berater sagten mir, dass Börje Stenström diese Firma angewiesen haben soll, welche Teile der Videos zu löschen waren, bevor Kopien nach außen weitergegeben wurden. Ob diese Behauptung zutrifft, konnte nicht weiter überprüft werden, da sich alle Beteiligten wieder auf ihre Verschwiegenheitsklausel zurückziehen. Es betraf die Steuerbordseite zwischen Deck 0 und Autodeck einschließlich des Bereiches des Steuerbord-Stabilisators, teilweise den Bugrampenbereich und Teile der Kommandobrücke wie auch alle auf den Videos sichtbaren Leichen im Wrack. Während die unerwünschten Videoteile gelöscht wurden und dieses zum Teil zu erheblichen Zeitdifferenzen der im Bild befindlichen Uhren führte, wurden die Leichen überstrahlt und verschwanden auf diese Weise in einem hellen Fleck.

Auch die drei Leichen auf der Brücke sind nicht erkennbar, da im Videomaterial zu hell. Entgegen den Behauptungen im JAIC-Bericht waren diese Leichen aber offenbar ziemlich genau von den Tauchern untersucht worden, denn im Rockwater Report heißt es: »Die Leichen auf der Brücke zeigten Anzeichen von Verwesung, waren jedoch unbeschädigt.« Und Johan Fransons Konsequenzanalyse fügt hinzu: »Auf der Brücke, wo viele Fenster fehlten, war eine Leiche von Fischen attackiert worden.« Dabei sollen die Taucher die Leichen angeblich nicht einmal anhand ihrer Uniformen bzw. fehlenden Uniformen identifiziert haben, denn laut Börje Stenström machte das keinen Sinn, weil »... die Taucher keines der Opfer persönlich kannten. Wie also hätten sie diese identifizieren sollen?«

Das ist ein sehr dummes Statement, denn Offiziere tragen im Dienst immer Uniformen, und man hätte alleine durch die Abfilmung der Schulterklappen an Hemden oder Jacken identifizieren können, um wen es sich im Einzelnen gehandelt hat. Insbesondere zur Klärung der Frage, wer sich zum Zeitpunkt des Unterganges auf der Brücke befunden hat, wäre dies eine wichtige ergänzende Information gewesen. Es hatten der Zweite Offizier Tormi Ainsalu und der Vierte Offizier Kaimar Kikas zur fraglichen Zeit auf der Brücke Dienst. Drei Stimmen waren auf dem MAYDAY-Mitschnitt identifiziert worden: die des Zweiten Offiziers, des Dritten Offiziers und des Ersten Offiziers.

Der Zweite und der Dritte hatten die Brücke gemäß Aussage von Henrik Sillaste verlassen, der die beiden auf Deck VII flüchten sah, als er selber sich schon in einer Rettungsinsel befand. Tammes wurde später tot geborgen, Ainsalus Leiche wurde nicht gefunden. Beide waren aber jeden-

HEAD TURN C.P. TILT DEPTH TIME
191 -1 -4.056 +04 65.6 08:18:17

Leiche an der Steuerbordnock an der Kommandobrücke der ESTONIA.

falls nicht mehr auf der Brücke. Juhan Herma und Kaimar Kikas könnten noch auf der Brücke verblieben und dort mit dem Schiff untergegangen sein. Kikas wurde allerdings zuerst auch auf den Listen der Überlebenden geführt und verschwand später genauso wie der zweite Kapitän Piht. Auch von Kapitän Andresson kennt man den Aufenthaltsort nicht.

Aus den Dialogen auf den veröffentlichten Videobändern zwischen Taucher und Supervisor (an Bord der Taucherplattform SEMI I) geht nur hervor, wo drei Leichen gefunden wurden:
– in der Nähe der Tür, die im hinteren Teil der Brücke an der Backbordseite an Deck führt,
– im Kartenraum im hinteren Teil der Brücke an der Steuerbordseite,
– in der Steuerbord-Brückennock, die praktisch im Meeresboden steckt, unter einem losgebrochenen Flaggenschrank.

Eine weitere Leiche wurde von einem Taucher durch ein Fenster der Brücke nach außen gezogen. Dies ist auf dem Tauchervideo sichtbar, das den ersten Taucher zeigt, der die Brücke offiziell inspizierte. Man sieht, wie Dave Mawston zertrümmertes Drahtglas aus dem unteren äußeren Fenster an der Hinterseite der Backbordnock entfernt, herausreißt und dann eine Leiche an den Haaren fasst und durch das Fenster nach außen zieht und schwimmen lässt. Dabei wird sichtbar, dass es sich nur noch um die obere Hälfte eines Körpers handelt. Dieser wurde jedoch weder in der Nähe der hinteren Backbordtür noch im Kartenhaus noch unter dem Flaggenschrank gefunden.

Er schien kopfüber vor dem hinteren, äußeren Fenster der Backbordnock zu schweben und wurde, wie aus den Videobändern ersichtlich, entfernt, bevor die oben beschriebenen drei Leichen gefunden wurden. Also hat sich eine vierte Leiche auf der Brücke befunden, deren Existenz von den schwedischen Teilnehmern der Taucheruntersuchung verschwiegen wurde.

Eine weitere Leiche findet sich nach der Auswertung der so genannten Mudline-Videos, die den Bereich der Steuerbordseite des Wracks zeigen, der auf dem Meeresboden aufliegt. Hier fanden die Disengage-Experten auf den Videobändern eine Leiche neben der im Boden steckenden Steuerbordnock.

Warum haben die Schweden die Existenz dieser Leiche ebenfalls nicht erwähnt? Es ist auch unverständlich und war für die estnische Seite der JAIC ein großer Streitpunkt, dass der estnische Teilnehmer bei der Tauchuntersuchung, Aarne Valgma, genau zum Zeitpunkt der Inspizierung der Brücke durch die Taucher weggeschickt wurde. Man hatte ihm gesagt, dass nichts Besonderes inspiziert werden würde und er ein paar Stunden zum Schlafen nutzen könnte. Was er auch tat.

Ich habe Aarne Valgma persönlich interviewt, und er sagte mir: »Ich habe das Gefühl, dass man mich hier austricksen wollte. Man wollte mich bei der Untersuchung der Brücke einfach nicht dabei haben und hat deshalb die Stunden, in denen ich geschlafen habe, genutzt, um die Brückeninspizierung durchzuführen.«

Die Esten haben nur die geschnittenen und manipulierten Videobänder von den Schweden erhalten. Das führte zwar zu ärgerlichen Faxen zwischen dem Vorsitzenden Andi Meister und Olof Forssberg, aber die Esten haben bis heute wohl nicht ein einziges Video im Original gesehen, genauso wenig wie die deutsche Expertengruppe und die Öffentlichkeit.

Bleibt also festzustellen: Zum Zeitpunkt der Tauchuntersuchung durch die Firma Rockwater waren vier Leichen auf der Kommandobrücke der ESTONIA und eine Leiche direkt neben der Steuerbordnock der Brücke.

Zusätzliche Einzelheiten über die drei Leichen, die von den Rockwater-Tauchern erwähnt werden, beschreibt Andi Meister in seinem Buch »Das unvollendete Logbuch«: Das Opfer in der Nähe der Tür an Backbordseite trug einen braunen oder rotbraunen Anzug oder Blazer und das Opfer unter dem Flaggenschrank soll eine Tätowierung an der rechten Hand haben.

Weder Kapitän Andresson noch der Erste Offizier Juhan Herma noch der Vierte Offizier Kikas hatten eine derartige Tätowierung, und keiner von ihnen hat einen rotbraunen Anzug oder Blazer getragen. Damit gibt es mindestens zwei Unbekannte auf der Brücke, die beiden anderen Männer könnten Kikas und Herma sein, vorausgesetzt, dass die Überlebensmeldung von Kikas wirklich ein später Irrtum war, sonst gibt es drei Unbekannte auf der Brücke. Und weshalb versuchen die Schweden bis heute, Anzahl und Identität der Opfer auf der Brücke geheim zu halten? Und wo ist Kapitän Andresson?

Eine Tätowierung auf der Hand ist für erfahrene Polizeiermittler ein wertvoller Ausgangspunkt. Besonders russische und tschetschenische Mafia-Clans pflegen diese Art der nonverbalen Erkennungsmerkmale. Alleine schon anhand des Tätowierungsbildes könnte man Rückschlüsse ziehen. Aber dazu bräuchte man natürlich die Originalvideos. Die würden wahrscheinlich auch Aufschluss über Kapitän Andressons Aufenthaltsort geben. Zwei Informanten vom finnischen Militär versicherten mir, dass sie die Originalvideos gesehen haben und dass sich auf diesen Videos Kapitän Andressons Leiche befindet – klar erkennbar, mit einem Kopfschuss. Dies wurde mir auch noch einmal von einem Mann bestätigt, der dem russischen Geheimdienst nahe steht. Alle haben aber darauf bestanden, dass ich ihre Namen nicht nenne, also muss ich diese Aussagen mit Vorsicht behandeln.

Auch alle übrigen Videos von der Inspektion der Kommandobrücke wurden von der englischen Firma Disengage Bild für Bild analysiert, und dabei konnten nicht nur weitere Manipulationen bewiesen werden, sondern es kamen auch einige, bisher nicht bekannte Tatsachen heraus:

1. die aufgebrochene und abgerissene Verkleidung an der Unterseite der Backbordbrückennock.

Die Auswertung der ROV-Videos vom 2. und 9.10.1994 sowie der Tauchervideos vom 1. bis 4.12.1994 ergibt, dass zunächst am 2.10.1994 ein Teil der Verkleidung nach unten steht und dahinter eine offene Luke sichtbar wird, die in die Kommandobrücke führt. Hier soll das Schmuggelgut verstaut gewesen sein. Am 9. Oktober sind weitere Teile bereits abgerissen, und im Dezember ist schließlich die gesamte Verkleidung der Unterseite verschwunden, sodass man in den vorher geschlossenen Hohlraum blickt, der im Normalfall, abgesehen von einigen Kabeln und Isoliermaterial, leer ist. Offenbar enthielt dieser Leerraum etwas, was Interessierte dazu bewog, es zu bergen;

2. die Aktivitäten anderer Taucher mit anderer Ausrüstung an und im Wrack.

Das Video B40c zeigt, wie der Taucher von Rockwater am oberen Ende der Bugrampe arbeitet und dabei in die Autodeck-Öffnung schaut, als plötzlich ein Froschmann-Taucher im Lichtkegel seines auf dem Helm befestigten Scheinwerfers erscheint, der sofort versucht, aus dem Lichtkegel zu entkommen, jedoch von der Videokamera des Rockwater-Tauchers erfasst und aufgezeichnet wird. Dieser Froschmann verursachte sichtbar keine Blasen. Deshalb kann davon ausgegangen werden, dass er mit einem unabhängigen, geschlossenen Atmungssystem tauchte, so wie es hauptsächlich bei militärischen Tauchern zum Einsatz kommt. Auffällig ist auch der gänzlich andere Anzug, der durchgehend schwarz ist, während die Rockwater-Taucher rote und blaue Anzüge trugen und mit speziellen gelben Stiefeln ausgerüstet waren.

Besonders interessant ist dabei die Tatsache, dass dieser Taucher sich innerhalb des Autodecks aufhielt. Nach Angaben von Rockwater und nach Angaben der schwedischen Auftraggeber des Sjöfartsverket sowie der JAIC aber soll kein einziger Taucher in das Autodeck getaucht sein, weil dies für zu gefährlich erachtet wurde. Ein weiterer, ähnlicher Froschmann wurde dann auch außerhalb der Autorampe zufällig durch die Taucherkamera eines Rockwater-Tauchers erfasst. Bei anderen Gelegenheiten sind Lichter im Inneren des Autodecks zu sehen, obwohl weder die Rockwater-Taucher noch die ROVs im Inneren des Autodecks gewesen sein sollen. Bei einer weiteren Gelegenheit gibt es sogar einen Tonbeweis für die Anwesenheit der zusätzlichen Froschmänner. Der Supervisor von Rockwater weist seine Taucher am Wrack deutlich hörbar an: »Wir haben zu warten, bis sie ihre Taucher zurückgeholt haben.« Und: »Wir müssen draußen bleiben, das Innere [des Autodecks, d. V.] ist nichts für uns.« All das weist darauf hin, dass parallel zur offiziellen Tauchaktion eine andere, geheim gehaltene Tauchaktion verlief, bei der sehr wahrscheinlich auch das Autodeck untersucht wurde.

Warum wurde diese parallele Tauchaktion geheim gehalten? Zu welchen Ergebnissen und Erkenntnissen hat sie geführt? Wer waren diese mysteriösen Taucher, die mit großer Wahrscheinlichkeit militärischen Ursprungs waren? Und was war ihr Auftrag?

3. der Zustand der Steuerbord-Heckrampe.

Die Auswertung der ROV-Videos vom 2. und 9.10.1994 ergab auch, dass sich die Steuerbord-Heckrampe in leicht geöffnetem Zustand befindet. Dieses bedeutet, dass die Rampe nicht verriegelt war. Die Backbord-Heckrampe direkt daneben ist dagegen vollständig geschlossen. Eine Erklärung für diese Entdeckung lieferte u.a. die Aussage des Passagiers Rolf Sörman, der mit seinem Kollegen nach dem Auslaufen aus

Tallinn in einem der Seminarräume an der Steuerbordseite im hinteren Bereich von Deck VI eine Konferenz abhielt: Gegen 21.30 Uhr Bordzeit ertönte plötzlich von unten ein durchdringendes, jaulendes Geräusch, eine Hydraulikpumpe unter Last, wie erfahrenen Fährschiffspassagieren relativ schnell klar wurde. Die Konferenzteilnehmer gingen davon aus, dass dieses Geräusch bald verstummen würde, nämlich sobald der hydraulische Vorgang beendet war. Dem war jedoch nicht so, im Gegenteil, das Geräusch kam und ging, im nahezu gleichen Rhythmus, als ob unten auf dem Autodeck ein Hydraulikaggregat ständig an- und abgeschaltet wurde. Da an eine Fortsetzung der Konferenz unter diesen Bedingungen nicht zu denken war, wurde die Konferenzhostess dringend ersucht, dafür zu sorgen, dass dieses Geräusch abgestellt wurde. Sie kehrte nach ca. 10 Minuten zurück und teilte mit, dass ein Abstellen des Geräusches nicht möglich sei, woraufhin die Konferenz beendet wurde. Rolf Sörman und andere haben das Geräusch der sich an- und abschaltenden Hydraulik jedoch den ganzen Abend sowohl im Seaside-Restaurant auf Deck VI wie auch später im Admirals Pub auf Deck V gehört. Da die zweite Haupthydraulikstation sich direkt unter dem Seminarbereich befand, ist davon auszugehen, dass diese die störenden Geräusche verursacht hat. Da die Steuerbord-Heckrampe nach dem Untergang in leicht geöffnetem Zustand vorgefunden wurde, muss also angenommen werden, dass sie am Abend des 27.9.1994 gegen 21.30 Uhr, als die störenden Hydraulikgeräusche einsetzten, leicht geöffnet und anschließend gegen die ausgefahrenen Eiszylinder gedrückt wurde, wobei die Hydraulik ständig ein- und ausgeschaltet werden musste, um die Rampe in der leicht geöffneten Lage bei dem heftig stampfenden Schiff zu halten. Doch wozu sollte man das gemacht haben? Kapitän Werner Hummel von der deutschen Expertengruppe gab mir dazu folgende Erklärung: »Der Grund kann nur Wasser auf dem Autodeck gewesen sein, das durch die undichte Bugrampe von dem wassergefüllten Visier auf das Autodeck strömte. Deshalb wurde die Steuerbord-Heckrampe leicht geöffnet und das Wasser, das vorne eindrang, floss hinten wieder raus. Über die Steuerbord-Rampe deshalb, weil das Schiff bereits bei Abfahrt eine leichte Steuerbord-Schlagseite hatte, die durch den Wind von Südwest, der von Backbord kam, noch verstärkt wurde. Diese Umstände wären eine mögliche Erklärung dafür, dass das Schiff zuerst mit dem Heck gesunken ist, denn solange die Hydraulikpumpen mit Strom versorgt wurden und ein Mann den Hebel bediente, war alles unter Kontrolle, als aber das Schiff zweimal sehr weit nach Steuerbord überholte und anschließend, innerhalb der nächsten zehn bis zwölf Minuten, 40 bis 45° Schlagseite einnahm, die Hauptmaschinen und kurz darauf auch die Dieselgeneratoren stehen blieben, also damit kein Strom für die Hydraulikpumpe mehr vorhanden war und diese Pumpe auch nicht zu den notversorgten Strombereichen gehörte, konnte die Heckrampe nicht mehr geschlossen werden. Das hat wahrscheinlich zu einem zusätzlichen erheblichen Wassereinbruch über die Heckrampe geführt, und von hier aus konnte das Wasser auch leichter als vom Bug aus seinen Weg in die unteren Decks finden, denn hier befand sich ein großer Lastenaufzug, der bis ins Deck 0 führte. Und hier gab es eine Menge offene Türen in den eigentlich wasserdichten Schotten.« Die weiteren von der Firma Disengage festgestellten Videomanipulationen reichen von einfachen Schnitten an den gleichen markanten Stellen am Wrack, über »rückwärtslaufende« ROV-Uhren bis hin zu Differenzen zwischen den geschriebenen Protokollen und den wirklichen Videoaufzeichnungen. Insgesamt stellten die Experten von Disengage 74 Manipulationen in den vorliegenden Videobändern fest.

Die JAIC und die Kriminalpolizei haben sich dazu bisher nicht geäußert.

Die Meyer-Werft,
die deutsche Expertengruppe
und viele offene Fragen

Anfang 1995, nachdem feststand, dass weder Schiff noch Leichen geborgen würden, und sich mehr als deutlich abzeichnete, dass die JAIC der deutschen Meyer-Werft die Schuld wegen angeblicher Konstruktionsfehler und mangelhafter Bauausführung in die Schuhe zu schieben gedachte, schaltete Bernhard Meyer von der seit Generationen in Familienbesitz befindlichen Werft den Hamburger Seerechtsanwalt Dr. Peter Holtappels ein. Er wollte das Stigma der schlechten Konstruktion und mangelhaften Bauausführung nicht auf seinem weltweit renommierten Unternehmen sitzen lassen. Und er wollte die Wahrheit wissen: Was hatte wirklich zum Untergang der ESTONIA geführt?

Mit dem Auftrag, dies herauszufinden, bildete der Anwalt Dr. Peter Holtappels Anfang 1995 eine Expertengruppe, die German Independent Group of Experts, die genau genommen nicht unabhängig war, sondern die Meyer-Werft als Auftraggeber hatte. Ihre Arbeit war aber nicht parteilich, denn die Interessen der Meyer-Werft, der Angehörigen der Opfer, der Überlebenden und einer interessierten Öffentlichkeit gingen in diesem Anliegen nach Wahrheitssuche weitestgehend konform.

Als Hauptermittler wurde der Schadensgutachter Kapitän a.D. Werner Hummel aus Hamburg eingesetzt. Ihm zur Seite standen diverse Fachleute: Kapitän Håkan Karlsson († Feb. 1997), ehemaliger Kapitän der MV VIKING SALLY, SILJA STAR und WASA KING von Juni 1980 – Oktober 1992. Prof. Dr. Eike Lehmann, Technische Universität Hamburg bis 30.06.1995 (danach wurde Prof. Lehmann Geschäftsführer des Germanischen Lloyd Hamburg und konnte sein Amt bei der German Independent Group of Experts nicht mehr ausüben), Dipl.-Ing. Thomas Wilkendorf, Schiffsbauarchitekt der Jos. L. Meyer GmbH, Papenburg. Weitere beratende Experten waren Prof. Dr.-Ing. Hans Hoffmeister, Universität der Bundeswehr Hamburg; Prof. Dr.-Ing. Walter Abicht, Institut für Schiffbau der Uni Hamburg; Prof. Dr.-Ing. Hansjörg Petershagen, Institut für Schiffbau der Uni Hamburg; Dr.-Ing. Zenon Hirsch, Schiffbauarchitekt, Hamburg; Kapitän Peter Jansson, Helsinki/Finnland; Veli-Matti Junnila, Stabilitätsexperte, Turku/Finnland; Kapitän Erland von Hofsten, Vorsitzender der schwedischen Seemanns-Stiftung und schwedischer Beobachter, Gothenburg/Schweden; Bryan E.W. Roberts, Experte, Churchgate/UK; Brian Braidwood, Unterwasser- und Explosionsexperte, Weymouth/UK und Jonathon Bisson, Videoexperte, Axminister/UK.

Die Ermittlungen dieser Gruppe gingen weit über die Untersuchungen hinaus, die die JAIC angestellt hatte, und alle Informationen und Untersuchungsergebnisse wurden stets sofort und ohne Vorbehalte veröffentlicht. In zwei Ausstellungen in Stockholm im Sommer 1997 und im Winter 1997 präsentierte die Gruppe ihre sämtlichen Untersuchungsergebnisse, die zum Teil konträr zu denen der JAIC stehen. Schließlich legte sie auch noch ihren vorläufigen Endbericht im Dezember 1999 einem schwedischen Gericht vor und stellte diesen Report zur Veröffentlichung ins Internet.[1] Eine nochmalige Aktualisierung ist derzeit geplant.

Doch all diese redlichen Bemühungen um die Veröffentlichung der Wahrheit haben bisher nichts bewegt. Ganz im Gegenteil.

In Paris, in einem Verfahren, das eine schwedische Angehörigenorganisation gegen die Meyer-Werft, das schwedische Sjöfartsverket, Bureau Veritas und das Finnish Board of Navigation als Sammelklage führt, wird die Zuweisung der Hauptschuld auf die Meyer-Werft, so wie es sich aus dem Abschlussbericht der JAIC von 1997 entnehmen lässt, bisher als Wahrheit vom Gericht vorausgesetzt. Das Gericht hatte zuerst wegen des diplomatischen Drucks aus Schweden[2] den Prozess gar nicht eröffnen wollen. Der zuständige Richter hatte sich 1996, als die Klage eingereicht wurde, auf den Standpunkt zurückgezogen, dass in Frankreich kein Prozess eröffnet werden kann, solange etwaige Prozesse in Schweden noch nicht abgeschlossen sind. Diese Situation hat sich im Sommer 2001 verändert, da seitdem keine Prozesse in Schweden mehr laufen. Man kann gespannt sein auf die nächsten Schritte, die hier noch folgen werden. Es liegt ganz im Ermessen der Richter, eine neue Untersuchung des Wracks oder gar des ganzen Falles anzuordnen, und ich bin überzeugt davon, dass das auch die Ermittler der deutschen Expertengruppe begrüßen würden.

Obwohl die Videoaufnahmen, die die JAIC der Öffentlichkeit zur Verfügung gestellt hat, nichts Wesentliches erkennen lassen, gelang es, auch auf den qualitativ schlechten Videos noch einiges zu erkennen, was der Wahrheitsfindung wieder ein Stückchen weiterhalf.

---

1 www.estoniaferrydisaster.net

2 lt. Brief vom schwedischen Transportministerium vom 24.10.1996 mit der Bestätigung, dass man beim Gericht in Paris sofort Staatsimmunität geltend gemacht hatte.

Besonders auffällig war ein kleines orangefarbenes Paket, das dem deutschen Experten Kapitän Werner Hummel nach stundenlangem intensivem Ansehen der finnischen ROV-Videos aufgefallen war. Dieses Paket befand sich am Bug der ESTONIA an Backbord nahe der Bugvisierverriegelung und des Bugrampenzylinders. Dass dieses Paket dort nicht hingehörte, war offenbar auch dem ROV-Operator klar geworden, denn er hatte mit der Optik der Roboterkamera extra auf dieses Objekt gezoomt, um es größer betrachten zu können, und hatte dann sogar noch auf Farbe umgeschaltet.

Als mich Werner Hummel auf diesen Videoausschnitt aufmerksam machte, rätselten wir zusammen, was das nur sein könnte. Hier brauchte man weiteres Expertenwissen. So kontaktierte ich den Sprengexperten Martin Volk in Berlin.

Nach dem Zweiten Weltkrieg lagen in und um Berlin tausende von Bomben, die nicht explodiert waren. Bis heute werden solche Blindgänger immer wieder bei Bauarbeiten oder durch sonstige Zufälle gefunden. Jedesmal herrscht dann Großalarm, werden ganze Straßen abgesperrt und Menschen aus ihren Häusern evakuiert. Doch zu größeren Explosionen ist es nie gekommen, denn meistens hat Martin Volk es geschafft, die Bomben entweder zu entschärfen oder wenigstens kontrolliert zur Explosion zu bringen. So wurde er zum meistbeschäftigten Spezialisten in Spreng- und Explosionsfragen des Berliner Landeskriminalamtes und dann in den 70er-Jahren auch bei Terroranschlägen als Spezialist geholt. Vierzig Jahre hat er täglich sein Leben riskiert. Durch brillante Kombinationsgabe, ruhiges und überlegtes Handeln und einen sehr wohlmeinenden Schutzengel war Martin Volk zum gefragten Experten geworden.

Gleich bei unserem ersten Treffen zeigte ich Martin Volk das Videomaterial. Er sah sich konzentriert das verdächtige orangefarbene Paket an. Mehrfach spulten wir das Band hin und her, stoppten und schalteten auf Einzelbildansicht. Volk sagte mir, dass er nicht vorschnell seine Meinung bilden wolle, und so trennten wir uns ohne Ergebnis. Doch schon nach ein paar Tagen rief er mich an und fragte, ob ich Zeit hätte, mir Material anzusehen.

Natürlich hatte ich.

Kurze Zeit später legte er mir einen Riegel auf den Tisch, der aussah wie Rohknetmasse. Volk lachte über meine Bemerkung, denn so falsch lag ich gar nicht. Es handelte sich um Sprengstoff, der zwar in Riegelform geliefert wird, aber in der Tat knet- und verformbar ist. »Ohne einen Zünder«, so versicherte er mir wegen meiner besorgten Miene, »vollkommen harmloses Zeug.«

Bei genauer Betrachtung fiel mir dann schnell die Ähnlichkeit dieses Riegels und des auf dem Video sichtbaren Paketes auf. Ein halber Riegel hatte ungefähr die Abmessungen dieses Paketes. Volk hielt es zumindest für wahrscheinlich, dass es sich um ein nicht explodiertes Sprengstoffpaket handelte. Eine dahinter liegende Platte, die man ebenfalls deutlich auf dem Video sah, könnte womöglich eine Magnetplatte zur Befestigung am Metall sein und eine sichtbare Unebenheit in der Struktur der Paketoberfläche, so meinte Martin Volk, könnte auf einen Zünder hindeuten, der abgefallen sei und deswegen das Ganze auch nicht zur Sprengung gebracht hatte. Doch ein wirklicher Beweis sei es nicht. Ein Indiz allenfalls, betonte Martin Volk, und aus ihm sprach der Kriminalbeamte, der er Zeit seines Lebens gewesen war. Doch er lieferte auch gleich einen guten Vorschlag mit, wie man in der Beweisführung weiterkommen könnte. Er erklärte mir, dass jede Sprengung im Metall unauslöschliche Spuren hinterlässt und man deswegen eine Metallprobe bräuchte, anhand derer man eine Sprengstoffanwendung nachweisen könnte. Idealerweise sollte diese Metallprobe vom Bugbereich der Steuerbordseite stammen und zwar aus den Abschnitten, wo die Beschädigungen schon rein optisch nach Sprengschäden aussahen. Oder man müsste eine Probe von den entsprechenden Bereichen des geborgenen Bugvisiers entnehmen und im Labor untersuchen lassen.

Das war leichter gesagt als getan, denn als ich mithilfe des Rechtsanwaltes Henning Witte eine solche Probe vom Bugvisier für Untersuchungszwecke anforderte, erhielten wir vom schwedischen Transportministerium lapidar die Auskunft, dass die betreffenden Teile abgebrannt worden und Reste nicht mehr vorhanden seien, also Material für Untersuchungszwecke nicht mehr zur Verfügung stünde. Kurze Zeit später wurde das Bugvisier von Finnland nach Schweden transportiert, wo es im Auftrag des schwedischen Transportministeriums noch heute, vom Militär bewacht, lagert. Jemals eine Genehmigung zum Abtrennen von Metallteilen zu erhalten, schien aussichtslos. Meine Recherchen waren an eine Barriere gestoßen, die unüberwindbar schien. Wir konzentrierten uns also auf die Videos.

Werner Hummel zeigte die Videos vom Bugbereich Brian Braidwood, einem englischen Explosionsexperten, der seit 34 Jahren im Dienst der englischen Königin als Marinetaucher gestanden hat, ein Sabotage- und Antiterror-Spezialist im Range eines Lieutenant-Commander, verantwortlich für alle operativen Tauch- und Kampfeinsätze östlich von Suez, die mit Explosionen an Schiffen zu tun hatten, ein häufig von der Regierung Großbritanniens an die Regierung Neuseelands entliehener Gutachter und Berater, z. B. im Fall des vom französischen Geheimdienst durch einen

Sprengstoffanschlag versenkten Greenpeace-Schiffes Rainbow Warrior. Kurz: der Mann für schwierigste Einsätze über und unter Wasser. Es gab wahrscheinlich kaum jemanden in Europa mit mehr Erfahrung, wenn es um Explosionen im Zusammenhang mit Schiffen geht.

Zum ersten Mal warf er Anfang 1999 einen Blick auf ein Video vom Estonia-Wrack, und er brauchte nicht sehr lange, bis seine Diagnose feststand: Die Schäden im Bugbereich des Schiffes stammen von Explosionen. Fasziniert schaute er sich das gesamte Videomaterial an und fertigte für die deutsche Expertengruppe schließlich im März 1999 ein Gutachten.

Er verglich die Backbordseite im Bereich der Visierverriegelungen vom Wrack (durch die vorhandenen Videos) und des dazu gehörenden Gegenstücks auf der Bugvisierseite mit der gegenüberliegenden Steuerbordseite und dem dazu gehörenden Gegenstück am Bugvisier.

Glücklicherweise gab es noch genügend Fotomaterial aus der Zeit, nachdem das Bugvisier geborgen worden war, denn die JAIC hatte auch hier ganze Arbeit geleistet und alle explosionsverdächtigen Teile inzwischen abbrennen lassen. Aber das Foto- und Videomaterial reichte aus, um sogar Laien zu demonstrieren, dass es im Bereich der Steuerbord-Visierverriegelung zu einer Explosion gekommen war, während es im Backbordbereich tatsächlich nach einer mechanischen Beschädigung, also einem Abriss, aussah. Um noch einmal daran zu erinnern: An Backbord war auf dem ersten finnischen ROV-Video das verdächtige kleine Paket aufgefallen, das der Berliner Polizeisprengmeister Martin Volk mit ziemlicher Sicherheit als eine »nicht explodierte Sprengladung« identifiziert hatte.

Im August 1999 reichte Brian Braidwood dann noch eine Ergänzung zu seinem ersten Bericht nach, in dem er sich vorwiegend dem sehr großen Loch im Estonia-Frontschott an Steuerbord widmete.

Dieses Loch war deswegen beachtenswert, weil hier ein Loch an einer Stelle war, wo sich normalerweise überhaupt keine Öffnung in der Schiffswand befand. Die JAIC hatte in ihrem Bericht dieses Loch auf eine Weise erklärt, die allen physikalischen Gesetzen widerspricht: der abgerissene, dahinter liegende Hydraulikzylinder hätte es verursacht.

Besagter Zylinder steht aber parallel zu diesem Loch, d.h. dass der Zylinder mit seiner Seite dieses Loch hätte verursachen müssen. Da es sich bei der Estonia-Schiffswand um 0,8 cm dicken Stahl handelt, ist dies absolut unmöglich. Solche Kräfte könnte der Zylinder gar nicht entwickeln und schon gar nicht seitlich, zudem hängt er noch heute fast unbeschädigt am Bugvisier, was eher darauf schließen lässt, dass er vom Bugvisier durch dieses Loch gezogen wurde, als es schon vorhanden war. Außerdem zeigte dieses Loch, wie keine andere Beschädigung an der Estonia, das typisch aufgesplitterte Erscheinungsbild einer Explosion. »Wie bei einer aufblühenden Tulpe«, beschrieb es Brian Braidwood mir während eines Interviews.

Als die deutschen Experten im Januar 2000 ihren eigenen Untersuchungsbericht inklusiv der Gutachten von Brian Braidwood der schwedischen Regierung vorlegen, gibt die zuständige Ministerin Mona Sahlin innerhalb von nur wenigen Stunden nach Erhalt des Berichts eine bemerkenswerte Erklärung an die Presse: Sie habe den Bericht der deutschen Werft prüfen lassen, er enthalte »nichts Neues«. Der Fall ESTONIA sei abgeschlossen.

Doch es gibt noch viele andere offene Fragen.

Die Videos, die Anfang Dezember 1994 von der Firma Rockwater im Auftrag der schwedischen Regierung während der Wrackuntersuchung gemacht wurden, bestehen zum einen aus den Aufnahmen, die durch die Taucher gemacht wurden, und zum anderen aus den Aufnahmen, die von begleitenden ROVs gefilmt wurden. Auf den Videos, die von den Tauchern durch ihre Helmkameras gefilmt wurden, befindet sich jeweils auch Ton. Klar und deutlich ist die Stimme zu hören mit den Anweisungen des Einsatzleiters, der sich 80 Meter über den Tauchern im Kontrollraum der Tauchplattform SEMI I befand. Natürlich hört man auch die Stimmen der Taucher, die jedoch durch den Einfluss des Heliums im eingeatmeten Gasgemisch ein wenig wie Micky-Maus-Stimmen klingen. Trotzdem kann man die Dialoge sehr gut verfolgen, wenn man sich ein wenig in diese Art der Konversation eingehört hat.

Auf den Videos der ROVs befindet sich nur der Ton der Leute, die 80 Meter über dem Wrack von der Taucherplattform aus die Fernsteuerung bedient haben und die ihre eigenen Aktionen kommentieren. Meistens handelt es sich dabei um einen Operator, der das jeweilige ROV steuerte. Einige dieser Videobänder sind besonders interessant, das Band mit der Nummer B40b der Taucher und das Band vom Sprint-ROV vom 03.12.1994, weil beide Bänder zur selben Zeit aufgenommen wurden.

Die Situation ist folgende: Einer der Taucher steht am Steuerbordbug des Wracks, auf Höhe der etwas geöffneten Autorampe. Man kann durch seine Helmkamera ein ROV herankommen sehen, welches er offenbar durch die Autorampenöffnung hindurchleiten soll, damit das ROV auf das Autodeck gelangen kann.

Die Öffnung der Autorampe ist aber zu klein für das ROV, und der Taucher informiert seinen Einsatzleiter darüber, indem er demonstrativ mit einem mitgeführten Brecheisen zeigt, dass die Öffnung zu klein ist.

Gleichzeitig sagt er aber zum Einsatzleiter, der von der Tauchplattform aus die Operation leitete und mit den Tauchern in Sprechfunkverbindung steht, den erstaunlichen Satz: »Go down and left and you'll get in.«[1] Er wiederholt diese Angabe sogar noch einmal, weil der Einsatzleiter nicht sofort bestätigt, dass er verstanden hat. Das ROV senkt sich daraufhin gerade hinab, und der Taucher sieht ihm noch nach. Das ROV-Video, welches genau diese Situation zeigt – nur vom ROV aus gesehen –, senkt sich nach diesem Dialog ab und schlägt kurze Zeit später auf dem Meeresgrund auf. Dann nimmt es den vorgeschlagenen Weg nach links, und ohne irgendwo gegenzustoßen, gelangt es plötzlich an eine Stelle, wo Zementsäcke auf dem Boden stehen. Der Operator des ROV stellt daraufhin fest, dass sich das ROV auf dem Autodeck befindet, und man vernimmt recht aufgeregte Stimmen im Hintergrund, die sich alle dazu äußern, dass das ROV auf dem Autodeck ist.

Diese Situation lässt für mich nur einen Schluss zu: An Steuerbord der ESTONIA, ziemlich weit vorne im Bugbereich, muss sich zu diesem Zeitpunkt ein Loch im Schiffsrumpf befunden haben, denn sonst ist es nicht erklärbar, dass das ROV ungehindert auf das Autodeck gelangen konnte.

Auch der Einsatzleiter der Rockwater-Taucher David Becket sagte in der Sendung am 02.01.2000 gegenüber Spiegel TV Magazin, dass man sehr leicht auf das Autodeck gelangen konnte, und zwar nicht durch die Autorampe. Aber wie das möglich gewesen sei, »habe ich vergessen«.

Einige Experten der JAIC, die man später mit dieser Tatsache konfrontierte, behaupteten, dass sich das ROV niemals auf dem Autodeck befunden habe, sondern auf dem Meeresgrund gefilmt habe und das, obwohl sogar das offizielle Rockwater-Protokoll eine Eintragung über diese Aktion auf dem Autodeck vermerkt und damit aktenkundig gemacht hat. Doch selbst in dem Fall, dass das ROV nicht aufs Autodeck gefahren ist, bliebe zu klären, wie eine riesig große Palette mit Zementsäcken, also ein Teil der Ladung, neben das Schiff gekommen ist, obwohl doch die Öffnung der Autorampe zu schmal war, um das ROV durchzulassen. Es muss also in jedem Fall eine große Öffnung im Schiffsrumpf geben.

Außerdem bleibt vollkommen ungeklärt, wieso der Taucher so sicher war, dass sich weiter unten, also in diesem Fall an Steuerbord, denn nur diese Seite lag noch unter ihm, eine Öffnung in der Schiffswand befindet, die groß genug ist, damit das ROV auf das Autodeck vordringen konnte.

Die ungeklärten Umstände durch eine Befragung der Taucher zu beleuchten, wäre natürlich in diesem Falle das Beste, aber da sich alle vorher schriftlich verpflichten mussten, lebenslang keinerlei Aussagen zu machen, ist eine Bemühung darum zwecklos.

---

1 Go down and left and you'll get in (engl.): Geht runter, nach links und dann kommt ihr rein.

Auch ein anderes Videoband ist in diesem Zusammenhang hochinteressant. Es trägt die Bezeichnung NMA Band II.

Hier kann man beobachten, wie ein Taucher durch eine Öffnung geht, die vorher mit dem Schneidbrenner in die oben liegende Seite des Wracks hineingeschnitten worden ist – von den Rockwater-Tauchern im Auftrag des Sjöfartsverket. Begründung: Man wollte in einige Korridore von Deck I eindringen und Kabinen öffnen, um festzustellen, ob man leicht an die Toten herankommt für einen späteren eventuellen Bergungsfall.

Auf dem Videoband Nr. 11K. RW/SEMI I/Est vom 03.12.1994 kann man einem Taucher folgen, der sich durch dieses Loch in den dahinter liegenden Korridor begibt. Er befindet sich damit auf Deck I, dem Deck unterhalb des Autodecks im vorderen Bereich. Zuerst bricht dieser Taucher nach Anweisung einige Kabinen auf, ohne aber auch nur einen einzigen Toten zu finden. Die Kabinen in diesem Korridor waren also wahrscheinlich nicht belegt. Dann kommt er zu einer Wendeltreppe, die in das noch darunter liegende Deck 0 führt. Hier befinden sich im vorderen Schiffsbereich das Schwimmbad und die Sauna. Man erkennt an einer Tür das Wort »Pool«. Als sich der Taucher nun in diesem Vorraum zur Sauna umsieht, entdeckt er ganz viel Sand. Er stochert sogar darin herum und kommentiert, dass er »debris and sand«[1] gefunden hat. Dann bekommt er vom Einsatzleiter die Anweisung herauszukommen, da man weiter hinten im Wrack weiter suchen will.

Diese Feststellung, die der Taucher hier trifft, wird weder vom Einsatzleiter richtig zur Kenntnis genommen noch später irgendwie ausgewertet. Doch wie kann eine so wichtige Tatsache ignoriert werden? Ein Taucher hat im Deck unterhalb des Autodecks, also in einem Deck, das hermetisch nach außen hin abgeschlossen ist, weil es sich unterhalb der Wasserlinie befindet, in einem Vorraum zur Sauna SAND gefunden. Dieser kann nur durch eine Öffnung im Schiffsrumpf dorthin gelangt sein, ein Loch, eine Beschädigung auf der anderen Seite, also an Steuerbord, durch die beim Aufsetzen auf den Meeresboden hier Sand eingedrungen sein könnte.

Der Sand in der Sauna ist nur ein weiteres Indiz für eine Tatsache, die mir bereits von einem Informanten aus dem schwedischen Sjöfartsverket Anfang 1996 mitgeteilt wurde: »Das Loch auf der Steuerbordseite ist im inneren Kreis des Sjöfartsverket ein offenes Geheimnis.« Auch die Tatsache, dass die freigegebenen Videos immer an der Stelle gekürzt oder

---

1 debris and sand (engl.): allerhand Zeug und Sand.

geschnitten worden sind, wo man den vorderen Steuerbord-Bugbereich sehen müsste, ist ein Hinweis auf die Richtigkeit dieser Aussage, ebenso wie die Tatsache, dass die JAIC von Anfang an überhaupt keinen Wert legte auf gründliche Ermittlungen unter Wasser, ja sogar bei der vom schwedischen Staat für 7,5 Mio. Kronen in Auftrag gegebenen Tauchuntersuchung des Wracks im Dezember 1994 nur einen Ermittlungsauftrag erteilte, ohne Videodokumentierung und ohne Protokollführung. Alles deutet darauf hin, dass man wahrscheinlich um die Hauptuntergangsursache bereits vom ersten Moment an wusste. Man war an weiteren Ermittlungen deshalb gar nicht mehr interessiert.

Am 18. Oktober 1994 schrieb der immer außerordentlich gut informierte Journalist Anders Hellberg in *Dagens Nyheter*, nach einem Gespräch mit Sten Andersson vom Sjöfartsverket:

»Bugvisier hat Löcher gerissen

ESTONIAS Bugvisier hat große Löcher in den Schiffsrumpf gerissen, als es selber abriss. Zusammen mit der teilweise geöffneten Autorampe bewirkten diese Löcher, dass Wasser in großen Mengen auf das Autodeck fluten konnte, sodass sich die Stabilität des Schiffes komplett veränderte.

Auch von anderen, sehr gut informierten Kreisen hat *Dagens Nyheter* die Information erhalten, dass Löcher im Rumpf dazu beitrugen, dass Wasser so schnell in das Schiff eindringen konnte. Wie *Dagens Nyheter* mitgeteilt wurde, weist dieses Szenario auf gewaltige mechanische Beschädigungen und große Löcher im Rumpf hin. Diese Löcher befinden sich unterhalb der Wasserlinie.«

Im Winter 1999 traf der schwedische Anwalt Henning Witte auf einer Weihnachtsfeier den Taucher Hakan Bergmark. Bergmark behauptete, dass er an einer Tauchaktion beteiligt gewesen sei, die am 5./6. Oktober 1994 mit ca. zehn Tauchern aus Schweden und anderen Ländern im Auftrag des schwedischen Räddningstjänsten[1] zur ESTONIA getaucht waren, um eine erste Inspektion des Schiffes vorzunehmen. Bergmark behauptete außerdem, dass er und einige seiner Kollegen dabei ein großes Loch auf der Steuerbordseite des Schiffes im vorderen Bereich gefunden hätten. Da Bergmark ein von der schwedischen Marine ausgebildeter UDT[2]-Taucher

---

1 Räddningstjänsten (schwed.): Rettungswerk.
2 UDT: Underwater Demolition Troups.

war, konnte er vom Erscheinungsbild des Loches her ohne Zweifel beurteilen, dass es von einer Explosion stammte und zwar von einer, die sich im Inneren des Schiffes ereignet hatte, da die Stahlplatten von innen nach außen aufgerissen waren. Er wiederholte diese komplette Aussage mir gegenüber sogar noch einmal vor der Kamera und fertigte während der Filmaufnahmen eine Zeichnung von diesem Loch an.

Später, im Sommer 2000, gab er noch einmal ein Statement gleichen Inhalts gegenüber der schwedischen Zeitung *Expressen* ab, die dieses Interview auch abdruckte.

Das von mir gefilmte Interview mit Bergmark hat Spiegel TV nie gesendet, da sich später Anhaltspunkte dafür ergeben haben, dass Bergmark vorbestraft ist. Damit war er Spiegel TV nicht glaubwürdig genug. Ob die Aussage von Bergmark wahr ist oder nicht, konnte ich auch in den folgenden Monaten nicht klären. In seinem Taucherbuch, das jeder Taucher führt und das Tauchstunden, Orte und Daten festhält, findet sich aber eine entsprechende Eintragung. Unterschrieben wurde diese Eintragung von einem (laut Bergmark) ihm vorgesetzten Offizier der schwedischen Marine. Als Henning Witte diesen Mann aufsuchte, mochte der die Tauchaktion nicht bestätigen und gab an, sich an die Eintragung in Bergmarks Taucherbuch nicht mehr zu erinnern. Daraufhin bat Henning Witte diesen Offizier um eine Schriftprobe. Der Mann willigte ein und schrieb den gleichen Text noch einmal ab. Eine Schriftanalyse, die ich später von einem graphologischen Gutachter in Berlin machen ließ, bestätigte, dass die Handschriften identisch sind, der Offizier also tatsächlich die Eintragungen in Bergmarks Taucherbuch gemacht hat. Ob damit auch die Tauchaktion stattgefunden hat, die Bergmark beschreibt, ließ sich leider nicht feststellen.

Fakt bleibt, dass das Sinkverhalten des Schiffes ganz deutlich auf eine Beschädigung unterhalb des Autodecks hindeutet. Im konkreten Fall bedeutet das, dass nur bei einer Beschädigung unterhalb der Wasserlinie das eindringende Wasser sämtliche Luft sofort nach oben verdrängt hätte, bis der Wasserstand außen, also auf der Ostsee, und im Innern des Schiffes ausgeglichen war. Bei einem Wassereinbruch über die Autorampe, so wie es dem Szenario der JAIC zu entnehmen ist, wäre jedoch genau das Gegenteil passiert. Das hereindrängende Wasser hätte erst auf die unteren Decks laufen müssen. Da sich dort aber so viel Luft befand, die nicht so schnell hätte entweichen können, wäre diese Luft im Moment des Kenterns eingeschlossen worden, und das Schiff hätte kieloben wahrscheinlich noch einige Tage getrieben. Außerdem hatten viele Überlebende, die ihre Kabinen unterhalb des Autodecks hatten, von Wasser auf ihrem Deck, noch bevor das Schiff überhaupt Schlagseite bekam, berichtet. Deshalb ist eine Beschädigung im Rumpf, unterhalb der Wasserlinie, sehr wahrscheinlich. Doch wie würde sich die Existenz dieses Lochs beweisen lassen?

Eine nochmalige Tauchaktion schien die einzige Möglichkeit.

Die Wahrheit liegt
auf dem Meeresgrund

Jahrelang hatte ich Unmengen von Fakten gesammelt und mit etlichen Zeugen gesprochen. Ich hatte auch gerade wieder einen Bericht für Spiegel TV, diesmal über ein ganz neues Gutachten des englischen Explosionsexperten Brian Braidwood, gemacht. Vermutungen, Theorien, Gutachten und Zeugen, die alles sagen, nur nicht vor der Kamera – weiter war ich nach sechs Jahren noch nicht gekommen. Es fehlte immer noch ein handfester Beweis für die Explosionen. Doch dafür waren Materialproben vom Wrack nötig.

Da rief mich eines Abends im März 2000 der Amerikaner Gregg Bemis an. Er wollte Informationen über den Fall ESTONIA, und schwedische Taucherfreunde hatten ihm meine Telefonnummer gegeben, weil sie wussten, dass ich umfangreich recherchiert hatte. In den nächsten acht Wochen entwickelte sich zwischen uns ein reger Fakten- und Gedankenaustausch. Als wir beide davon hörten, dass die Angehörigen- und Überlebendenorganisation AgnEF Ende Mai in Stockholm eine Konferenz über die neuesten Fakten im ESTONIA-Fall veranstalten wollte, beschlossen wir spontan, teilzunehmen und uns dort persönlich kennenzulernen. Mein Partner Kaj und auch unsere beiden Kinder wollten gerne mitkommen, und so machten wir uns alle per Auto mit der Fähre Rostock – Trelleborg auf den Weg.

Die Stockholm-Konferenz – ein Zwischenergebnis?

Für die Organisation AgnEF war es nicht leicht, für ihre Konferenz weltweit qualifizierte Spezialisten zu gewinnen. Das Erstaunliche aber war, dass dann jeder Einzelne von ihnen die Theorien der JAIC widerlegte.

Der englische Explosionsexperte Michael Fellows, unterstützt von seinem Kollegen Brian Braidwood, der schon den ersten Verdacht auf Explosionen an Bord der ESTONIA begründet hatte, stellte eine Begutachtung des Schadensbildes im Bugbereich vor und lieferte gute Argumente, warum er zu dem eindeutigen Ergebnis kam, dass es sich um Explosionsschäden handelte. Auch beeindruckte der Universitätsdozent für Schiffbau Prof. Dragos Vassalos von der Strathclyde University in Glasgow mit einer sachlich fundierten wissenschaftlichen Computeranimation. Anhand von Berechnungen verschiedener Faktoren bewies er, dass das Sinkverhalten der ESTONIA nicht durch einen Wassereinbruch allein über das Autodeck erklärbar ist.

Mich beeindruckte als Beobachterin während dieser zweitägigen Konferenz, dass viele Themen noch einmal detailliert behandelt wurden, die bisher ungeklärt geblieben oder von der JAIC unbefriedigend erklärt worden waren. Nur zwei Mitglieder der JAIC, ein technischer Experte und eine Sekretärin aus Stockholm, waren zu dieser Konferenz gekommen, wollten sich aber im Verlaufe der Veranstaltung in keiner Weise äußern.

Der letzte Redner war Gregg Bemis. In ruhiger, sachlicher Art schlug er vor, dass man eine Tauchaktion zum Wrack unternehmen sollte, anstatt weiter zu spekulieren. Das Beweisstück sei doch vorhanden und liege nur rund 80 Meter tief im Wasser.

Seine Rede wurde von allen Anwesenden sehr wohlwollend aufgenommen. Es war eigentlich eine nahe liegende Lösung. Die Schweden konnten zwar ihre eigenen Staatsangehörigen daran hindern, aber weder Amerikaner noch Deutsche oder Angehörige anderer Nationalitäten. Trotzdem hielten viele die Idee für sehr gewagt, denn es war klar, dass jeder, der es wagen würde, dieses Tauchverbotsgesetz der schwedischen Regierung zu ignorieren, mit der geballten Gegenreaktion des schwedischen Staates rechnen musste.

Gregg Bemis hatte eine Rechtsexpertin aus Brüssel mitgebracht, die sich bestens im internationalen und europäischen Recht auskannte und bestätigte, dass Angehörige aller Länder, die das schwedische Spezialgesetz nicht in ihre eigene Rechtsprechung übernommen hatten, nicht belangt werden könnten. Diese Ansicht wurde auch von einem schwedischen Rechtsprofessor vertreten, der sehr zum Ärger seiner eigenen Regierung hier ebenfalls seine Expertise zur Verfügung stellte.

Während dieses Thema auch nach Beendigung der Konferenz lebhaft diskutiert wurde, kam Gregg Bemis auf mich zu und erklärte mir seine Absicht: Er wolle eine Tauchexpedition zur ESTONIA organisieren.

Am Ende, als ich ihm rund 15 Minuten geduldig zugehört hatte, streckte er mir seine Hand entgegen. »Jutta, bist du dabei? Kommst du mit zur ESTONIA?«

Hatte ich da was verpasst? Davon war bisher noch nicht die Rede gewesen. Ich sollte mitkommen? Warum ausgerechnet ich?

»Weil du schon mal dort warst.«

Da musste ich lachen. »Gregg, da ist doch nur Wasser, da gibt es doch nichts wiederzuerkennen«, hielt ich ihm entgegen.

»O doch, wer schon einmal dort war, kennt sich aus. Strömung, Wind und Wettereinflüsse, Lage des Wracks und tausend andere wichtige Details. Du bist die Richtige, um mich zu begleiten.« Er streckte mir immer noch seine Hand entgegen.

Ich zögerte immer noch. »Und wie sollen wir das finanzieren?«

»Über Sponsoren vielleicht«, sagte Gregg mit seinem allerbreitesten amerikanischen Akzent.

Wieder musste ich lachen. Typisch Amerikaner, dachte ich und sagte es auch: »Das funktioniert vielleicht in Amerika, aber ich bezweifle, dass es hier funktionieren wird.«

Gregg hielt mir immer noch die Hand hin. »Well…«

Ich dachte nach und versuchte, die Idee noch eine Weile zu ignorieren, aber innerlich wusste ich schon jetzt, worauf es hinauslaufen würde. Dann sagte ich: »Du hast Recht, wenn wir es jetzt nicht tun, wird es in den nächsten hundert Jahren keiner tun.«

Wir gaben uns die Hand und ahnten beide, dass sich zukünftig für uns vieles im Leben verändern würde.

Der Kampf ums Wrack:
Tauchexpedition zur ESTONIA

In den nächsten Wochen gestalteten sich die Vorbereitungen der Tauchexpedition sehr schwierig. Gregg und ich hatten Arbeits- und Aufgabenteilung beschlossen. Er sollte technische Spezialisten aus seinen diversen Firmen zusammenstellen und das Equipment organisieren: modernstes Sidescan Sonar, ein ROV der Phantom-Reihe, besonders geeignet für solche Einsätze, und ein Hightech Computer-Navigationssystem. Gregg war in Amerika Mitinhaber diverser Tauchfirmen, Bergungsunternehmen und Herstellerfirmen für Unterwasserausrüstungen, daher machte ihm die Beschaffung keinerlei Schwierigkeiten. Für mich sah die Sache anders aus. Ich sollte das passende Schiff chartern, das möglichst von einem deutschen Hafen auslaufen konnte, und ich sollte mich um die Fahrtroutenlogistik sowie um den Kontakt zu einer Tauchergruppe kümmern, die Gregg zusammengestellt hatte.

Am schwierigsten war die Beschaffung des Schiffes. Es musste groß genug sein, um mindestens 15 Expeditionsteilnehmer und eine gut ausgebildete und zahlenmäßig nicht unterbesetzte Schiffsbesatzung unterzubringen. Dadurch kamen nicht viele Schiffe in Frage, und außerdem winkten die meisten Eigner ab, weil sie mit der schwedischen Regierung nicht in Konflikt geraten wollten.

Schließlich hörte ich von der KOMET, dem alten deutschen Vermessungsschiff, das in Cuxhaven lag und gerade umgebaut worden war und auf einen Käufer wartete. Es hieß jetzt ONE EAGLE, war umgeflaggt worden und gehörte seit kurzem einer Gesellschaft mit Sitz auf der Insel St. Vincent auf den Grenadinen. Die Eignergesellschaft hatte kein Problem mit meiner Charter-Anfrage für unsere Expedition. Eine Crew könne auch innerhalb von zwei bis drei Wochen zusammengestellt werden, einen kompetenten Kapitän gab es schon. Fast zu perfekt. Wo war der Haken?

Der machte sich dann sehr schnell bemerkbar in Form des Preises: 100.000 US-Dollar für 14 Tage plus Kosten für den Treibstoff. Das überstieg meine Erwartungen. Zählte man noch all das Equipment dazu, das z. B. die Taucher benötigen würden, und alle weiteren Kosten, so würde dieser Teil der Expedition bereits rund 300.000 DM kosten. Ich musste an Greggs Worte in Stockholm denken: Sponsoren. Vielleicht sollte ich mich tatsächlich um welche bemühen.

Wer konnte ein Interesse daran haben, uns zu helfen? Vielleicht die Werft der ESTONIA in Papenburg? Fehlanzeige. Die Meyer-Werft lehnte ab, sie wollte nicht involviert werden. Lediglich Werner Hummel, der sich wie ich intensiv in den letzten sechs Jahren mit dem Fall befasst hatte, bot mir an, dass ich mir bei technischen Fragen jederzeit bei ihm Rat holen könne.

Wir rechneten. Einen Teil der Kosten, vielleicht sogar alles, würden wir über den Verkauf der Medienrechte zurückbekommen. Und falls ein Rest bleiben sollte? Würden wir auf den Kosten sitzen bleiben.

Tage des Zweifels folgten. Etliche Telefonate zwischen Gregg und mir. Die Zeit rauschte dahin. Der Sommer würde schon bald zu Ende sein, und dann war die Chance für dieses Jahr vertan. Und so entschieden wir uns schweren Herzens: Wenn niemand mitziehen wollte, dann würden wir es ganz alleine machen müssen. Gregg war ein erfolgreicher Geschäftsmann, ihn traf die finanzielle Belastung nicht so hart. Anders bei mir. Den größten Anteil würde ich aus eigener Tasche zahlen müssen, und nur einen kleinen Anteil konnte ich unserer Filmfirma zumuten. Die Taucher wollten keine Bezahlung für ihren riskanten Job. Sie sahen das Unternehmen offenbar als Ehrensache an, und auch die Tatsache, dass sie damit rechnen mussten, später nie wieder nach Schweden reisen zu können, konnte sie nicht von ihrem Entschluss abbringen, dabei zu sein. Damit hatten wir schließlich alle notwendigen Leute, das Equipment und ein Schiff, das zum Auslaufen bereit war.

Gregg schrieb einen freundlichen Brief an die zuständige Ministerin in Schweden, Frau Mona Sahlin, um sie über unsere Expeditionsabsicht zu informieren. Er lud sie sogar zur Teilnahme ein. Unbedingt wollte er eine offene und freundliche Atmosphäre schaffen. Ich machte mich zunächst darüber lustig, denn mir war aus den Erfahrungen mit der schwedischen Regierung klar, dass wir von dort nichts zu erwarten hatten, aber ich stemmte mich auch nicht gegen Greggs Bemühungen. Doch anstelle einer direkten Antwort an uns erklärte Frau Sahlin durch die heimische Presse, dass sie strikt gegen die Expedition sei und sofort um eine Unterredung mit dem amerikanischen Botschafter in Stockholm bitten würde.

Diese Besprechung fand dann auch ein paar Tage später statt. Doch die Schweden hatten Pech. Zu sicher waren sie sich über die Haltung ihres Verbündeten gewesen. Die amerikanische Botschaft aber ließ keinen Zweifel daran, dass man nach ihrer Auffassung einem US-Staatsangehörigen nicht das Tauchen in internationalen Gewässern verbieten könne.

Diese Runde ging an Gregg.

Daraufhin erklärte Frau Sahlin, dass man es sich überlegt habe. Man wolle jetzt erst einmal abwarten, mit welchen Ergebnissen Gregg Bemis von seiner Expedition zurückkehren würde und dann entscheiden, ob man eventuell eine neue Untersuchung des Untergangs der ESTONIA einleiten würde. Während der Tauchaktion wolle man Beobachtungsschiffe schicken, aber ansonsten nicht eingreifen.

Das war zumindest ein Teilerfolg.

Während der folgenden Tage und Wochen wurde Gregg von allen Seiten bestürmt mit Interviewwünschen. Europäische und amerikanische Kamerateams reisten zu ihm nach Santa Fe, und er verbrachte ganze Tage damit, Fragen zu beantworten, und kam zu nichts anderem mehr. Ich hatte mit Gregg vereinbart, dass er bis auf weiteres keine Informationen über das Schiff, das Auslaufen und meine Beteiligung an die internationale Presse weitergeben sollte. So wollte ich erstens unnötige Interviews vermeiden, weil ich einfach meiner normalen Arbeit an diversen Filmprojekten nachgehen musste und nicht soviel Zeit hatte, und zweitens wollte ich verhindern, dass die schwedische Regierung durch diplomatischen Druck auf die deutsche Regierung eventuell doch noch unser Auslaufen blockieren könnte. So wie sich Schweden bisher in diesem mysteriösen Fall verhalten hatte, musste man mit einer solchen Aktion rechnen.

Eine Woche, bevor die Expedition starten sollte, und genau drei Tage, bevor ich aus Berlin abreisen wollte, gab ich Gregg das Signal, dass es jetzt an der Zeit sei, die internationale Presse darüber zu informieren, dass auch ich mich an dieser Tauchaktion beteiligen würde.

Der nächste Journalist, der bei Gregg anrief, war zufällig ein Korrespondent von *TT*, der schwedischen Nachrichtenagentur. Keine zwei Minuten, nachdem Gregg dieses Telefonat beendet hatte, lief die Meldung bereits über die Online-News von *TT*, und da mein Partner Kaj zufällig an seinem Computer saß und die Nachricht las, wussten wir, dass wir ab dem nächsten Morgen mit einer Flutwelle von Presseanfragen rechnen mussten. Und so beantwortete ich bereits ab sieben Uhr morgens geduldig alle Fragen. Am folgenden Tag wurde das Beantworten von Pressefragen zu meiner Hauptbeschäftigung. Ich konnte mich kaum noch um die weiteren Vorbereitungen kümmern. Als der Ansturm in den nächsten Tagen nicht nachließ, beschlossen wir, dass ich so schnell wie möglich abreisen und mich nur noch vor Ort um die organisatorischen Fragen kümmern sollte.

Ich traf mit unserem Kameramann Nicki, den ich aus Berlin mitgenommen hatte und der das ganze Geschehen an Bord filmen sollte, am Donnerstag, den 17. August, in Cuxhaven ein.

Der Freitag verlief sehr aufregend und voller Aktivitäten. ONE EAGLE lag in Cuxhaven auslaufbereit am Kai.

Volker, der Kapitän, der eine Art moderner »Seebär« war, hatte eine bunte, aber sehr qualifizierte Crew zusammengestellt, die erwartungsfroh und tatendurstig auf die Abreise wartete. Das Equipment aus den USA wurde angeliefert, ebenso trafen die großen schweren Gasflaschen der Taucher ein. Auch die amerikanische Crew landete in Hamburg: Paul Matthias, ein erfahrener Unterwasserspezialist, der schon die TITANIC, die BRITANNIC und die LUSITANIA untersucht hatte, war in Begleitung seiner Freundin Laura, die auch seine technische Assistentin ist, und Buck, der als Navigations- und Unterwasserequipment-Spezialist ebenfalls schon viele Einsätze hinter sich hatte, war ebenfalls angekommen. Die drei waren beladen mit 80 Koffern und Kisten und mussten damit, auf mehrere Autos verteilt, nach Cuxhaven gefahren werden. Ein weiterer amerikanischer Expeditionsteilnehmer, Craig Bussel, erfahrener Navigationsspezialist und ROV-Operator, sollte erst am Samstag in Hamburg eintreffen. Für ihn hatte man keinen passenden Flug organisieren können.

Dann gingen die Vorbereitungen gleich los. Die gesamte Ausrüstung sollte einmal durchgetestet werden, um Fehlfunktionen auszuschließen beziehungsweise entsprechende Ersatzteile besorgen zu können. Es durfte keine Zeit verloren werden. Alles wurde verkabelt, verlötet und installiert.

Gregg und ich hatten eine erste Besprechung mit dem Kapitän der ONE EAGLE. Die Reiseroute musste noch festgelegt werden, denn es gab zwei Möglichkeiten: Wir konnten ziemlich unbeobachtet und vor allem von den

Behörden unregistriert in die Nordsee auslaufen, dann um Skagen herumfahren und durch die dänische und schwedische Meerenge in die Ostsee gelangen. Wir konnten uns aber auch für die Durchfahrt des Nord-Ostsee-Kanals entscheiden. Zeitersparnis ca. zwei Tage. Der Nachteil: Wir müssten uns für den Kanal rechtzeitig anmelden, die Ausreiseformalitäten in Cuxhaven erledigen und die Dokumente komplett haben. Damit wären wir dann alle registriert mit Namen, Passnummern und Nationalitäten.

Die Entscheidung war nicht leicht. Gregg Bemis und ich waren durch Presseberichte inzwischen ziemlich bekannt, aber warum sollten wir ein unnötiges Risiko für alle anderen Beteiligten der Expedition eingehen? Wir überlegten hin und her, doch letztlich fiel die Entscheidung für den Kanal, denn zwei Tage weniger Fahrzeit erschien uns in jedem Fall die bessere Lösung.

Als die Sonne hinter dem Cuxhavener Deich unterging, fielen alle todmüde ins Bett. Es war unsere erste Nacht an Bord der ONE EAGLE, die noch ruhig und schwer am Kai dümpelte. Die Taucher sollten am Samstag, den 19. August, im Laufe des Vormittags in Cuxhaven eintreffen. Doch schon um zehn Uhr riefen sie von unterwegs aus an. Sie standen im Stau. So verzögerte sich das Auslaufen noch um einige Stunden. Wir nutzten die unvorhergesehene Zeit, um noch schnell ein paar zusätzliche Einkäufe einzuschieben: Taucherbojen und zusätzliches Tauwerk, Gregg hatte keine Seife aus Amerika mitgebracht, und ich kaufte zur Sicherheit noch einige Tüten Gummibärchen und ein paar Medikamente gegen Seekrankheit.

Dann kamen die Taucher mit zwei Lieferwagen voll Equipment. Mario, den Leiter der Gruppe, kannte ich schon vom Telefon. Die anderen: Jindra und Ivan, handfeste Burschen, waren aus Tschechien, ihr Akzent verriet es. Auch Jakob hatte einen Akzent: Polen war sein Geburtsland, doch er lebte schon seit Jahren in Deutschland. Auch Tommy und Hubert, zwei sehr humorvolle Gesellen, hatten einen starken Akzent, aber ihre Herkunft war sehr deutsch: Sie kamen aus Bayern. Und schließlich begrüßte ich Götz, der aus der Nähe von Frankfurt kam.

Das Equipment wurde an Bord geschleppt. Dann wurden auch diese Teile einmal komplett durchgetestet. So dauerte es Stunden, bis wir auslaufbereit waren. Am späten Nachmittag meldete dann der Kapitän die Kanaldurchfahrt an, und der Zoll und die Grenzpolizei kamen an Bord.

Inzwischen hatten sich am Kai schon zahlreiche Schaulustige eingefunden, denn unser Kamerateam hatte Aufmerksamkeit erregt, und uns war klar, dass es nur noch eine Frage der Zeit sein würde, bis die ersten Lokaljournalisten mitbekämen, dass die ONE EAGLE zur Tauchexpedition ESTONIA gehörte, was wir bisher der Presse nicht bekannt gegeben hatten. Wir befürchteten, uns vor Journalisten und Kamerateams nicht mehr retten zu können. Deshalb wurden die Leinen schnell losgemacht. ONE EAGLE setzte sich in Bewegung. Wir fuhren langsam in die Schleuse des Hafenbeckens. Gregg und ich standen draußen neben der Brücke. Der bisher bedeckte Himmel öffnete sich, die Sonne schien warm und strahlend auf uns herab, und wir beide wussten, dass sich ab jetzt alles ändern konnte: unser Leben, das Leben der Mitreisenden und der Fall ESTONIA.

Am Sonntagmorgen, am 20. August, wachte ich um 05.30 Uhr auf. Das Schiff passierte gerade die Nord-Ostsee-Schleuse in Kiel. Nur neun Stunden hatten wir für die Durchfahrt gebraucht. Der Kapitän schätzte die Ankunftszeit am Zielort auf den frühen Dienstagmorgen. Damit hätten wir dann insgesamt rund 40 Stunden Fahrzeit benötigt. Diese Kalkulation spielte natürlich eine wichtige Rolle, denn wir mussten mindestens die gleiche Zeitspanne auch für die Rückfahrt einplanen. Das würde uns vor Ort ungefähr drei Tage Zeit geben. Die meisten Taucher hatten nur für eine Woche von ihren Firmen Urlaub bekommen.

Expeditionsschiff ONE EAGLE.

Gleich nach dem Frühstück veranstalteten Gregg und ich ein erstes gemeinsames Briefing. Die Taucher und vor allem die Spezialisten aus Greggs Team waren nicht ausreichend informiert über das Wrack. Sie wussten, was es in Presseberichten über den Fall zu lesen gab. Deshalb hörten alle aufmerksam zu, und die Wissbegierde war enorm. Stundenlang beantworteten Gregg und ich Fragen, so gut wir konnten. Alle waren hochmotiviert und ein erster Aktionsplan wurde erarbeitet.

Zuerst erschien es wichtig, dass Paul Matthias, der Sidescansonar-Spezialist, der auch schon die TITANIC untersucht hatte, mit seinem Team Sonaraufnahmen vom Wrack machen konnte. Dabei würde er ein Gerät, das aussah wie eine kleine, ca. ein Meter lange Rakete, hinter unserem Schiff herziehen, und die eingebaute Sonarkamera würde bei jeder Überfahrt über das Wrack einzelne Schichten abscannen und uns alles als Bild auf einen Computer übertragen. Paul zeigte uns auf seinem Computer Beispiele von solchen Sonarbildern. Sein letzter Fall hatte sich um ein Flugzeug gedreht, das an der amerikanischen Küste abgestürzt war und das von ihm auf 300 Meter Wassertiefe geortet und bis in alle kleinsten Details bearbeitet worden war. Was wir sahen, war verblüffend. Paul konnte Einzelheiten des Flugzeuges so im Detail auf den Computerbildschirm bringen, dass man klar hatte erkennen können, dass es eine Explosion in einem der Triebwerke gegeben hatte. Sogar dreidimensional konnte er das Flugzeug auf seinem Computer mit den gewonnenen Scandaten darstellen. Damit wurden auch die Lage und die Auflagefläche auf dem Meeresgrund klar ersichtlich. Wir konnten nur staunen. Wenn uns das mit dem Wrack der ESTONIA gelingen würde, dann könnten alle Beschädigungen nachgewiesen werden, die größer waren als eine Kaffeetasse, und durch das vielschichtige Abscannen würde auch die Steuerbordseite, auf der das Schiff lag, kein Problem darstellen.

Die Arbeit mit dem Sonarfisch kam also ganz oben auf die Liste. Danach, so hatte Gregg angeregt, sollte mit dem ROV das Wrack erst einmal im Ganzen erfasst werden. Hierin waren Paul und sein Kollege Craig ebenfalls Spezialisten. Viele Einsätze hatten sie in Amerika mit dem ROV erfolgreich durchgeführt und sehr häufig für die Armee gearbeitet. Erst wenn wir ein ganz genaues Bild vom jetzigen Zustand der ESTONIA hätten, wollten wir einen endgültigen Arbeitsplan für die Taucher aufstellen, denn diese waren in ihrer Aufenthaltsdauer in einer Tiefe von rund 80 bis 90 Meter jeweils auf 20 Minuten limitiert.

Diese sieben jungen hochmotivierten und sportlich durchtrainierten Männer waren so genannte Tech-Taucher. Sie tauchten mit großen Flaschen auf dem Rücken und nahmen so Sauerstoff, Stickstoff und Helium mit hinunter, das sie selber zu einem Trimixgas mischten. Dadurch brauchten sie nicht ungelenk an einem Versorgungskabel zu hängen und konnten sich am Wrack frei bewegen, ein unbestreitbarer Vorteil. Der Nachteil war, dass sie auf dem Meeresgrund nur ca. 20 Minuten Tauchzeit hatten. Danach brauchten sie dann jeweils ca. eineinhalb bis zwei Stunden Dekompressionszeit, d.h., sie würden in verschiedenen Tiefen immer einige Zeit verweilen und ihrer Atemluft langsam immer mehr Sauerstoff zuführen, bis sie wieder komplett auftauchen und normale Luft atmen konnten. Diese Art des Tiefseetauchens ist nicht ganz ungefährlich, denn falls ein Tauchunfall passiert, muss der Taucher eigentlich in eine Druckkammer. Doch eine solche Vorrichtung hatten wir nicht an Bord. Ersatzweise hatten sich die Taucher Monika mitgebracht, eine medizinische Dekompressionsspezialistin vom Dekompressionszentrum in Frankfurt, die im Falle eines Tauchunfalls die notwendigen Rettungsmaßnahmen einleiten sollte. Doch Monika befürchtete keine großen Gefahren für die Sieben. Sie kannte sie lange genug und wusste, dass die jungen Männer sehr gut trainiert waren und, obwohl keine Profitaucher, doch stets sehr erfahren und sicher agierten. Wir hatten für rund acht bis zehn Tauchgänge Gas an Bord. Die großen Flaschen standen auf dem Achterdeck unseres Schiffes.

Gregg erklärte den Tauchern, dass es am Ende allein auf sie ankommen würde, denn das hauptsächliche Ziel unserer Expedition war, herauszufinden, ob sich an Steuerbord der ESTONIA irgendwo ein Loch befand, durch das große Mengen von Wasser hatten eindringen können, sodass der schnelle Untergang des Schiffes erklärbar wurde. Außerdem sollte das gesamte Wrack, aber insbesondere der Bugbereich ganz nah und mit größtmöglicher Videoqualität abgefilmt werden, und als letzten großen Einsatz sollten die Taucher ein oder zwei Metallstücke von den Löchern im Bugbereich abbrennen, die laut Braidwood-Gutachten klare Merkmale von Explosionen trugen.

Gregg sagte: »Wir werden nicht klären können, wer politisch verantwortlich war, auch nicht, ob es ein Attentat oder sonst irgendein Anschlag war. Das müssen wir anderen überlassen. Aber wir können Videoaufnahmen anfertigen und das Schiff auf Löcher untersuchen, und wir können Metall abschneiden, das vielleicht den Beweis einer Explosion in sich trägt.«

Während eines atemberaubenden Sonnenuntergangs passierten wir Bornholm. Es war sehr still auf der ONE EAGLE. Jeder hing seinen Gedanken nach, und den meisten gingen ähnliche Gedanken durch den Kopf wie mir: Wir leben, aber die Menschen, die mitten in der Nacht vom Wassereinbruch auf der ESTONIA überrascht worden waren, die Alten und

Gebrechlichen, die jungen Familien mit kleinen Kindern, sie alle hatten nicht den Funken einer Chance gehabt, aus dem Schiff herauszukommen. Falls die ESTONIA versenkt worden war, war das ein Verbrechen ganz übelster Sorte gewesen, denn man hatte den Tod dieser Menschen bewusst in Kauf genommen. Das durfte nicht unter den Teppich gekehrt oder gar mit Beton abgedeckt werden und ganz egal, welche politischen Interessen verschiedener Länder auch immer berührt wurden – wir wollten unseren Teil zur Aufklärung dieser Katastrophe beitragen.

Das Wetter war den ganzen Tag über sehr gut gewesen, und wir hofften natürlich, dass es auch vor Ort mitspielen würde, denn bei einer Windstärke von mehr als vier Beaufort konnte es mit Tauchereinsätzen schwierig werden. Alle an Bord versuchten mit ihren Handys noch ein letztes Mal, Kontakt zu ihren Lieben nach Hause zu bekommen. Ich erreichte meinen Partner Kaj, der auf einem deutschen Schlepper bereits einige Stunden hinter uns herfuhr. Da er Finne war, hatten wir ihn von dieser Expedition leider ausschließen müssen, denn wir wollten das Risiko nicht eingehen, dass die gesamte Aktion von der Küstenwache attackiert wurde, weil einer an Bord zu den Nationen gehörte, die dem schwedischen Gesetz zum Schutze des Grabfriedens beigetreten waren. Also hatte er sich mit einem Beobachterposten begnügen müssen. Durch seine schwedischen und finnischen Sprachkenntnisse konnte er uns aber wertvolle Informationen liefern, denn über einen Kurzwellenempfänger hörte er ständig die schwedischen Nachrichten, und so erfuhren wir, dass die schwedische Küstenwache uns schon erspäht hatte und dass man beabsichtigte, mit einer Delegation der Küstenwache an Bord unseres Schiffes zu kommen. Wir sahen das alles gelassen. Der Teamgeist an Bord wuchs von Stunde zu Stunde, und wir wussten, dass wir das Richtige taten.

Am nächsten Tag wurden wir das erste Mal von einem Flugzeug der schwedischen Küstenwache umkreist und über Funk angesprochen. Man fragte uns nach unseren Koordinaten. Wir ignorierten die Anfrage, denn die Koordinaten konnten die Küstenbewacher auf ihren eigenen Instrumenten ablesen. Wir filmten das Flugzeug und entdeckten dabei, dass wir ebenfalls gefilmt wurden. Kurz darauf tauchte neben unserem Schiff ein U-Boot auf. Groß, schwarz, mächtig und russisch. Das war an der kleinen Flagge am Turm zu erkennen. Die Turmklappe wurde geöffnet, und ein Soldat schaute raus. Ein zweiter folgte. Beide sahen unser Schiff an, und als sie merkten, dass auch wir sie ansahen, winkten sie.

Mit Kaj war ich jetzt mehrfach über das Satellitentelefon in Verbindung. Er erzählte mir, dass in den schwedischen Nachrichten verbreitet wurde, dass wir erst Dienstagabend vor Ort eintreffen würden. Das war seltsam, denn die schwedische Küstenwache musste doch wissen, dass wir bereits am frühen Morgen des Dienstags vor Ort ankommen würden. War das etwa die Taktik, um die Presse vom Ort fernzuhalten, damit eventuelle Attacken gegen uns nicht gefilmt werden konnten?

Nach und nach informierten wir selbst alle Journalisten, die bisher Interesse an der Expedition gezeigt hatten.

Es war beruhigend zu erfahren, dass fast alle sich inzwischen Boote besorgt hatten und in wenigen Stunden zum Untergangsort der ESTONIA kommen würden. Wir konnten also mit internationaler Aufmerksamkeit rechnen. Eine Attacke der Küstenwache oder eventuell vor Ort liegender Eisbrecher der schwedischen Marine war unter diesen Umständen wohl eher nicht zu befürchten. Trotzdem, die Spannung stieg. Man bemerkte es bei jedem einzelnen Teilnehmer der Expedition. Die Taucher überprüften zum x-ten Male ihre Ausrüstung. Paul, Laura, Buck und Craig löteten Kabel, verkoppelten die Bordnavigation mit ihren Computer-Navigations-programmen und überprüften alles wieder und wieder. Gregg versuchte, die Zeit mit Lesen zu überbrücken, doch jeder Anruf über das Satellitentelefon war für ihn offenbar eine willkommene Ablenkung.

Ich ging auf die Brücke, konnte aber meine Spannung kaum unterdrücken und bin den Steuerleuten der ONE EAGLE, Helmut und Klaus, sowie dem Kapitän sicherlich auf die Nerven gegangen.

Nur noch wenige Stunden trennten uns von der ESTONIA.

Wir hatten mit dem wachhabenden Steuermann abgemacht, dass wir am Dienstagmorgen rechtzeitig vor Ankunft um 05.00 Uhr geweckt werden sollten. Aber es war kein Wecker nötig. Um 03.00 Uhr schoss mir ein Adrenalinstoß durch den Körper, der mich nicht wieder enschlafen ließ. Tausend Gedanken schossen mir durch den Kopf: Was passiert, wenn ein Taucher in Not gerät – Helikopter, nächste Druckkammer in Finnland oder Schweden – wird er dort verhaftet werden? Was sollen wir tun, wenn die Küstenwache es regelrecht auf einen Kampf ankommen lässt, einen Zusammenstoß der Schiffe provoziert? Teure Schäden, ungeklärte Versicherungsfragen, Prozesse… Ich duschte um halb vier und ließ lange heißes Wasser über mein Gesicht laufen. Das wusch die Spannung etwas weg. Leise ging ich auf die Brücke. Welche Erleichterung: Dort standen schon andere Expeditionsteilnehmer, denen es genauso ergangen war wie mir. Und innerhalb der nächsten halben Stunde versammelte sich der Rest der Mannschaft auf der Brücke, stumm, mit Ferngläsern bewaffnet und fest entschlossen. Sogar der Kapitän kam schon auf die Brücke, obwohl er in der Nacht bis 02.00 Uhr Wache gehabt hatte.

Auf dem Radar zeigte er uns zwei Schiffe, die auf der Untergangsposition der Estonia lagen. Ich fragte ihn, was er tun würde, wenn die auf diesem Platz verharren würden.

»Austricksen und hoffen, dass das gelingt«, war seine knappe Antwort.

Ich spürte seine Nervosität. Er wusste, dass es sehr auf ihn ankommen würde. Zwar war die Expedition von Gregg und mir initiiert, aber immer wenn es hart auf hart laufen würde, müsste er entscheiden. Er war der Kapitän, ihm waren ein Schiff und 31 Menschen anvertraut.

Volker ist ein starker Mann, von der Sorte, die man bei sich haben möchte in einer solchen Situation, der nicht viel redet, dafür wohl überlegt handelt. Ich sah ihn an, und unsere Blicke trafen sich für einen Moment. Ohne Worte schlossen wir einen Pakt.

Wieder zogen Flugzeuge und jetzt auch zusätzlich Helikopter im Tiefflug über uns hinweg, und dann sahen wir auch die beiden Schiffe der finnischen und schwedischen Küstenwache vor uns. Die Staatsmächte zeigten Präsenz. Gegen wen eigentlich? Gegen eine Handvoll fest entschlossener Privatleute, die den Untergang einer Passagierfähre aufklären wollten, weil genau diese Staatsmächte innerhalb der letzten sechs Jahre offenbar nicht dazu in der Lage gewesen waren?

Die Küstenwache war bei unserem Eintreffen schon vor Ort.

Wir kamen immer näher, die Schiffe kreuzten in einem sehr engen Abstand genau auf der Wrackposition. Ich stellte mich dicht neben den Kapitän. Tun konnte ich nicht viel, aber ich wollte ihm wenigstens moralisch festen Beistand liefern.

»Na, denn woll'n wir mal«, murmelte er und ließ sich die Steuerpositionen laut von seinem Steuermann ausrufen. Wir kamen nahe an die zwei Schiffe heran, die auf der Untergangsposition kreuzten. Zu zweit waren sie im Vorteil. Doch Volker sah eine Lücke.

»Hart Backbord 90°, Geschwindigkeit vier Knoten.« Laut hallte der Befehl über die Brücke.

Der Steuermann wiederholte: »Hart Backbord 90°, Geschwindigkeit vier Knoten.«

Ansonsten war es mucksmäuschenstill.

»Steuerbord 30°.«

Der Steuermann wiederholte: »Steuerbord 30°.«

Ich konnte die Anspannung des Kapitäns förmlich körperlich spüren. Er ließ die beiden Küstenwachschiffe nicht aus den Augen. Das finnische Schiff setzte zu einer Wende an.

»Hart Steuerbord 30°, acht Knoten.«

Wir nahmen Fahrt auf, das finnische Schiff konnte nicht mehr stoppen, es musste das begonnene Manöver zu Ende fahren. Und das war die Chance, die Volker nutzte. Zwei Minuten später hatten wir uns die Position erobert.

Über Bordfunk wurden wir angesprochen: »ONE EAGLE, ONE EAGLE, here is the Finnish Coastguard. Can I speak to the captain?«

Volker meldete sich gelassen: »ONE EAGLE, the captain speaking.«

Dann erzählte die finnische Küstenwache uns, dass das Tauchen nach ihrem und schwedischem Gesetz an dieser Stelle verboten sei.

Volker reagierte schlagfertig: »Ich kann zur Zeit keinen Taucher im Wasser sehen. Sie?«

Danach herrschte ungefähr 20 Minuten Funkstille. Wahrscheinlich mussten sich Finnen und Schweden erst einmal miteinander beraten, was zu tun sei.

Bei uns an Bord gingen die Vorbereitungen für das Sonarscanning los. Paul und seine Truppe waren schon eifrigst mit den Vorbereitungen beschäftigt. Doch noch bevor der Sonarfisch ins Wasser gelassen werden konnte, meldete sich die Küstenwache wieder mit der Bitte, an Bord kommen zu dürfen. Darauf waren wir vorbereitet. Wir hatten beschlossen, eine kleine Delegation zu empfangen. Volker erteilte also die Erlaubnis, und schon ein paar Minuten später konnten wir durch Ferngläser beobachten, wie ein schwedisches Schlauchboot zum Schiff der Finnen fuhr, ein paar Uniformierte einlud und dann bei uns längsseits kam – unter den Augen der immer zahlreicher werdenden internationalen Presse, die mit eigenen Booten vertreten war.

Wir baten den Schweden und die drei Finnen auf die Brücke. Sie wollten unsere Crew- und Passagierliste sehen. Das verweigerten wir. Jedoch versicherten wir ihnen, dass kein Angehöriger ihrer Länder bei uns an Bord war oder sonst irgendjemand, für den das Tauchverbot Gültigkeit hätte. Nach einigem Hin und Her willigten wir aber schließlich ein, ihnen den Teil unserer Besatzungs- und Passagierliste zu zeigen, der die Nationalitäten ausweist. Als Volker gerade mit dieser reduzierten Liste fertig war, nahm ein finnischer Offizier eine Vergleichsliste aus seinem Aktenkoffer, und unser Steuermann, der Schwedisch sprach, konnte verstehen, dass die Offiziere bereits unsere Originalliste aus Cuxhaven dabei hatten. Amtshilfe nennt man so etwas wohl, wobei wir uns wirklich über unsere deutschen Behörden stark wunderten. Warum hatte man diese Liste den Finnen übermittelt?

Egal, wir hatten nichts zu verbergen.

Der schwedische Offizier hielt eine Ansprache. Er erklärte uns offiziell, dass die Schweden unsere Aktion als gesetzwidrige Aktion ansehen und dass wir später Ärger mit der Polizei in Schweden bekommen könnten, wenn wir beispielsweise dorthin in den Urlaub wollten. Der Finne bemühte sich eifrig, auch für sein Land das Gleiche zu erklären, und dann tranken wir gemütlich ein Tässchen Kaffee zusammen. Dabei erklärte Gregg, dass wir von der Küstenwache ein Verhalten erwarteten, das dem internationalen Seerecht entsprach, und dass unsere Aktion nicht behindert und Taucher nicht in Gefahr gebracht werden würden.

Das wurde uns zugesagt.

Nachdem die Herren unsere Tauchausrüstung inspiziert hatten, machten sie sich wieder auf den Weg zu ihren Schiffen.

Jetzt konnte es also tatsächlich endlich losgehen.

Paul und seine Crew ließen den Sonarfisch ins Wasser. Wir mussten uns noch auf eine Position begeben, die ein paar hundert Meter hinter dem Wrack lag, damit ONE EAGLE in einer geraden Linie direkt über das Wrack fahren konnte. Eine ungesunde Hektik verbreitete sich auf der Brücke. Englische Sätze und deutsche überkreuzten und überschlugen sich. Aus dem Walkie-Talkie, das Paul hatte, der sich am Heck der ONE EAGLE befand, drangen nur unvollständig zu verstehende Wortfetzen.

»Hard portside«, sagte Buck, der Navigator, zum Steuermann.

Der fuhr »Hart Steuerbord«, er hatte »starboardside« verstanden.

Noch ehe das falsche Manöver bemerkt wurde, war es schon passiert. Die Schraube hatte das Kabel gekappt. Der Sonarfisch sank rund 150 Meter hinter dem Wrack der ESTONIA in die Tiefe mitsamt 120 Meter leuchtend gelbem Kabel. Geistesgegenwärtig drückte Buck die automatische Positionskennzeichnung »Mann über Bord«, damit konnte später wenigstens an der richtigen Stelle nach dem Teil gesucht werden. Die Aufregung auf der Brücke war groß. Wir diskutierten hin und her. Sollten wir nun zuerst versuchen, den Sonarfisch wiederzufinden, oder sollten wir das ROV zum Wrack runterlassen, um eine erste Inspektion durchzuführen, damit dann die Taucher zum Einsatz kommen konnten?

Die Taucher waren sehr ungeduldig, die Amerikaner sorgten sich um ihren verlorenen Sonarfisch, und Gregg und ich waren in der misslichen Lage, sofort eine Entscheidung treffen zu müssen. Wir wollten vor allem wieder eine gewisse Ruhe und Besonnenheit in die Vorgehensweise bekommen, damit niemand übereilt handelte.

Dann beschlossen wir, zuerst mit Hilfe des ROV nach dem Sonarfisch zu suchen. Während der Aktion sollten sich die Taucher bereit machen. Wenn die Taucher dann im Wasser wären, wollten wir das ROV benutzen, um die Männer sicher am ROV-Kabel zum Wrack hinunter zu leiten.

Besuch der Küstenwache auf der Brücke der ONE EAGLE.

So waren alle erst einmal beruhigt.

Die Taucher begaben sich zum Heckteil des Schiffes, wo sie ihre Basisstation hatten, und bereiteten ihre Ausrüstungen vor. Volker brachte das Schiff persönlich wieder auf die Position, wo der Sonarfisch verloren gegangen war, und die Amerikaner ließen ihr ROV hinunter.

Sehr professionell begannen Paul und Craig mit dem ROV die Stelle einzukreisen. Anhand der genauen Koordinaten vom GPS-System mussten sie nur einen Bereich von ca. 300 mal 300 Metern auf dem Meeresgrund absuchen. Alle, die in diesem Moment im TV-Kontrollraum waren, starrten auf den Monitor, denn wir hofften natürlich, dass wir den Sonarfisch wieder-

Das ROV wird zu Wasser gelassen.

finden würden. Doch stattdessen machten wir erst einmal einen anderen, sehr schaurigen Fund.

Wie man es von Flugzeugabstürzen kennt, lagen auf dem Meeresboden zwischen allerhand Schiffsteilen und Gepäckstücken etwa 10 bis 15 Leichen. Die meisten waren bereits Skelette. Durch die Kamera des ROV konnte ich sehen, wie zwei Skelette dicht nebeneinander lagen, ein normal großes und ein etwas kleineres. Das größere hatte ein eingedrücktes Brustbein, und auf der Höhe des Unterschenkels lag eine Reisetasche.

Allen im Raum stockte der Atem.

Hatte die schwedische Regierung nicht behauptet, dass keine Toten in der Nähe des Schiffes gefunden worden wären, sondern dass alle sich im Schiff befänden?

Das ROV stieß gegen einen weiteren Toten, einen Mann, der knöchelhohe Schuhe trug, eine helle Jeans und ein weißes Hemd. Die Arme hatte er wie schützend über seiner Brust verschränkt. Das ganze Ausmaß dieser Tragödie kam mir noch einmal ins Bewusstsein. Diese Menschen hatten keine Chance gehabt zu überleben. Und selbst viele von denen, die noch aus dem stählernen Sarg herausgekommen waren, hatten vergeblich mit der See gekämpft und schließlich verloren. Zu lange hatte es gedauert, bis sich die Rettungshubschrauber von der finnischen und schwedischen Küste aus in Bewegung gesetzt hatten, und viel zu lange hatte es gedauert, bis sie vor Ort anlangten, und sogar dann hatten die Retter viele der im Wasser treibenden Schiffbrüchigen nicht gefunden, weil die Gummirettungsinseln, die vom Wind umgekippt worden waren, einen schwarzen Unterboden hatten, den man im Dunkeln vom Hubschrauber aus nicht sehen konnte. Außerdem hatte es nicht genügend Benzin für die Helikopter auf dem nahe gelegenen Militärstützpunkt Utö gegeben, sodass die Piloten zum Auftanken immer wieder zum weit entfernten Festland fliegen mussten. Einige Hubschrauber hatten auch defekte Winden gehabt, sodass sie gänzlich für die Rettungsaktionen ausfielen. Viele viele Stunden waren so vergangen, und die Menschen waren an Unterkühlung gestorben.

Auch die Schiffe, die den Notruf der ESTONIA gehört hatten und zu Hilfe geeilt waren, hatten nicht sofort gewagt, Rettungsmaßnahmen durchzuführen, um ihre eigenen Besatzungen nicht zu gefährden, denn schlechtes Wetter und hohe Wellen hatten die Rettungsarbeiten sehr schwierig gemacht. Und als die Besatzungen der großen Fähren dann doch endlich ihre Rettungsversuche starteten, schlugen diese vielfach fehl und mancher, der schon am rettenden Seil hing, rutschte wieder ab und versank in den Fluten. Eine gut koordinierte Rettung hatte nicht stattgefunden. Doch warum verwehrte man den Opfern ein ordentliches Grab? Sie hatten sich als normale Passagiere auf eine Seereise begeben. Sie waren in Tallinn eingestiegen, um am nächsten Morgen in Stockholm auszusteigen. Warum verwehrte man den Toten eine Bergung?

Wieder sahen wir durch die Kamera des ROV eine Leiche. Ganz deutlich konnte man einen Mann erkennen. Er hatte nur ein T-Shirt und eine Unterhose an. Sein Kopf fehlte, sein Körper war von Fischen angenagt.

Paul und Craig fanden den Sonarfisch. Wegen des langen gelben Kabels war das nicht so schwierig gewesen, und außerdem hatte er ziemlich exakt auf der markierten Position gelegen. Paul versuchte, ihn mit dem Haken, der vorne am ROV angebracht war, aufzugabeln. Leider misslang das, denn die Befestigung des Hakens war zu schwach und gab nach. Das ROV musste noch einmal an Bord geholt werden, damit der Haken festgeschweißt werden konnte.

Doch inzwischen waren die Taucher bereit für ihren ersten Tauchgang. Deshalb wurde das ROV erst einmal am Bug des Wracks der ESTONIA positioniert.

Etwas umständlich mussten die Taucher erst die kleinen Beiboote der ONE EAGLE benutzen, um ins Wasser zu gelangen. Das kostete Zeit und war ein Balanceakt ohnegleichen. Bei diesem allerersten Tauchgang fiel auch noch Mario über Bord, und alle dachten, dass er sich verletzt hätte. Die Boote mit den Pressevertretern jagten heran, ebenso die Schlauchboote der schwedischen und finnischen Küstenwache. Etliche Fernsehkameras und Fotoapparate richteten sich auf den armen Mario, der im Moment eigentlich nur eines brauchte: seine Schwimmflossen. Denn wenn ein Taucher mit seiner gesamten Ausrüstung im Wasser ist, kann er sich nur mithilfe der Schwimmflossen über Wasser halten, da er sonst von dem enormen Gewicht sofort nach unten gezogen wird.

Doch leider verstanden die Laien ihn alle nicht, und so starteten Volker und Gregg sofort eine Aktion mit dem Schlauchboot, und in rasender Geschwindigkeit wurde Mario gerettet. Ein Vorfall, der ihm später sehr, sehr peinlich war. Aber so etwas kann passieren. Wir merkten alle, dass wir noch nicht optimal aufeinander eingespielt waren.

Die übrigen Taucher hielten sich inzwischen immer noch mühsam über Wasser, weil sie ohne ihren Tauchleiter nicht tauchen wollten. Tommy hatte inzwischen, bedingt durch den hohen Wellengang, so viel Salzwasser geschluckt, dass er sich erbrechen musste. Er gab auf. Die anderen entschlossen sich, ohne ihn die Aktion zu starten. Am Kamerakabel des ROV entlang gelangten sie zum Wrack. Es war ein bewegender Moment, wie Jakob und Jindra es später beschrieben, denn die ESTONIA war unendlich groß. Ein überdimensionaler Metallhaufen. Dass die Videobilder von diesem ersten Tauchgang nichts wurden, weil die Kamera technisch falsch eingestellt worden war, soll nur der guten Ordnung halber erwähnt werden.

»Pleiten, Pech und Pannen«, bemerkte Thilo, mein Kollege vom Spiegel, abends trocken.

Leider hatte er Recht.

Trotzdem war bei diesem ersten Tauchgang gleich eines den Tauchern aufgefallen. Es gab einen Streifen Sand von ca. 30 Metern Breite auf dem ersten Drittel des Schiffes. Warum war der Sand nur hier und nicht auch auf dem übrigen Wrack? Es blieb erst einmal ungeklärt. Außerdem wurden entlang der Schiffsbodenseite der ESTONIA, die nach oben gedreht lag, bis hinunter zur Steuerbordseite seltsame senkrechte Kratzspuren gesichtet. Die Taucher beschrieben diese Entdeckung so, als ob hier Kabel oder Schläuche hoch und runter gerutscht wären. Derartige Aktivitäten müssten vor nicht allzu langer Zeit stattgefunden haben, denn die erfahrenen Taucher wussten, wie schnell ein Schiffsrumpf wieder mit Sedimenten bedeckt wird, und hier war die Schiffsfarbe noch sehr genau erkennbar. Also schätzten die Taucher diese Spuren auf höchstens vier bis sechs Wochen alt. Eine ganz bemerkenswerte Feststellung, deren Bedeutung und Wichtigkeit uns aber erst am allerletzten Tag der Expedition klar werden sollte.

Nach diesem chaotischen Tag saßen wir abends beisammen und erörterten, wie wir alles von jetzt an besser machen könnten. Die Aufgaben wurden verteilt: Hubert wollte die Gangway-Öffnung an der Bordwand der ONE EAGLE mit dem Schweißbrenner vergrößern, damit die Taucher direkt von dort ins Wasser springen konnten. Volker zögerte. Schließlich wollte man sein Schiff zerlegen. Doch Hubert setzte sich durch. Er bekam die Genehmigung. Hans, der Steuermann, erbot sich, dem ROV den Bergungshaken fest anzuschweißen, damit der Sonarfisch damit geborgen werden konnte.

Sehr müde fielen an diesem Abend alle in ihre Kojen.

Um Treibstoff zu sparen, ließ Volker über Nacht das Schiff einfach treiben. 15 Seemeilen drifteten wir in Richtung Estland. Das bereitete uns am nächsten Morgen aber keine Probleme, schnell waren wir wieder auf Position, und diesmal gab es auch keine Behinderung durch die Küstenwachschiffe. Dass es trotzdem ein großer Fehler gewesen war, die Position der ESTONIA zu verlassen, bekamen wir erst später zu spüren, da wir den Sonarfisch nicht mehr wiederfinden konnten.

Wir bemerkten auch schon bald Probleme beim Navigieren. Unser GPS zeigte eine falsche Position an. Volker und das amerikanische Team verglichen ihre Systeme. Aber es machte einfach keinen Sinn. Die Positionen waren unterschiedlich. Craig, einer der ROV-Pilots, der für die amerikanische Navy im Golfkrieg gearbeitet hatte, vermutete aufgrund Militärerfahrungen, dass die Schweden und Finnen unsere Positionsmessung störten. Das schien sich auch sehr schnell zu bestätigen, denn hatte ich am Tag zuvor noch viele Telefonate von interessierten Journalisten über mein eigenes Satellitentelefon erhalten, war dieses nun den ganzen Morgen über ruhig. Das Signal war gestört. Auch ich bekam keine Verbindung.

Wir verließen uns vorerst auf das Navigationssystem der Amerikaner, das störungssicherer war und schließlich, als wir zur Position des Wracks kamen, benutzten wir das gute alte Echolot, das die ONE EAGLE offenbar schon seit den sechziger Jahren an Bord hatte.

Vielleicht würde Volker auch noch mit Kompass und Karte navigieren müssen und das, obwohl wir die modernsten computergesteuerten Navigationssysteme an Bord hatten.

Die Taucher machten sich für einen weiteren Tauchgang fertig, obwohl der Wind mächtig aufgefrischt hatte und die Wellen sogar schon über die untere Bordwand der ONE EAGLE schlugen. Eigentlich war an Tauchen nicht zu denken, und so mussten die Taucher erst einmal warten.

Filmteam auf der ONE EAGLE.

Zuerst kam das ROV wieder ins Wasser, inzwischen mit »festem« Haken ausgerüstet. Wieder standen wir im TV-Kontrollraum und starrten stundenlang auf den Monitor, doch der Sonarfisch blieb verschwunden. Ebenso das 120 Meter lange leuchtend gelbe Kabel. Dabei fanden Paul und Craig ziemlich schnell die Stelle wieder, an der sie am Tag zuvor gesucht hatten. Die gleichen visullen Anhaltspunkte auf dem Meeresboden: ein Stuhl von der Kommandobrücke der ESTONIA, ein Fensterrahmen, ein Telefon, eine Schublade, Koffer. Nichts war verändert.

Doch der Sonarfisch war einfach weg.

Paul und Craig hatten dafür keine andere Erklärung als die, dass sich jemand den Fisch geangelt hatte. Da nur die Küstenwachschiffe der Schweden und Finnen vor Ort über Nacht alleine hier geblieben waren und das schwedische Küstenwachschiff mit dem gleichen ROV-Typ ausgerüstet war wie wir, war anzunehmen, dass die Schweden den Fisch hochgeholt hatten. Beweisen konnten wir das aber nicht.

Als die Taucher am späten Nachmittag dann doch noch zu einem Tauchgang starteten, wurde wieder das ROV als Positionierungshilfe benutzt. Wieder vergaßen die Taucher, eine eigene Positionsmarkierung zu setzen, ein fataler Fehler, der uns schon wenig später viele zusätzliche Probleme schaffen sollte, denn als durch das immer schlechter werdende Wetter das Kabel des ROV in den Bugstrahler der ONE EAGLE geriet und für einen Kurzschluss im ROV sorgte, gab es keine Positionsleine, die mit einer Boje an der Wasseroberfläche das Wrack für die Taucher sofort auffindbar gemacht hätte. Durch seinen beherzten Einsatz rettete Volker das ROV der Amerikaner noch mitten in der Nacht, aber mit dem lahm gelegten Tauchroboter konnte nicht weiter gearbeitet werden.

Die Stimmung strebte dem Nullpunkt zu. Die Amerikaner waren verzweifelt. Sie konnten hier nichts mehr tun. All ihre Hightech-Ausrüstung war inzwischen entweder verloren oder lahm gelegt. Gregg wollte am liebsten die Aktion abbrechen und nächsten Sommer wiederkommen. Aber dem konnte ich nicht zustimmen. Ihm war nicht klar, dass wir diese Chance nie wieder bekommen würden. Zur ESTONIA fährt man nicht wie zu einer Urlaubsinsel.

Gregg argumentierte, dass wir genügend brauchbare Bilder durch das ROV vom Bugbereich des Wracks eingefangen hätten. Das würde ihm und seinem Team reichen. Nächstes Jahr könnte man sich dann weiteren Einzelheiten widmen. Aber das konnte und durfte nicht sein. Für die Amerikaner war die ganze Expedition vielleicht nur eine unter vielen. LUSITANIA, BRITANNIC, ESTONIA, für sie gab es kaum einen Unterschied. Aber ich beschloss, einen Abbruch der Aktion nicht zuzulassen. Nicht jetzt, nachdem wir uns durchgesetzt hatten gegen mehrere Regierungen, gegen die Küstenwache. So viele Menschen warteten auf unsere Ergebnisse, so viele Angehörige setzten in uns Hoffnungen zur Eröffnung einer neuen Untersuchung.

Ich rief die Nordseetaucher an. Eine Firma, mit der ich früher schon Kontakte hatte und von der ich wusste, dass sie ein ROV und sehr gute Leute haben, und benutzte dazu unsere große Satellitentelefonanlage, denn nur diese konnte noch senden und empfangen. Bei allen anderen Satellitentelefonen machten sich Störungen bemerkbar, die eine Kommunikation mit dem Festland unmöglich machten. Ich hatte Glück. Sie konnten ein ROV frei stellen, einen kleinen Hiball, und einen erfahrenen ROV-Piloten dazu. Ein Transportauto konnte in Windeseile organisiert werden. Alles war innerhalb weniger Stunden von Bremerhaven aus abfahrbereit. Jetzt musste nur noch schnellstens eine Transportlogistik erarbeitet werden, denn sonst hätten wir mit der ONE EAGLE zurück zum nächst liegenden deutschen Hafen fahren müssen. Das hätte mindestens zwei Tage hin und zwei zurück in Anspruch genommen. Ich zögerte für einen Moment. Vielleicht konnte da Werner Hummel von der deutschen Expertengruppe helfen. Ich wusste, dass ich mich im Notfall auf ihn verlassen konnte, und ich beschloss, dass dieser Notfall jetzt gekommen war.

Er schlug vor, den ROV-Operator nach Gdynia zu leiten. So könnten wir Zeit sparen und brauchten nicht zu einem deutschen Hafen zurückfahren. Hummel sagte zu, sich um die Transportlogistik zu kümmern.

Gleichzeitig bat ich Kaj auf dem Schlepper BÜLCK, den Transport für uns durchzuführen. Auf diese Weise würde die ONE EAGLE ihre Position nicht verlassen müssen. Ich informierte die Taucher und die amerikanischen Expeditionsteilnehmer. Das Ersatz-ROV würde voraussichtlich in zwei Tagen eintreffen können. Wer nicht mehr bleiben wollte, sollte mit dem Schlepper BÜLCK an die polnische Küste fahren und dann weiter nach Hause. Einige der Taucher hatten nämlich bereits Probleme mit ihren Ehefrauen, Freundinnen oder Chefs, nachdem klar geworden war, dass die Expedition anstatt der geplanten Woche wahrscheinlich eine weitere in Anspruch nehmen würde. Und die Amerikaner fühlten sich unglücklich und überflüssig, weil all ihre Technik verloren oder kaputtgegangen war, und Gregg war offenbar beleidigt, weil ich »Nein« zum Abbruch der Aktion gesagt hatte.

Jeder hatte rund eine Stunde, um eine Entscheidung zu treffen, bevor der Schlepper losfahren würde. Die Taucher zogen sich zu einer Besprechung in den Aufenthaltsraum zurück. Mit Paul, Laura, Craig und Buck redete ich und versicherte ihnen, dass ich auch weiterhin ihre Hilfe sehr hoch schätzen würde und dass sie wirklich gebraucht würden.

Dann legte der Schlepper BÜLCK an.

Wer würde jetzt gehen?

Ich konnte die Spannung kaum noch ertragen.

Werner Hummel hatte inzwischen den Transport des Hiballs organisiert. Andreas, der ROV-Operator, war bereits nach Gdynia in Polen unterwegs. Kaj und der Kapitän der BÜLCK drängten auf Abfahrt, um nicht unnötig Zeit zu verlieren. Als die BÜLCK ablegte, war keiner von unserer Expedition von Bord gegangen.

Taucher Jakob Olschewski.

Die Taucher sagten mir, dass sie zu mir halten und bleiben wollten. Weitermachen, trotz verärgerter Chefs und Ehefrauen.

Und die Amerikaner?

Buck rief der BÜLCK-Crew hinterher: »Bringt uns 'ne anständige Pizza mit.«

Ich kann gar nicht beschreiben, wie froh ich war.

Jakob kam vor dem nächsten Tauchgang zu mir und zeigte mir zwei Tennisbälle, die er von der Besatzung des Schleppers bekommen hatte. »Die werde ich von unten hochjagen, wenn wir das Wrack nicht finden. Wenn wir es aber finden, dann geht die rote Taucher-Boje hoch.«

Es konnte also weitergehen.

Die Taucher machten sich bereit. Wenigstens mit dem Wetter hatten wir jetzt Glück, denn herrlichster Sonnenschein und eine spiegelglatte Ostsee präsentierten sich. Die 120 kg schwere Ausrüstung auf dem Rücken, brauchten die Taucher jetzt nur noch zur unteren Bordwand der ONE EAGLE zu gehen, und durch die Öffnung, die Hubert mit dem Schweißbrenner vergrößert hatte, konnten sie jetzt leicht abspringen. Zu viert machten sie sich auf den Weg rund 80 Meter in die Tiefe.

20 Minuten starrte ich auf die glitzernde See. Dann kam plötzlich die rote Dekompressionsboje hoch. Sie hatten das Wrack gefunden.

Vor Freude und in der Hoffnung, dass Kaj auf der BÜLCK es noch hören würde, obwohl der Schlepper auf dem Radarschirm schon zu einem winzigen Punkt geworden war, drückte ich den Nebelhorn-Knopf der ONE EAGLE dreimal. Markerschütternd tutete das Schiff.

Die zwei Tennisbälle brachte Jakob wieder mit an Bord. Später schenkte er sie mir. Ich habe sie noch heute und werde sie mitnehmen, falls ich jemals wieder zum Wrack der ESTONIA zurückkehren sollte.

An den folgenden Tagen ging die Arbeit gut voran, auch wenn wir ständig durch tief fliegende Flugzeuge und Hubschrauber der schwedischen Küstenwache belästigt wurden. Sogar schwedische Froschmänner sprangen an einem Tag vom Helikopter ab. Welchen Auftrag sie hatten und was sie gemacht haben, blieb uns verborgen. Auch kamen mehrfach schwedische Kriegsschiffe zu Besuch. Eines davon musste unbedingt vor Ort seine Kanonenrohre reinigen, was man uns, allerdings erst, nachdem man das Kanonenrohr auf uns gerichtet hatte, über Funk mitteilte. Ein anderes Kriegsschiff musste stundenlang seine Wasserkanone erproben. Zwar wurde der Strahl nicht auf uns, sondern zur anderen Seite gerichtet, aber nach Drohgebärde sah es trotzdem aus. Schließlich wurde uns noch am vorletzten Tag mit dem Wetterbericht zusammen mitgeteilt, dass ganz in der Nähe die estnische Marine eine Minensuchübung abhalten würde. Doch wir ließen uns von keiner dieser Aktionen beeindrucken.

Unsere Taucher kamen mit perfektem Videomaterial zurück. Erst jetzt konnten wir uns ein richtiges Bild über die Schäden an der ESTONIA machen, jetzt sah man alles ganz deutlich, gut beleuchtet, ruhig gefilmt und im Detail. Die Taucher bekamen von Tag zu Tag mehr Routine, nur hatten sie bisher kein Loch auf der Steuerbordseite entdecken können. Sie waren zwar schon in Vierer-Formation die gesamte Unterseite auf der vorderen Hälfte bis zum Steuerbord-Stabilisator abgetaucht und hatten alles genau inspiziert, aber sie hatten außer dem Steuerbordstabilisator, der vollkommen intakt war, nichts gefunden. Leider erlaubte aber die jeweilige Tauchlimitierung auf höchstens 20 Minuten kaum ein systematisches Arbeiten.

Als wir eingesehen hatten, dass ein frei liegendes Loch offensichtlich nicht gefunden werden konnte, beschlossen wir, kein weiteres Tauchgas für diese Suche zu verschwenden, sondern uns auf den Bugbereich zu konzentrieren. Drei Aufgaben hatten wir uns dafür vorgenommen:

1. Es sollte ein Taucher hinter die Autorampe tauchen und dann entscheiden, ob er es wagen würde, aufs Autodeck zu gehen.

Taucher Tommy Leidenberger.

2. Ein mitgebrachtes Radioaktivitätsmessgerät sollte möglichst weit aufs
   Autodeck gebracht werden und dort einige Zeit bleiben, um genügend
   Messinformationen speichern zu können.
3. Tommy und Hubert sollten zwei Metallteile von einem der vorderen
   großen Löcher im Frontschott an Steuerbord neben der Autorampe
   abbrennen.

Das hörte sich leichter an, als es schließlich werden sollte, denn weder
Tommy noch Hubert hatten Erfahrung. Zwar konnten beide einen
Schneidbrenner bedienen, aber unter Wasser in 80 Meter Tiefe herrschen
gerade für solche Arbeiten ganz eigene Gesetze. Außerdem war Tommy seit
Tagen erkältet, und nichts ist für einen Taucher gefährlicher, da die lebens-
wichtigen Atemorgane nicht mehr richtig funktionieren.

Zusammen mit Tommy rief ich Martin Volk in Berlin an. Der Spreng-
meister war uns immer ein guter und hilfreicher Berater gewesen, und er
kannte sich sehr gut aus mit der Analyse und Bewertung von Metallteilen,
die Explosionen ausgesetzt gewesen sind. Geduldig erklärte Volk Tommy
telefonisch, wie er die Teile am besten abbrennen sollte.

Die erste Aufgabe unserer Arbeitsliste erledigte dann Jakob spontan. Bei
einem der nächsten Tauchgänge schnallte er einfach einige seiner dicken
Rückenflaschen ab und tauchte hinter die Autorampe. Dort war allerdings
Schluss, denn herumhängendes Tauwerk und Metallstangen stellten sich

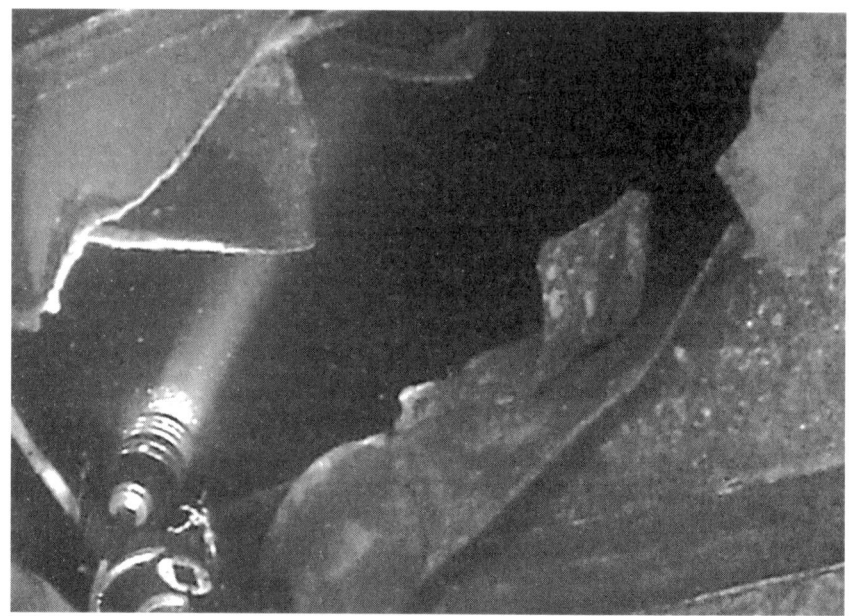

Loch im Wrack der ESTONIA.

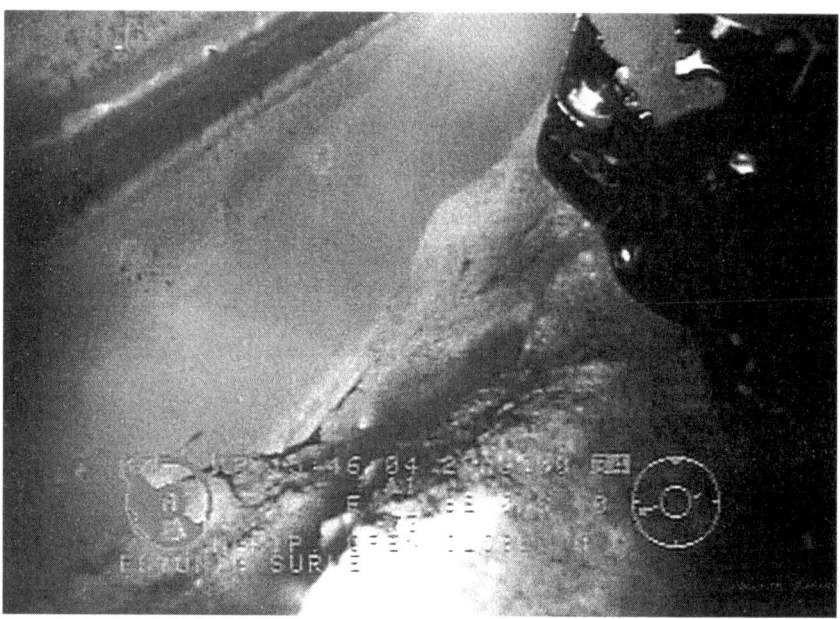

Mit Sand bedeckte Löcher im Rumpf der ESTONIA.

ihm in den Weg. Daher traute er sich nicht weiter ins Schiffsinnere hinein aufs Autodeck. Aber er positionierte das Radioaktivitätsmessgerät.

Die Amerikaner halfen derweil beim Navigieren und errechneten noch einmal erneut die Verlustposition des Sonarfisches. Sie wollten diesmal mithilfe eines kleinen Taucher-Suchtrupps danach forschen. Das waren mindestens zwei Taucher, die einen vollen Tauchgang machen mussten. Damit würden wir nur noch Gas für vier Taucher haben: zwei, die das Abtrennen der Metallteile durchführen, und zwei, die diese Aktion filmen sollten. Wenn das schief ging, waren alle unsere Gasvorräte verbraucht. Keine besonders guten Aussichten, aber in diesem Moment kam Volker mit der Nachricht, dass die BÜLCK im Anmarsch sei. Er hatte den Schlepper schon auf dem Radarschirm geortet und Funkkontakt hergestellt. Welch ein Glück. So hätten wir jetzt bald wieder ein ROV und könnten zusätzlich zu den Tauchern noch mit dem ROV Untersuchungen am Wrack machen, insbesondere noch einmal an der Steuerbordseite.

Als die BÜLCK längsseits ging und die Kisten umgeladen wurden, packten fast alle mit an. Auch Werner Hummel kam mit an Bord der ONE EAGLE, um dem ROV-Operator Andreas bei der Orientierung an der ESTONIA zu helfen. Kaum einer kannte schließlich das Wrack besser als er, der sich seit sechs Jahren intensiv damit befasst hatte.

Andreas erwies sich dann als wahrer Tausendsassa. Er war ein erfahrener Bergungstaucher, der schon oft unter Wasser mit Metallarbeiten befasst gewesen war. So konnte er Tommy und Hubert noch sehr gute Tipps für das Zünden des Schneidbrenners geben, bevor er sich ganz und gar mit dem ROV befasste. Zwischen ihm und dem Rest der Crew klappte die Zusammenarbeit auf Anhieb. Er benutzte die Positionsleine der Taucher, um das ROV ohne Umwege zum Wrack hinabzulassen. Seine Arbeitsweise war sehr professionell, sehr ruhig und präzise, er war wie ein Engel, den uns der Himmel zu Hilfe geschickt hatte.

Fast zeitgleich mit dem ROV gingen die Taucher ins Wasser – mit schwerer Ausrüstung und unter ständiger Beobachtung der Küstenwache. Wir hofften, dass man dort nicht merken würde, dass wir jetzt die ganz entscheidenden Arbeiten erledigen wollten. Es bestand natürlich die Gefahr, dass man uns nach erfolgter Abtrennung der Metallteile diese wieder abnehmen würde.

Tommy zwinkerte mir vor dem Abtauchen zu: »Das werden wir schon zu verhindern wissen.«

Hoffentlich.

Andreas hatte mittlerweile das ROV schon zur Steuerbordseite des Wracks gesteuert. Auch ihm fielen sofort die Kratzspuren auf, und er tat sofort das einzig Richtige: Er verfolgte die Spuren bis hinunter zum Meeresboden. Gab es Spuren, die verrieten, was hier vorgegangen war? Er steuerte das ROV rund zehn Meter auf dem Meeresboden immer dicht am Schiff entlang. Sein ROV war mit einem wesentlich besseren Licht ausgestattet als das der Amerikaner, und daher konnten wir alle sogar die Farben klar und deutlich erkennen. Und da sahen wir plötzlich etwas Ungewöhnliches. Das ROV glitt gerade über den ebenen, immer gleich hohen Meeresboden, als im Bild der ROV-Kamera ein Hügel von ca. 50–60 cm Höhe auftauchte. Andreas steuerte das ROV auf die Spitze des Hügels. Der Sand, der vorher offenbar glatt an der Bordwand angelegen hatte, war in irgendeine dahinter liegende Beschädigung der ESTONIA hineingesunken. Ein winzig kleines Stück einer Öffnung war zu erkennen. Hier hatte man sich also bemüht, etwas zuzuschütten. Wir benötigten einen Taucher, der diese Öffnung erweiterte, um etwas von dem Sand abzutragen. Leider schweißten gerade zu dieser Zeit vorne am Bug Tommy und Hubert die beiden Metallteile ab. Da wir nicht mit den Tauchern in Funkkontakt standen, konnten wir ihnen nicht mitteilen, dass wir jetzt einen von ihnen hier an der Öffnung brauchten. Mit den beiden anderen, die auf der Suche nach dem Sonarfisch waren, konnten wir auch nicht rechnen. Glück im Unglück? Oder sollte man es diesmal lieber als Unglück im Glück bezeichnen? Es war nicht zu ändern. Wir filmten die Stelle sorgfältig ab, mehr konnten wir im Augenblick nicht tun.

Tommy und Hubert kamen ausgesprochen fröhlich zurück an Bord der ONE EAGLE. Sie hatten zwei Stücke aus dem Steuerbord-Frontschott herausgebrannt und zwar entlang dem Loch, das von seinem Erscheinungsbild her deutliche Spuren einer Sprengung aufwies. Diese Teile wollte ich in Berlin einem Speziallabor übergeben, und dann würden Metallexperten endlich feststellen können, ob eine Sprengung stattgefunden hatte oder nicht.

Unsere Expedition war also erfolgreich gewesen. Ein letztes Mal kamen wir vor Antritt der Heimreise auf dem Achterdeck der ONE EAGLE zusammen. Der Kapitän fand die passenden Worte, und dann wurde ein von Steuermann Hans gebasteltes und beschwertes Blumengebinde ins Wasser geworfen.

Wir alle sahen ihm nach, wie es in der Tiefe versank.

Haftbefehle und andere
merkwürdige Entwicklungen

Während der nächsten zwei Tage war die Stimmung an Bord sehr gut, sehr entspannt. Alle freuten sich auf zu Hause. Ich ganz besonders, denn in Berlin hatte die Schule für meinen Sohn bereits wieder begonnen, und ich war an seinem ersten Schultag nach den Ferien nicht da gewesen. Das war in den letzten acht Jahren noch nie passiert. Auch Gregg hatte seinen 44. Hochzeitstag nicht in Santa Fe mit seiner Frau verbracht, was auch ihm während der letzten 43 Jahre noch nicht passiert war.

Uns allen war klar, dass wir von der internationalen Presse wahrscheinlich spätestens in Cuxhaven belagert werden würden. Deshalb beschlossen wir, schon in Kiel an der Schleuse auszusteigen. Nur die Taucher wollten auf der ONE EAGLE bis Cuxhaven fahren, weil dort ihre beiden Transportwagen standen. Doch schon als wir uns der Schleuseneinfahrt näherten, sahen wir eine Menschenansammlung. Unsere Journalistenkollegen waren eben auch nicht auf den Kopf gefallen. Also fand unser herzlicher Abschied von Volker, der Schiffsmannschaft und den Tauchern bereits unter dem Klicken von Fotoapparaten statt. Wir hatten für den nächsten Abend eine Pressekonferenz anberaumt in einem Hamburger Hotel, denn sonst würden wir die Reporter nie mehr loswerden. Gregg konnte nur noch bis Samstagmorgen bleiben, weil dann sein Flug in die USA zurückging. Er hatte sich während der Törns einen Fuß angebrochen und wollte sich so schnell wie möglich von einem Arzt zu Hause behandeln lassen.

Wir hatten durch das Büro meiner Filmproduktion den Angehörigenorganisationen Bescheid gegeben und angeboten, uns mit ein paar von ihnen noch vor der Pressekonferenz zu treffen und sie bereits vorab über die wichtigsten Details zu informieren. Das Treffen war auf Freitag, den 1. September 2000, nachmittags um 16.00 Uhr festgesetzt worden. Um 17.00 Uhr wollten wir dann der internationalen Presse Rede und Antwort stehen.

Wie verabredet berichteten wir den Angehörigenvertretern Lars Johanson und Bertil Calamnius über die auf dem Meeresboden herumliegenden Leichen. Die beiden Männer waren auf Vieles gefasst gewesen, aber darauf nicht. Die schwedische Regierung hatte erklärt, dass keine Leichen frei auf dem Meeresgrund lägen, und mit dieser Information hatten sie sich zufrieden gegeben. Beide waren jetzt sichtlich geschockt. Alles andere verblasste hinter dieser Information.

Gleich nach unserem Treffen sprachen sie mit ca. 30 Reportern von Tageszeitungen, Nachrichtenagenturen und Fernsehstationen aus Skandinavien, aber auch aus Deutschland und hielten mit ihrer Wut gegen die Manipulation der Regierung nicht hinter dem Berg. In den nächsten Tagen wurde die Information über die auf dem Meeresboden liegenden Leichen zum wichtigsten Ergebnis unserer Expedition hochkatapultiert. In der schwedischen Presse begannen Spekulationen, ob wir die Leichen nun gefilmt hätten oder nicht. Wir sollten durch unsere Videoaufnahmen beweisen, dass wir nicht lügen. Absurd. Wir hatten in der Tat einige Leichen gefilmt bei der Suche nach dem Sonarfisch. Eher unbeabsichtigt. Aber wir wollten nicht, dass diese schockierenden Bilder womöglich von Kindern im schwedischen Frühstücksfernsehen gesehen würden. Deshalb weigerten wir uns, dieses Videomaterial an die skandinavischen TV-Sender zu liefern. Unser Anwalt belehrte uns dann aber anders. Weil wir uns vor Beginn der Expedition verpflichtet hatten, sämtliches Material zur Verfügung zu stellen, konnten wir diese Aufnahmen nicht zurückhalten. Wir versuchten es, so lange es ging. Dadurch handelten wir uns einigen Ärger mit TV 4 in Schweden ein, da der Sender beteuerte, dass man sich die Aufnahmen nur anschauen wolle, ohne sie zu senden. Doch wir vertrauten den verantwortlichen Journalisten nicht. Zu groß war die Versuchung, dieses Sensationsmaterial auszustrahlen. So lieferten wir die Kopien dieser Videobänder erst einen Tag nach der ersten Sendung über die Expedition. Da man uns aber in Schweden zunehmend als Lügner abstempelte, entschlossen wir uns, einigen ausgewählten Journalisten die Aufnahmen zu zeigen. Außerdem baten wir mehrere Expeditionsteilnehmer, eidesstattliche Versicherungen über das Gesehene abzugeben. Damit war der Vorwurf der Lüge weg.

Schon dachten wir, dass es jetzt endlich zu einer sachlichen Diskussion über unsere Expedition und deren Ergebnisse kommen könnte, da schneite uns eine neue Pressemeldung ins Haus: Der Oberstaatsanwalt in Schweden, Ronny Jacobsen, hatte gegen Gregg Bemis und mich offiziell einen Haftbefehl erlassen. Damit bezweckte man natürlich zweierlei: Wir sollten eingeschüchtert werden, und man wollte uns aus Schweden und den anderen skandinavischen Ländern fernhalten.

Nachdem wir also erfahren hatten, dass es Haftbefehle gegen uns gab, rechnete ich fest damit, in irgendeiner Form schriftlich benachrichtigt zu werden. Ich glaubte, es sei in demokratischen Staaten üblich, dass man

FAX

från

9:e åklagarkammaren i Stockholm

Mottagare/to Jutta Rabe	Avsändare/from Kammaråklagare Ronnie Jacobsson Tel 08-762 16 54
Meddelande	

Antal sidor inklusive denna sida/pages

2

Box 70296, 107 22 STOCKHOLM
Telefon 08-762 16 96
Fax 08-762 16 99

Fax vom schwedischen Generalstaatsanwalt: Bestätigung des Haftbefehls gegen Jutta Rabe.

193

zumindest von der Staatsanwaltschaft ein Schreiben erhält, welches die Vorwürfe oder Verdächtigungen darlegt, sodass man die Gelegenheit erhält, dazu Stellung zu nehmen. Ich wartete drei Wochen, aber es kam nichts. Schließlich schrieb ich einen Brief an Ronny Jacobsen und beschwerte mich über die Verfahrensweise.

Prompt kam eine Antwort. Der Staatsanwalt teilte mir mit, dass er den Haftbefehl gerne annullieren würde, wenn ich im Gegenzug zu einer Befragung bereit sei.

Umgehend teilte ich meine Bereitschaft mit. Ich hatte nichts zu verbergen. Nur bat ich um Verständnis, dass ich für diese Befragung keinesfalls schwedischen Boden betreten würde. Aber ich bot an, in Berlin jederzeit zur Verfügung zu stehen. Der Ort der Befragung würde schließlich nichts an meinen Antworten ändern.

Noch bevor mir der Staatsanwalt hierauf antworten konnte, teilte mir ein Journalistenkollege aus Schweden mit, dass sich die schwedische Journalisten- und Verlegervereinigung für eine sofortige Aufhebung des Haftbefehles stark gemacht hatte, weil ich dadurch natürlich in der Ausübung meiner journalistischen Tätigkeit behindert wurde. Man sah dies als einen Angriff auf die Pressefreiheit, denn schließlich war ich während der Tauchexpedition in geradezu klassischer Art meiner journalistischen Recherchetätigkeit nachgegangen.

Ich freute mich über die bemerkenswerte Aktion von einer Seite, von der ich eigentlich gar keine Unterstützung erwartet hatte.

Die Reaktion entsprach meinen Erwartungen: Keine einzige schwedische Zeitung druckte diese Erklärung, und die Staatsanwaltschaft nahm die Haftbefehle bis heute nicht zurück. So werde ich bis auf weiteres nicht mehr nach Schweden reisen – eine fein ausgedachte Methode, mich aus dem Land fernzuhalten, in dem ich natürlich gerne weitere Recherchen anstellen würde.

Im Frühjahr 2001 wandte ich mich dann schließlich an den OSZE-Beauftragten für Freiheit der Medien, Freimut Duve, der mir Unterstützung zusagte und meinen Fall im Europarat zur Sprache zu bringen beabsichtigt. Gregg Bemis reagierte seinerseits gegen den Haftbefehl. Er reichte bei einem finnischen Seegericht und beim internationalen Seegericht in Hamburg Klage ein. Er wird einen Prozess gegen den schwedischen Staat führen, der auf juristischem Wege bestätigen soll, dass die Schweden mit ihrem Tauchverbotsgesetz internationales Seerecht verletzen.

Metallanalysen, verwirrende Untersuchungsergebnisse und die Konsequenzen

»Metall vergisst nicht.« Diese Worte hatten sich im Frühjahr 1999 fest in mein Gehirn eingebrannt. Sie stammten von Martin Volk, und was er damit meinte, hörte sich zunächst einfach an: Um herauszufinden, ob es Explosionsschäden an der ESTONIA gibt, müsste man Metallproben untersuchen. Das Einfachste wäre, so empfahl mir Martin Volk, einige Metallteile von den schwedischen oder finnischen Behörden zu erbitten, um in einer Laboranalyse eine etwaige Explosion nachweisen zu können.

Es hätte sich dabei um Teile der Bugklappe handeln können und Teile, die sich dicht genug an den Steuerbordschlössern befunden hatten. Solche Metallteile waren von Tauchern im Auftrag der JAIC abgebrannt worden, und Reste musste es noch geben.

Der schwedische Rechtsanwalt Henning Witte bat also finnische Mitglieder der JAIC um diese Metallreste. Natürlich bekamen wir nichts, und als wir in der Folge darum baten, von dem immer noch im finnischen Hangö lagernden Bugvisier selber zwei kleine Proben abbrennen zu dürfen, gab es ein klares Nein. Das Bugvisier wurde schnellstens nach Stockholm gebracht. Das war für mich wieder ein Hinweis darauf, dass die JAIC vielleicht wusste, dass eine Sprengung stattgefunden hatte. Warum sonst hätte man eine Metalluntersuchung verhindern sollen?

Doch nun hatten wir unsere eigenen Metallstücke. Martin Volk ging mit mir zu seinen ehemaligen Kollegen, mit denen er während seiner aktiven Dienstzeit Forschung auf dem Gebiet der Metall-Gefügestrukturveränderung betrieben hatte.

Bei einer »detonativen Beeinflussung«, also einer Sprengung, verändert sich das Gefüge im Metall. Es wird zerstört. Die einzelnen Kohlenstoffkörner zerbröseln wie Brotkrumen, weil das Sprengereignis mit einer solch großen Geschwindigkeit auf das Metall einwirkt, wie man es mechanisch gar nicht erzeugen kann. Selbst das Metall eines Autos, das mit 400 Stundenkilometer frontal gegen eine Wand gefahren würde, wiese keine vergleichbaren Strukturveränderungen auf. Zwar streckt, dehnt oder verformt sich auch hier das Metallgefüge, aber das einzelne Korn bleibt unzerstört.

Das ist natürlich eine stark vereinfachte Beschreibung, und es gibt natürlich weitere Kriterien, die auf eine Detonation im Metall schließen lassen. So lässt sich nach einer Explosion eine größere Stahlhärte messen, es tauchen an den Bruchkanten so genannte Scherbänder auf und zusätzlich finden sich im Metall auch kleine »Zwillingspärchen«, die ebenfalls zu den Strukturveränderungen zählen.

Da Martin Volk bis dahin nicht an den Erfolg der Tauchaktion geglaubt hatte, waren seine Kollegen nicht auf unser Ansinnen vorbereitet. Also übergab Volk dem Leiter des Materialprüfungsamtes Brandenburg, Prof. Ziegler, und Dr. Nega zuerst einmal ein Stück der Metallteile mit der Bitte um Untersuchung auf mechanische Beeinflussung. So nennt man das im Fachchinesisch. Mit anderen Worten, sie sollten feststellen, wie, in welcher Weise und wie stark dieses Metallteil durch einen »mechanischen« Vorgang beeinflusst worden war.

Dann folgten zwei Wochen Schweigen.

Schließlich rief ich im Materialprüfungsamt an und bat um einen Zwischenbericht, den man mir aber telefonisch nicht geben wollte.
Prof. Ziegler hielt sich sehr bedeckt.
Deshalb vereinbarten wir einen Termin, zu dem auch einige weitere Kollegen vom Spiegel samt Kamerateam hinzukommen sollten: den 19. September.

Mehrfach telefonierte ich mit Gregg, denn sehr viel versprechend sah das alles nicht aus.
Wir beide waren uns aber einig. Wie auch immer das Resultat ausfallen würde, wir würden es veröffentlichen. Sollte es keine Hinweise auf eine Sprengung geben, dann würden wir dieses Ergebnis akzeptieren und bräuchten nicht mehr weiterzusuchen. Dann hätte es eben keine Sprengung auf der ESTONIA gegeben, und damit wäre der Fall für uns abgeschlossen.

Mein Herz klopfte bis zum Hals, als wir am 19. September im Materialprüfungsamt Brandenburg mit den Wissenschaftlern zusammentrafen. Ihr

Metallproben vom Wrack der ESTONIA.

Ergebnis war eindeutig. Sie hatten es viele Male überprüft, weil sie zuerst dachten, dass sie sich getäuscht hätten. Schließlich teilte uns Prof. Ziegler mit, dass man leider in der Metallprobe keine mechanische Beeinflussung hätte nachweisen können, dafür aber umso deutlicher eine detonative. Da ich vorher nicht die Möglichkeit einer Explosion erwähnt hatte, hatten die Wissenschaftler geglaubt, dass wir nach einer mechanischen Beeinflussung suchten, und hatten ihr Ergebnis sorgfältigst überprüft, eine sehr gute Voraussetzung, um ein objektives Ergebnis zu erhalten. Und das lag jetzt vor: Es hatte eine detonative Einwirkung gegeben.

Zwischenzeitlich hatte ich aber noch ein weiteres Institut gefunden, das mit Metallanalysen in Verbindung mit Sprengereignissen umzugehen wusste: das Institut für Materialanalyse und Werkstofftechnik in Clausthal-Zellerfeld mit dem Fachmann Dr. Neubert.

Ihm hatte ich das zweite Metallstück der ESTONIA anvertraut. Allerdings hatte ich verlangt, dass er das Stück in keiner Weise beschädigen dürfe, da ich Gregg versprochen hatte, dass er eventuell dieses ganze Stück, zumindest aber einen Teil davon, in die USA holen könne, damit Spezialisten dort eine ganz eigene Untersuchung machen könnten.

Doch trotz sorgfältiger Untersuchung konnte Dr. Neubert an dem zweiten Metallstück im nicht zerschnittenen Zustand keinen eindeutigen Nachweis einer Sprengbeeinflussung erzielen. Er würde es zerschneiden müssen, denn nur am geschnittenen Metall würden sich die Erscheinungen zeigen, nach denen man suchen musste, sagte er mir.

Da ich mein Versprechen nicht brechen konnte, bat er um eine der Proben, die die Wissenschaftler in Brandenburg zur Verfügung hatten. Er untersuchte das Metallstück mit einer anderen Methode als die Brandenburger, aber er kam zu dem gleichen Ergebnis: Es hatte eine Sprengung stattgefunden.

Weitere Proben gingen dann an die Bundesanstalt für Materialprüfung (BAM) und an ein amerikanisches Institut, das Gregg inzwischen ausgewählt hatte. Es stellte sich schnell heraus, dass die Wissenschaftler der BAM nach eigenen Angaben keinerlei Erfahrung auf diesem Gebiet hatten. Ich persönlich besorgte ihnen daraufhin die entsprechende Fachliteratur, die ausgerechnet aus dem militärischen Forschungsinstitut der schwedischen Streitkräfte stammte, da dort bereits in den 1970er-Jahren über Fragen der Gefügeveränderungen im Metall nach Explosionen geforscht worden war. Doch große Hoffnung auf ein aussagefähiges Ergebnis der BAM-Untersuchung hatten weder Gregg Bemis noch ich.

Im November erhielt Gregg dann das Ergebnis des South West Research Institutes in San Antonio. Die US-Wissenschaftler waren ebenso wie die

Wissenschaftler der zwei deutschen Institute zu dem Ergebnis gekommen, dass eine Explosion auf das Metall eingewirkt hatte.

Das Gutachten der BAM brachte dann Ende Januar aber eine konträre Meinung hervor. Die Wissenschaftler der BAM kamen zu dem Ergebnis, dass keine Explosion stattgefunden habe. Sie leiteten diese Schlussfolgerung aus ihren Untersuchungen an den ihnen vorliegenden Metallproben

Analyseprotokoll des Materialprüfungsamtes Brandenburg.

ab. Der Kern ihrer These war, dass Veränderungen im Metall, so genannte Twins oder Twinnings, die ein wissenschaftlicher Anhaltspunkt für Explosionseinwirkungen sind, nur direkt unterhalb der Oberfläche des Metalls von ihnen gefunden wurden. Dies, so die BAM, stamme aber wahrscheinlich von einer Kugelstrahlbehandlung des neuen Stahls vor der ersten Lackierung vor über 20 Jahren.

Laut Angaben der Werft war der Stahl der ESTONIA bei der Fertigung aber gar nicht mit Kugelstrahl behandelt, sondern gesandstrahlt worden. Das hatte die Meyer-Werft der BAM sogar schriftlich mitgeteilt, aber die Wissenschaftler hatten dies einfach ignoriert und argumentiert, dass zum damaligen Zeitpunkt Kugelstrahlbehandlung eine übliche Fertigungsmethode war. Dass weder die Meyer-Werft noch die Stahlfertigungsfirma zu dem damaligen Zeitpunkt überhaupt eine Kugelstrahlanlage besaßen, ließ die Gutachter nicht abweichen von ihrer Behauptung.

Doch selbst wenn der Stahl der ESTONIA vor 20 Jahren bei der Herstellung mit Kugelstrahl behandelt worden sein sollte und die Wissenschaftler die »Twins«-Metallstrukturveränderungen unterhalb der Oberfläche da-

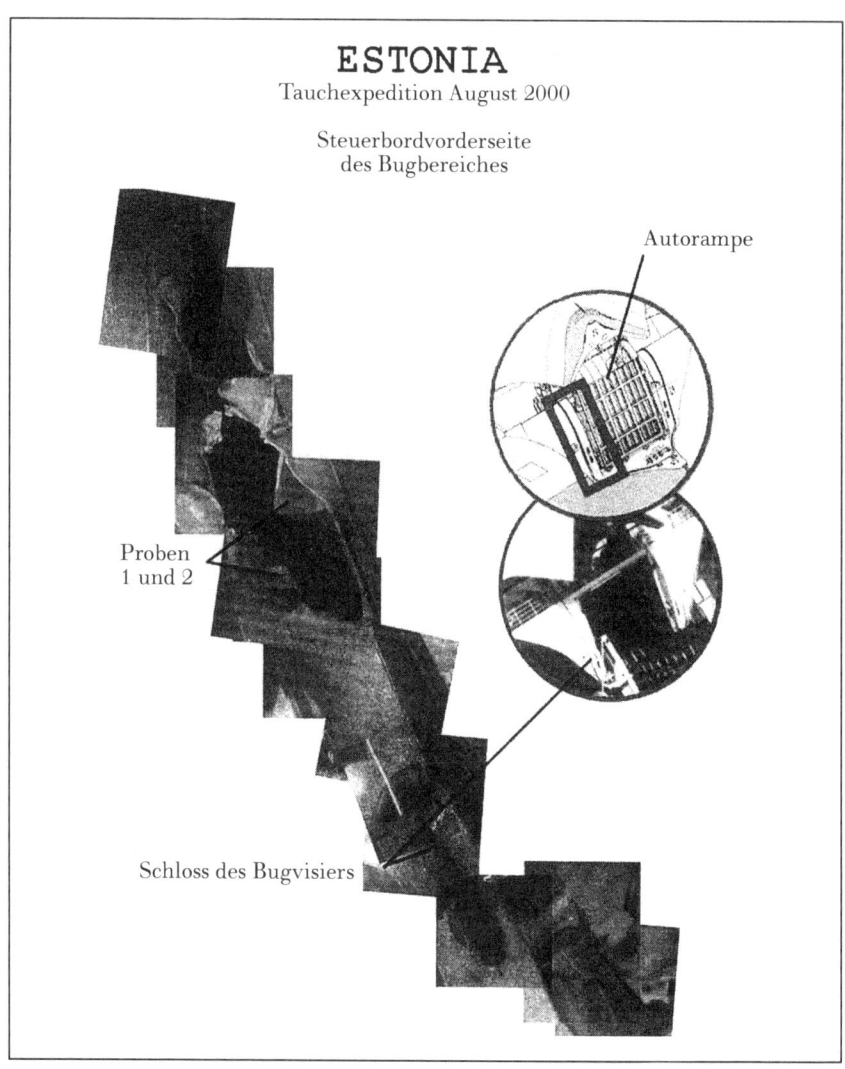

Fotorekonstruktion des Schadensbildes am Steuerbord-Frontschott der ESTONIA.

rauf zurückführen, gibt es im Grunde zu den Untersuchungen der anderen Institute keinen wirklichen Widerspruch, denn auf Seite 64 ihres Berichtes listet die BAM genau die Metallproben auf, die sie untersucht hat. Unter diesen Stücken befindet sich aber keines der Teile, die von den anderen Instituten untersucht und an denen »Twins« auch im Metall und nicht nur unterhalb der Oberfläche gefunden wurden.

Es ist also festzustellen, dass die Aussageformulierung der BAM: »An den beiden untersuchten Prüfstücken wurden Hinweise auf eine Sprengstoffdetonation nicht gefunden« nicht ganz korrekt ist, denn die Wissenschaftler hätten in ihrem zusammenfassenden Ergebnis eigentlich erwähnen müssen, dass sie nur an den von ihnen untersuchten Probeteilen der beiden Prüfstücke keine Hinweise auf Sprengstoffdetonationen gefunden haben. Damit hätten sie aber auch die Schlussfolgerung ziehen müssen, dass sie eine sichere Aussage über eine Sprengstoffeinwirkung auf die ganzen Prüfstücke nicht leisten können, da ihnen nicht alle Einzelteile der Prüfstücke zur Untersuchung zur Verfügung standen bzw. viele Einzelteile von ihnen nicht untersucht worden sind.

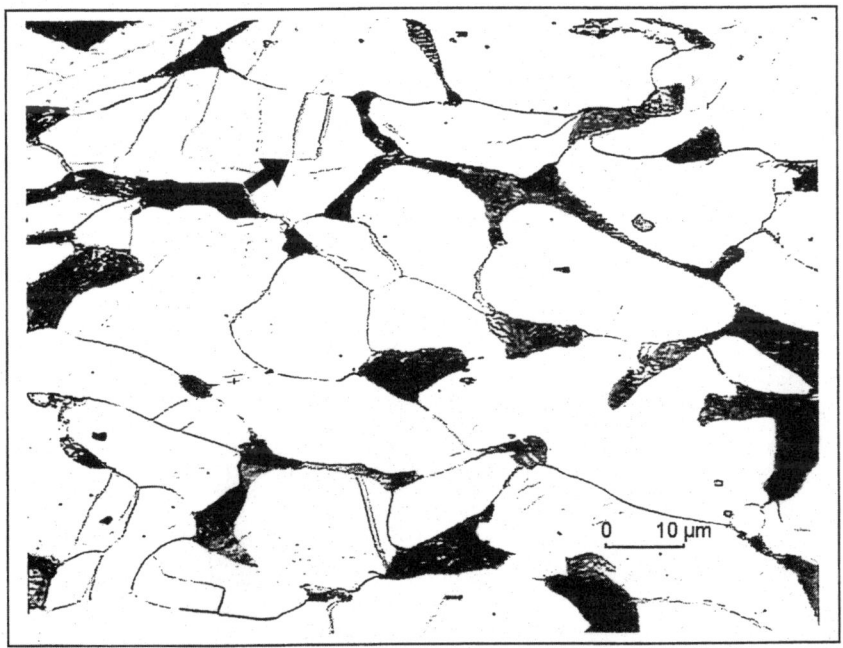

Metallgefüge der untersuchten Proben: »Twins« sind Hinweise auf Explosionen.

Im Frühjahr 2001 bot sich dann der englische Metall- und Sprengexperte Dr. Michael Edwards von der militärischen Akademie in Cranfield an, die Metallstücke zu untersuchen. Er hatte alle bis dahin vorhandenen Prüfberichte der verschiedenen Institute gelesen, und sein Resümee, das er mir in Form eines Interviews im Juni 2001 gab, zeigte schließlich sogar noch mehr Schwächen in der BAM-Untersuchung auf.

Hier ein Ausschnitt aus dem Interview:

Jutta Rabe: Ich komme zu dem Report der BAM. Dort hat man gesagt, dass es keine Explosion gegeben hat, weil es nur die »Twinnings« direkt unter der Oberfläche gegeben hat. Was sagen Sie dazu? War das für diesen Fall relevant?

Dr. Michael Edwards:

Ich denke nicht, dass das speziell relevant war, weil die Abwesenheit von »Twins« nicht bedeutet, dass es dort keine Explosion gegeben haben kann. Ich habe einige Fälle gehabt, in denen ich die Explosion nahe an den Metallplatten ausgeführt habe, habe auch aufgesplitterte Lochränder herbeigeführt, aber dort gab es keine »Twins«. Und dies war, weil der Druck, der Schock-Druck, einfach nicht groß genug war. Er war verdämmt worden, in meinen Versuchen mit Sand, aber es könnten auch andere Materialien sein, sodass man bei Abwesenheit von »Twinnings« nicht sagen kann: »Keine Twins, keine Explosion.« ... die dominierenden Merkmale in diesem speziellen Fall haben viel mehr mit den aufgesplitterten Lochrändern und de facto mit der Anordnung, der exakten Anordnung der wenigen vorgefundenen »Twins« zu tun.

Es gibt also auch Explosionen, die keine oder nur sehr wenige »Twins« hinterlassen. Militärexperten sind in der Untersuchung solcher Fälle natürlich viel erfahrener, und Dr. Edwards arbeitet ständig mit diesen Fragen, weil er als Experte des britischen Militärs viele Untersuchungen zu terroristischen Bombenattentaten führte.

Inzwischen hatte ich bei der Generalbundesanwaltschaft in Karlsruhe eine Anzeige wegen Massenmord erstattet, unterstützt von zwei deutschen Familien, die bei dem ESTONIA-Untergang Angehörige verloren haben. Die Bundesanwaltschaft verwies den Fall an die Hamburger Generalstaatsanwaltschaft, da man dort über größeres maritimes Fachwissen verfüge.

Inwieweit das nun zu einer Neuermittlung im Fall ESTONIA führen wird, bleibt offen, denn ob sich die deutsche Staatsanwaltschaft mit einem Untersuchungsbegehren in Schweden durchsetzen können wird, ist nicht abzusehen. Es bleibt nur zu hoffen, dass die deutschen Ermittler nicht aufgeben werden.

Eigentlich hätte schon die Vorlage der Metalluntersuchungen, die zumindest einen berechtigten Verdacht auf Sprengstoffeinwirkung untermauert, ausreichen müssen, um eine neue Untersuchung einzuleiten. Dazu wären Schweden und Finnland laut SOLAS-Resolution Nr.A.849 (20) und erweitert A.884 (21) eigentlich angehalten, denn dort heißt es:

»Wiederaufnahme von Untersuchungen:

... Im Fall neuer Beweise, die die Rückschlüsse auf die Umstände, unter denen das Marineunglück geschah, und die die Beweisführung im Zusammenhang mit der Unglücksursache wesentlich verändern könnten, sollten die Staaten ihre Ergebnisse nochmals prüfen.«

Die ESTONIA wurde versenkt –
ein mögliches Szenario

Schon 1997 schrieb Andi Meister in seinem Buch »Das unvollendete Logbuch«: »... andererseits konnte eine Bombe auch nicht ausgeschlossen werden.«

Die Beschädigungen im Bugbereich umfassen drei große Bereiche:
1. das Loch im Steuerbord-Frontschott, aus dem während der Tauchexpedition im August 2000 Metallproben entnommen wurden,
2. das etwas darunter liegende Schloss der Bugvisier-Verriegelung auf der Steuerbordseite,
3. die darunter liegende Kante der Autorampe, dort, wo Deck und Autorampe aufeinanderstoßen.

Alle Beschädigungen weisen für Experten[1] die typischen sichtbaren Merkmale von Explosionen auf: Dort wo Löcher gerissen wurden, sehen die Splitterteile aus wie eine aufblühende Tulpe, aber mit scharfen Kantenbildungen sowie starken Verwölbungen des Metalls, wie sie nur durch kurzes, schockartiges Aufschmelzen entstehen.

Es ist anzunehmen, dass es mindestens drei Explosionen auf der ESTONIA gegeben hat. Auffällig ist, dass auf der gegenüberliegenden Seite im Backbordbereich ein vermutlich nicht detoniertes Sprengpaket gefunden wurde. Dieses wurde von einem der Tauchroboterkameras gleich nach dem Untergang aufgezeichnet und befand sich ungefähr auf der Höhe der Backbord-Bugvisierverriegelung. Hier gab es im Metall auch keine gleichartigen Schäden wie auf der Steuerbordseite.

Da das Sinkverhalten der ESTONIA allerdings noch auf eine zusätzliche Beschädigung am Rumpf, im vorderen Steuerbordbereich hindeutet, gehen die Experten davon aus, dass sich noch ein weiterer Sprengsatz auf dem Autodeck befunden hat, und zwar ebenfalls ziemlich weit vorne. Dieser Sprengsatz hat wahrscheinlich ein Loch auf und bis unter die Wasser-

---

1 Die englischen Explosionsexperten mit militärischem Hintergrund Brian Braidwood (Gutachter der deutschen Expertengruppe), Michael Fellows (Gutachter auf der AgnEF-Konferenz im Mai 2000), Dr. Michael Edwards (Cranfield Militärakademie) und der deutsche Polizei-Sprengexperte Martin Volk.

linie des Schiffes gerissen. Der daraus resultierende Wassereinbruch würde die schnelle Steuerbord-Schlagseite erklären und die Tatsache, dass die Passagiere auf dem Deck unterhalb des Autodecks bereits frühzeitig Wasser in ihrem Korridor bemerkten.

Während der Tauchexpedition im August 2000 konnte von diesem Loch leider nur ein ganz kleiner Teil gefilmt werden, da Sandmassen darübergeschüttet worden waren. Dies war im Rahmen der Vorbereitungsarbeiten zur geplanten Einbetonierung im Jahr 1996 auf Veranlassung der schwedischen Regierung erfolgt. 385.000 Tonnen Sand wurden rund um die ESTONIA verteilt. Um das Schiff zu stabilisieren, hieß die Begründung. Dass dabei aber ausgerechnet an dieser Stelle der Sand sogar zu einem Hügel aufgeschüttet worden ist, deutet für mich darauf hin, dass man hier gezielt zugeschüttet hat.

Ein nicht identifiziertes Paket an der Backbordseite der Autorampe – eine nicht explodierte Sprengladung?

Die Gespräche mit den erwähnten Sprengexperten lassen mich folgendes Szenario vermuten:

Überlebende Passagiere haben übereinstimmend von zwei bis drei Knallgeräuschen berichtet, die sie in Abständen gehört haben. Alle Knallgeräusche wurden im Frontbereich des Schiffes wahrgenommen. Ich gehe also davon aus, dass es sich dabei um Detonationen handelte.

Einige der Sprengladungen waren, so vermute ich, an den Seitenschlössern und dem vorderen Bulkhead installiert worden und mindestens eine Sprengladung auf dem Autodeck, ebenfalls im vorderen Steuerbordbereich. Da sich die Knalle kurz vor 01.00 Uhr ereigneten, schließe ich daraus, dass die Sprengsätze eigentlich alle zur gleichen Zeit explodieren sollten und nur durch Differenzen der benutzten Zeitzünder zu etwas auseinander liegenden Zeiten explodierten. Die auf die Knalle folgenden schweren Erschütterungen und Vibrationen, die durchs ganze Schiff spürbar waren und ebenfalls von Überlebenden übereinstimmend geschildert wurden, weisen meiner Meinung nach auf einen typischen Rückschlag hin, so wie er bei einer Detonation typisch ist. Die vorderen Explosionen am Bugvisier hatten dann zur Folge, dass dieses losbrach, aber erst in einem sehr späten Stadium vollends abriss. Die Detonation auf dem Autodeck verursachte, so vermute ich weiter, eine Beschädigung des vorderen Schiffsrumpfes oberhalb und direkt unterhalb der Wasserlinie. So konnte Wasser die unteren Decks fluten, und auf diesem Weg entwich die Luft auf natürliche Weise nach oben. Das Schiff konnte innerhalb kurzer Zeit versinken.

Es kann nur durch die Art und Intensität der Metallgefügestrukturveränderungen die Vermutung ausgesprochen werden, dass der Sprengstoff nicht in direktem Kontakt mit dem Schiffsmetall war, d.h., dass sich etwas dazwischen befunden haben muss. Laut Aussage der Experten kommt hierfür jedes Material in Frage, das sich zusammenpressen lässt und für Verdämmung sorgt, wie z.B. Sand, Textilien, Holz, Plastik oder Luft.

Leider lassen sich aus den Metallanalysen keine eindeutigen Rückschlüsse auf den verwendeten Sprengstoff ziehen. Deshalb ist es nicht möglich, aus diesen Zusammenhängen auf die in Frage kommenden Täterkreise zu schließen.

Thesen,
Fakten und Beweise

Bombendrohungen
und Gerüchte

Es hatte im Laufe der Jahre 1993 und 1994 mehrere Bombendrohungen gegen Schiffe gegeben, die von und nach Tallinn fuhren[1]. Nicht nur gegen die ESTONIA und damit gegen Estline, sondern auch bei der finnischen Reederei Silja waren mehrere Bombendrohungen eingegangen.

Die Hintergründe waren vielfältig.

Lennart Alberg vom schwedischen RITS[2], einer der verantwortlichen Beamten in solchen Fällen, nannte als hauptsächlichsten Hintergrund Erpressung. »Ihr zahlt, oder wir legen eine Bombe ins Schiff«, so katalogisierte Lennart Alberg die meisten dieser Drohungen. Ob Einzeltäter oder Mafiagruppen dahintersteckten, wusste er jedoch nicht zu berichten, denn die Fälle wurden im Einzelnen nicht aufgeklärt, und man versuchte sie auch weitestgehend geheimzuhalten, um die Passagiere nicht zu beunruhigen. Nur einmal gelang die Verhaftung eines Verdächtigen. Die estnische Polizeistatistik weist für das Jahr 1994 insgesamt 125 Bombendrohungen aus, wobei leider nicht aufgeschlüsselt wurde, wie viele sich davon gegen Schiffe gerichtet hatten. Die Esten waren aber sehr besorgt über diese Entwicklung und begannen, eine eigene Anti-Terror-Truppe, dem Innenministerium unterstellt, aufzubauen.

Dass auch die Reederei Estline sehr genau über alle Bombendrohungen Bescheid wusste, spiegelt sich am besten in den Aussagen des damaligen Estline-Direktors Johan Johansson und seines Stellvertreters Toivo Niinas wider. Am Tag des ESTONIA-Unterganges hatten sich beide sehr bestürzt darüber geäußert, dass ein Anschlag der Hintergrund sei. Später wollten sie dann dazu keine Angaben mehr machen.

Vier Übungen für den Fall eines Bombenalarms wurden vom RITS während der Jahre 1993 und 1994 auf verschiedenen Schiffen und mit allen nur erdenklichen Szenarien durchgeführt. Eine der größten Übungen hatte sogar auf der ESTONIA am 2.2.1994 stattgefunden. Das Erstaunliche daran: Das Szenario zu dieser Übung liest sich heute wie eine Beschreibung

---

1 Quelle: Offizielle Polizeistatistik des estnischen Transportministeriums.
2 RITS: schwedischer Rettungsverband.

der Ereignisse in der Nacht vom 27. auf den 28. September 1994. Fast genau auf der Position, wo heute das Wrack der ESTONIA auf dem Meeresgrund liegt, simulierte die RITS eine Bombenübung.

Auszug aus dem Bombenübungsszenario der RITS:

»RITS Übung MS ESTONIA 2.2.1994
Hintergrund zum Szenarium RITS-Übung
Estline (ESTONIA) hat längere Zeit regelmäßig Bombendrohungen erhalten. Alle Bombendrohungen gegen die Estline (ESTONIA) wurden telefonisch an das Reedereibüro im Värtahamm (Värtahafen), Stockholm, gerichtet, und jedes Mal hat die MS ESTONIA am Kai des Värtahafens gelegen. Bei den Bombendrohungen hat man die Stockholmer Polizei kontaktiert, die das Schiff dann mit Hunden durchsucht hat. Alle Bombendrohungen gegen die Estline haben sich als falsch herausgestellt. Am Dienstag, den 2. Februar, um 18.00 Uhr, eine halbe Stunde nachdem die MS ESTONIA Stockholm verlassen hatte, bekam die Reederei in Stockholm eine telefonische Bombendrohung gegen die MS ESTONIA. Diese Bombendrohung kommt von einem Mann, der in schlechtem Schwedisch berichtet, dass es eine Anzahl von Bomben an Bord der ESTONIA gibt. Die Sprengladungen werden detonieren, falls er nicht eine größere Summe Geld erhält. Das Reedereibüro in Stockholm kontaktiert daraufhin sofort den Kapitän an Bord der MS ESTONIA. Der Kapitän an Bord der MS ESTONIA beurteilt die Bombendrohung als falsch und entscheidet sich dafür, die Reise nach Tallinn fortzusetzen. Das Reedereibüro in Stockholm kontaktiert auch die Polizei in Stockholm, die die Drohung als ernst beurteilt. Nach einem Kontakt mit der MS ESTONIA entscheidet man sich in Absprache mit dem Kapitän an Bord, Suchhunde an Bord der ESTONIA zu schicken, die die Reise nach Tallinn fortsetzt. Der Kapitän der MS ESTONIA kontaktiert MRCC und informiert über die Bombendrohung. Die Polizei in Stockholm kontaktiert MRCC wegen des Transports raus zu ESTONIA.«

Die Übung lief dann so ab: Bei der Durchsuchung des Schiffes wird eine noch nicht explodierte Bombe auf dem Autodeck gefunden. Eine weitere explodiert im Bereich von Passagierkabinen. Die Hunde werden eingesetzt, um die noch nicht explodierte Bombe aufzuspüren. Die Feuerlöschteams der Besatzung werden getestet, um zu sehen, wie gut und schnell sie die verletzten und durch Rauch vergifteten Passagiere vom Deck I unterhalb des Autodecks herausholen und einer medizinischen Versorgung übergeben können.

Weiter wurde geprobt, wie gut die Kommunikation mit der Rettungs-zentrale MRCC und deren Kommunikation mit dem Huddinge Kranken-haus Stockholm funktioniert. Kapitän war während dieser Übung Arvo Andresson, und an Bord war »seine« Crew, dieselbe Besatzung, die später auch in der tatsächlichen Untergangsnacht Dienst hatte.

Besonders fällt hierbei auf, dass während dieser Übung der Alarm an die beiden Feuerlöschteams, die zur Rettung der Passagiere unterhalb des Autodecks dirigiert werden sollen, »Mr. Skylight One and Two« lautet, also genau wie der Einsatzbefehl, der auch während des tatsächlichen Unter-gangs später durch die Lautsprecher mitgeteilt wurde. Wenn es sich während des tatsächlichen Untergangs der Estonia bei dieser Durchsage um so etwas wie einen generellen Einsatzalarm der Besatzung gehandelt hätte (so stellte es die JAIC später dar), dann hätte die Verschlüsselung einen anderen Wortlaut haben müssen, auf jeden Fall nicht den Wortlaut für den Alarm für die Feuerlöschteams. Schon bei einer Feuerlöschübung am 26.1.1993, ebenfalls unter Andressons Kommando und in Anwesenheit wichtiger Schiffsinspektoren u.a. der Klassifikationsgesellschaft Bureau Veritas, war diese Verschlüsselung notiert worden und kann deshalb als absolut verbindlich angesehen werden. Darin heißt es:

Feueralarm

– Über Lautsprechersystem wird eine codierte Mitteilung gegeben.

– codierte Mitteilung + Nummer: die Nummern der Feuerstationen, zu der sich die Gruppen[1] begeben sollen,

– codierte Mitteilung ohne Nummer: die Gruppen sollen sich an ihren eigenen Stationen versammeln.

Die Durchsage »Mr. Skylight One and Two« kam während des tatsäch-lichen Unterganges von einer Frauenstimme. Deshalb ist anzunehmen, dass sie vom Informationsschalter ausging, denn nur von dort konnten Ansagen, die im gesamten Schiff über das Lautsprechersystem gehört wer-den sollten, verbreitet werden. Da aber die junge Frau am Informations-schalter ganz bestimmt nicht eigenmächtig so eine bedeutende Durchsage gemacht hat, ist weiter davon auszugehen, dass die Offiziere der Brücke ihr diese Anweisung gegeben hatten.

Folglich würde ich daraus schließen, dass die Offiziere auf der Brücke der Estonia sich bewusst entschieden haben, diesen Alarm zu geben. Hät-te es zu diesem Zeitpunkt nur einen Wassereinbruch gegeben, wie die JAIC

---

behauptet, hätten die Offiziere eine anders verschlüsselte Durchsage geben müssen. Daher komme ich bei sachlicher Betrachtung aller vorliegenden Fakten zu dem Schluss, dass die Durchsage »Mr. Skylight One and Two« gemacht wurde, weil auf der ESTONIA eine Explosion stattgefunden hatte. Nur unter dieser Voraussetzung war »Mr. Skylight One and Two« der richtige Befehl an die Besatzung, genauso war es auch in den Rettungsübungen geprobt worden.

Der junge Kadett Paavo Pruul, dessen Schulschiff LINDA von einer Ausbildungsreise am späten Nachmittag des 27.9.1994 zurückgekommen war und den ganzen Abend und die Nacht im Hafen von Tallinn lag, machte 1999 eine bedeutende Aussage. Er hatte Wache auf der Brücke der LINDA und hörte dem Funkkontakt der Hafenkontrolle mit den großen Schiffen zu. Dabei habe die Hafenkontrolle beiläufig die Offiziere auf der ESTONIA, als diese auslief, gefragt, was die Suche nach der Bombe ergeben habe. Der Offizier der ESTONIA habe geantwortet, dass Männer mit Hunden auf dem Schiff herumgelaufen sind, aber sie hätten nichts gefunden.

Diese Aussage machte Paavo Pruul aber erst 1999, denn er hatte es nicht für möglich gehalten, dass eine Explosion die ESTONIA versenkt haben könnte. Vor allem nachdem der Bericht der JAIC eine technische Erklärung des Unterganges präsentierte, hatte er seine Beobachtung fast völlig aus seinem Gedächtnis gestrichen. Er sagte auch, dass es damals so viele Bombendrohungen gab, dass man jede Einzelne gar nicht ernst nehmen konnte. Hierzu gibt es mehrere Hinweise, die zum Teil anonym, zum Teil auch ganz offen ausgesprochen wurden. So soll sich die Zahlung aufgrund von Erpressung in den Buchhaltungsunterlagen von ESCO, dem 50-Prozent-Eigner von Estline, auf estnischer Seite nachweisen lassen. Die Beweise dazu soll Peeter Riit, ein Wirtschaftsprüfer der Stockholmer Firma KPGU, in der Unglücksnacht mit sich geführt haben. Er versank mit der ESTONIA, denn nachdem er seinen Flug am Nachmittag des 27.9.1994 verpasst hatte, war er von Estline auf der Fähre einquartiert worden.

Diese Vermutung mag stimmen oder auch nicht, jedenfalls passt sie zur Aussage von Eugen Juštšuk, der der deutschen Expertengruppe gegenüber 1997 mitteilte: Als mit der ESTONIA wirklich viel Geld verdient wurde, wurde die Reederei erpresst. Es gab einen Zusammenhang mit der russischen Mafia. Die Zahlungen wurden bis zum Sommer 1994 regelmäßig geleistet, bis dann die schwedische und estnische Regierung empfahlen, nichts mehr zu zahlen. Estline stellte daraufhin die Zahlung ein, mit dem Erfolg, dass die Erpresser drohten, der Fähre würde etwas passieren.

Aber Estline blieb hart und zahlte nicht mehr.

Daraufhin sei es zu den Bomben an Bord der ESTONIA gekommen, die jedoch nicht das Schiff versenken, sondern ihm nur empfindlichen Schaden zufügen sollten. Worüber sich die Erpresser aber nicht im Klaren gewesen sein sollen, war der schlechte technische Zustand des Schiffes, der letztlich zum schnellen Sinken der Fähre geführt habe.

Eugen Juštšuk ist ein älterer Herr, der seine Aussage vollkommen freiwillig gemacht hat. Ihm gehört die Firma Nordic Consulting, durch deren vielfache Beratungsaufträge er in der Welt der Schiffe in den nordischen Ländern viel herumgekommen ist. An seiner Glaubwürdigkeit möchte ich nicht zweifeln. Trotzdem scheinen seine Hintergrundinformationen nicht im Zusammenhang mit dem Attentat zu stehen, denn in einem Interview mit dem ehemaligen Polizeichef von Estland, Ain Seppik, schloss dieser einen kriminellen Hintergrund aus dem Schutzgeld-Erpressungsmilieu aus. Er versicherte mir, dass diese Möglichkeit eingehend von der estnischen Polizei untersucht worden sei und zu dem eindeutigen Ergebnis geführt habe, dass es solch einen Hintergrund nicht gegeben habe.

Gerettet, aber verschwunden:
der Fall Avo Piht und andere

Auch das Verschwinden des zweiten Kapitäns Avo Piht und von sieben weiteren Besatzungsmitgliedern gibt bis heute Rätsel auf.

In den frühen Morgenstunden des 28. September 1994 wurden viele der Überlebenden, die von Helikoptern gerettet worden waren, auf die finnische Militärinsel Utö gebracht. Unter den allerersten dort abgesetzten Schiffbrüchigen soll auch Avo Piht, der zweite Kapitän der ESTONIA, gewesen sein.

Kapitän Avo Piht.

Das erzählte ein schwedischer Rettungshelfer einige Stunden später einem Radioreporter ins Mikrofon. Er war sich ganz sicher, dass er mit Piht persönlich gesprochen hatte, denn dieser hatte nicht nur erwähnt, dass er der zweite Kapitän des Schiffes war, sondern auch, dass er von Hiuma stammte, einer Insel, die dem Festland vorgelagert ist und wo seine Mutter noch heute lebt.

Dieses Interview wurde im Laufe des Tages von einem estnischen Radiosender in Estland ausgestrahlt, und auch Sirje Piht, die Ehefrau des zweiten Kapitäns hörte davon. Die persönlichen Angaben waren alle korrekt, und für sie war das nur eine weitere Bestätigung, dass ihr Mann den Untergang überlebt hatte. Auch die Liste der Überlebenden war bereits offiziell von einem Vertreter des Transportministeriums im Radio verlesen worden, und auch hier hatte der Name ihres Mannes nicht gefehlt. Außerdem hatte sich bereits ein Kollege von Avo, der ebenfalls bei Estline arbeitende Kapitän Erich Moik, telefonisch gemeldet. Er war zusammen mit seinen Kollegen Enn Lääne und Tönu Polakes an diesem Tag in Rostock gewesen, um ein Schiff zu übernehmen, das zukünftig ebenfalls auf einer estnischen Route fahren sollte. Moik war ein Arbeitskollege von Piht.

Enn und Tönu hatten Avo Piht übereinstimmend auf dem Fernsehschirm in einer Sendung erkannt, die um die Mittagszeit in Deutschland ausgestrahlt worden war. Moik hatte daraufhin Sirje Piht in Tallinn angerufen und mit ihr über das, was seine beiden Kollegen auf dem TV-Monitor gesehen hatten, gesprochen.

Sirje Piht nahm glücklich ihren Sohn in die Arme, der von der Schule kam, und sie erzählte mir während eines Interviews im Frühjahr 1996: »Wir beide freuten uns, dass mein Mann überlebt hatte.«

Am 1. Oktober ging Sirje Piht zum Estline-Büro, und dort wurde ihr ein offizielles Fax aus Finnland gezeigt, das den Namen ihres Mannes ganz oben als Überlebenden kennzeichnete. Doch Avo Piht kam nie mehr nach Hause zurück, ein Umstand, den Sirje Piht bis heute nicht begreifen kann.

Auch der ehemalige Vorsitzende der JAIC, Andi Meister, weist in seinem Buch »Das unvollendete Logbuch« darauf hin: »Der Hubschrauber Y-64 hat Avo Piht aus dem Meer gehoben, ihn auf die Insel Utö und von dort aus in das Universitätskrankenhaus Turku gebracht.«

Aber es blieb nicht nur Avo Piht verschwunden.

Mehreren Angehörigen ging es ähnlich wie Sirje Piht. Lembit Leiger, der Chefmechaniker der ESTONIA, Hannely und Hannika Veide, zwei junge Tänzerinnen aus der Entertainmentgruppe, der Bordarzt Victor Bogdanov, die Leiterin des Tax Free Shops Tiina Müür, der Mechaniker Agur Targama und der Vierte Offizier Kaimar Kikas – insgesamt sieben Familien bekamen Auskünfte vom Krankenhauspersonal, vom Rettungsdienst und der Polizei, dass ihre Angehörigen lebten. Doch kamen diese nie mehr nach Hause zurück. Später wurde behauptet, dass alles in den ersten Wirren so unüberschaubar war und deshalb viele Fehler auf den Listen der Überlebenden gemacht worden wären. Doch dagegen spricht, dass nur so wenige Menschen den Untergang überlebt haben, dass ein Chaos hinsichtlich der Identität gar nicht hatte entstehen können.

Ich griff diesen speziellen Aspekt des Falles ESTONIA im Frühjahr 1996 auf. Mein erster Weg führte mich zu Sirje Piht. Sie berichtete von einem Anruf einer Polizeiabteilung gleich ein paar Tage nach dem Untergang. Man hatte ihr mitgeteilt, dass zwei Beamte vorbeikommen und sie nach ihrem Mann befragen würden. Kaum hatte sie den Hörer aufgelegt, stürmten auch schon zwei Beamte in ihr Haus und verlangten, ihren Mann zu sprechen. Sie machten den Eindruck, als ob sie am liebsten alle Räume durchsuchen würden, so als ob er sich möglicherweise in einem Schrank versteckt haben könnte. Als Sirje Piht die beiden jungen Männer auf die ungewöhnlichen Umstände hinwies und ihnen sagte, dass man ihr gleich nach dem Untergang mitgeteilt hatte, dass ihr Mann überlebt habe, bemerkten die Männer: »Ja, das wissen wir auch, aber leider sind wir zu spät gekommen.«

Was diese Männer damit gemeint haben könnten, weiß Sirje Piht nicht, denn nach inzwischen offizieller Version ist ihr Mann ja tot. Trotzdem setzte die estnische Polizei Avo Piht am 7. Oktober 1994 auf die Fahndungsliste von Interpol. Ziemlich viel Aufwand für einen Toten...

Während dieses Rechercheaufenthaltes in Tallinn traf ich mich auch mit Erich Moik. Er war ebenfalls Kapitän bei Estline und ein Kollege von Avo Piht. Moik war mit vier weiteren Mannschaftsmitgliedern in Rostock zur Übernahme eines Schiffes gewesen. Die beiden bereits erwähnten Kollegen Enn Lääne und Tõnu Polakes hatten Moik von einem merkwürdigen Vorgang berichtet. Mit ihnen zusammen befand sich nämlich auch Ulf Hobro, damals Berater der Reederei Nordström & Thulin in Rostock, und der eilte sofort, nachdem er ebenfalls Piht im Fernsehen erkannt hatte, zum Telefon und rief die Reederei an. Da weder Enn noch Tõnu besonders gut Schwedisch verstehen, konnte keiner von ihnen dem Gespräch wirklich folgen, aber beide wollen verstanden haben, dass Ulf Hobro zu seinem Gesprächspartner gesagt hat: »Wieso ist Piht noch da? Der sollte doch schon längst weggebracht worden sein.«

Leider ist Kapitän Moik in diesen entscheidenden Minuten nicht in dem

Hotelzimmer gewesen und hat daher das Telefonat von Ulf Hobro nicht mitgehört und auch den TV-Beitrag nicht gesehen, aber als die Kollegen ihm davon berichteten, bestand für ihn kein Zweifel daran, dass es sich so zugetragen hat. Ulf Hobro selbst macht zu diesen Beobachtungen keine Aussagen. Interviewanfragen weicht er stets aus.

Moik befragte sofort einen Bekannten, einen Exilesten, der in Turku für eine Werft arbeitete und dessen Frau Krankenschwester im Zentralen Krankenhaus in Turku war. Dieser bestätigte ihm, dass Piht überlebt hatte, denn seine Ehefrau hatte es ihm gerade mitgeteilt und noch ergänzend berichtet, dass Piht bereits von einem Auto abgeholt und nach Helsinki für weitere Vernehmungen gebracht worden sei. Dieser Mann hat später Erich Moik gegenüber immer wieder geleugnet, dass dieses Gespräch stattgefunden hat.

Auch der Überlebende Rolf Sörman weiß über Piht zu berichten, denn auch er war in das Zentrale Krankenhaus von Turku eingeliefert worden. Da er außer Unterkühlung aber keinerlei Verletzungen hatte, bekam er schon nach ein paar Stunden Lust auf eine Zigarette. Die musste er sich jedoch erst besorgen, und sie durfte natürlich auf der Krankenstation nicht geraucht werden. Also begab Sörman sich ans Fenster. Als er dort stand, sprach ihn eine besorgte Schwester an, die zuerst dachte, dass er vielleicht depressiv sei.

Nachdem er ihr erklärt hatte, dass er nur tief in sich versunken über die Gründe des Unterganges nachgedacht hatte, sagte sie ihm, dass er vielleicht zum zweiten Kapitän gehen und ihn über die Ursache befragen könne. Vielleicht würde ihm das ja helfen. Die Schwester wies Sörman sogar noch den Weg zu Pihts Zimmer und deutete auf eine Glastür, hinter der sich eine separate Abteilung befand. Leider hat Rolf Sörman aber Piht nicht aufgesucht.

Auch Mart Laar, der estnische Ministerpräsident, war zu dieser Zeit bereits im Krankenhaus in Turku eingetroffen, um die Überlebenden zu besuchen. Kurz nach diesem Besuch erzählte ein Mitarbeiter von Mart Laar der estnischen Nachrichtenagentur Baltic News Service, dass Laar bereits mit Piht gesprochen habe und man die Hinweise des zweiten Kapitäns auf einen möglicherweise terroristischen Hintergrund sehr ernst nehme. Um 13.42 Uhr meldete BNS deshalb, dass Piht gerettet sei und bereits eine Aussage gemacht habe.

Auch in Schweden wurde bestätigt, dass Piht lebt. In der Nachrichtensendung Nyheter vom 29.9.1994 wurde, mit einem Bild vom Sicherheitschef der Schifffahrtsbehörde Bengt-Erik Stenmark im Hintergrund. darü- ber berichtet, dass dieser erklärt hätte, dass Piht lebte und bereits erste Aus- sagen gemacht habe.

Hierzu lieferte auch Reuters eine Meldung am 30.9.1994, die unwider- sprochen blieb. Auch in Estland hatte man inzwischen offenbar Erkennt- nisse über Piht, denn Andi Meister sagte vor laufenden Fernsehkameras ein paar Tage später:»Diejenigen, die Piht versteckt halten, müssen mit einer Bestrafung rechnen.«

Auch aus der Korrespondenz, die zwischen der schwedischen Botschaft in Tallinn und dem schwedischen Außenministerium diesbezüglich geführt wurde, geht hervor, dass Piht den Untergang überlebt hat. Diese Korrespondenz wurde allerdings gleich mit einem »Geheim«-Stempel ver- sehen.[1]

Doch schon wenig später war Avo Piht nicht mehr da, wurde nie geret- tet und alle, die ihn gesehen haben, irren sich. Ein Fall, der sofort die höchs- te Priorität jeglicher kriminalpolizeilicher Ermittlungen erhalten müsste, wird »lahm« behandelt und schließlich in Bürokratie vollkommen erstickt. Die schwedische Polizei behauptete immer wieder, dass sie sich mit Frau Piht in Verbindung gesetzt habe zur Klärung des Falles, Sirje Piht sagt, dass sie kein einziges Mal von der schwedischen Polizei kontaktiert worden sei. Auch die Finnen haben sich offensichtlich bei ihr nicht gemeldet. Es bleibt also nur die eilige »Hausdurchsuchung« durch die estnische Polizei.

Als ich mich mit einem weiteren Zeugen in Tallinn traf, der Avo Piht im Fernsehen gesehen hatte, wurde, kurz nachdem er mir ein Interview gege- ben hatte, in sein Büro in Tallinn eingebrochen und die Einrichtung ver- wüstet. Eine Axt steckte als unmissverständliche Warnung in der Wand. Er selbst wurde telefonisch bedroht: Er solle lieber den Mund halten.

Als ich in mein Hotelzimmer kam, bemerkte ich, dass meine Sachen durchwühlt worden waren. Erst am nächsten Morgen entdeckte ich durch eine Stichflamme aus meinem Haartrockner, dass das Kabel angeschnitten worden war. Hätte ich nicht so schnell reagiert und das Gerät von mir geschleudert, hätte ich dieses Buch wahrscheinlich nie mehr schreiben können, denn der Schnitt war dort angesetzt, wo man den Handgriff an- fasst. Auf meinem Mobiltelefon erhielt ich dann die erste SMS meines

---

1 Erst 2001, nachdem das schwedische Außenministerium diverse Dokumente, die bis dahin der Geheimhaltung unterlegen hatten, frei geben mussten, konnte man sich ein Bild machen.

Lebens. Bis dahin (1996!) hatte ich überhaupt nicht gewusst, dass mein Ericsson-Handy für so etwas ausgerüstet war.

»Warnung nun auch du«, lese ich zu meiner Überraschung. Auch die Absendernummer erscheint. Ich finde heraus, dass diese Nummer leider nicht vollständig ist. Es fehlen die letzten drei Ziffern, aber der Anfang ist eindeutig: Es ist eine Nummer aus dem schwedischen Verteidigungsministerium. Interessant. Als ich auf dem Nachfolgeschiff der ESTONIA, der MARE BALTICUM, meine Reise nach Stockholm für weitere Recherchen fortsetze, werde ich von einigen Schlägertypen massiv bedroht. Man empfiehlt mir, meine Recherchen umgehend einzustellen, da ich ansonsten sehr leicht über Bord fallen könnte. Nur durch den Mut, den man manchmal in einer ziemlich heiklen Situation hat, gelingt es mir, den bedrohlichen Männern Paroli zu bieten und der unangenehmen Lage zu entkommen.

Aber all diese Umstände signalisieren, dass ich auf einer heißen Spur bin. Deshalb treffe ich mich auch mit Kairi Leiger, der Ehefrau von Lembit Leiger, dem Chefmechaniker. Sie war am 28.9.1994 von einem Verwandten aus Schweden angerufen worden, der die freudige Botschaft überbrachte, dass ihr Mann Lembit lebte und sich in Stockholm im Krankenhaus befände. Dieser Verwandte war vor Jahren nach Schweden emigriert und lebte mit seiner Familie in Stockholm. Der Kontakt der Familien war jedoch erhalten geblieben. Er war tatsächlich derjenige, den Lembit Leiger kontaktiert hätte in solch einem Fall. Der Verwandte hieß aber nicht Leiger, sondern hatte einen anderen Nachnamen. Dann erzählte Kairi Leiger, dass ein Kriminalkommissar aus Stockholm, ein Herr Strindlund, den Verwandten angerufen hatte.

Er hätte die Telefonnummer von Lembit erhalten und sollte ihn verständigen. Dieser Herr Kriminalkommissar erklärte dem Mann auch, dass Lembit Leiger verletzt sei und daher nicht so schnell persönlich mit ihm oder seiner Familie in Kontakt treten könne. Am nächsten Tag hatte Kairi Leiger dann selber mit besagtem Kriminalkommissar Strindlund gesprochen, der ihr sogar mitteilte, mit welchem Flugzeug Lembit Leiger nach Tallinn zurückgebracht werden würde. Kairi Leiger ging zum Flughafen, das Flugzeug landete pünklich, aber ihr Mann Lembit war nicht an Bord.

Als ich später die zentrale Kriminalpolizei in Stockholm aufsuche und den Chefermittler Per-Olov Palmgren und Kriminalkommissar Bo Wide unter anderem auch über diesen Fall befrage, wollen sich beide nicht daran erinnern.

Für die Tatsache, dass der Kriminalbeamte Strindlund einen Verwandten von Lembit Leiger kontaktiert hatte, der einen ganz anderen Nachnamen trug, daher also unmöglich aus dem Telefonbuch herausgesucht worden sein konnte, hatten auch die Chefermittler im Interview keine Antwort für mich, aber der Fall schien ihnen nicht wichtig genug für weiterführende Ermittlungen.

»Da muss ein Irrtum vorgelegen haben«, war die einzige Reaktion.

Ein Jahr später wird der Fall ESTONIA durch die Vorlage des Schlussberichts der JAIC abgeschlossen. Kurz darauf schließt auch der Stockholmer Staatsanwalt den Fall, und die Akten werden damit öffentlich zugänglich. In diesen Papieren findet sich dann unter dem Namen Lembit Leiger nur noch ein Blatt. Anhand der übrigen Nummerierung der Blätter wird deutlich, dass Seiten fehlen, doch auch das verbliebene Blatt ist bereits aufschlussreich genug.

Es ist ein Bogen mit persönlichen Angaben über Lembit Leiger. Handschriftlich stehen auf diesem Papier neben dem Namen von Lembit Leiger der Name des Verwandten und die Telefonnummer. Unterschrieben ist dieses Protokollblatt von Strindlund und Bo Wide. Die Stockholmer Polizei hat ein erstaunlich kurzes Gedächtnis, finde ich.

Noch mysteriöser wird es im Fall der Zwillinge Hannika und Hannely Veide. Deren Eltern suchte ich auf. Beide Zwillinge hatten von Anfang an auf den Listen der Überlebenden gestanden. Der Sohn der Veides, der in London lebt, hatte sich bereits vormittags am 28.9.1994 ans Telefon begeben und das Rettungszentrum in Stockholm angerufen. Hier hatte er erfahren, dass seine Schwestern lebten und sich im Huddinge Krankenhaus befanden. Daraufhin hatte er sofort dort angerufen und von der diensthabenden Oberschwester die Auskunft erhalten, dass seine Schwestern dort seien, er aber noch nicht mit ihnen reden könnte, da gerade Protokolle aufgenommen würden und so weiter...

Erleichtert rief er die Eltern in Tallinn an. Auch die waren jetzt beruhigt, konnte es sich doch nur noch um ein paar Tage handeln, bis sie ihre Töchter wieder glücklich in die Arme schließen könnten. Die Eltern hatten bisher jede Veröffentlichung der Namen auf den Überlebendenlisten gewissenhaft verfolgt und festgestellt, dass die eine Tochter, zuerst mit der Rufform ihres Namens »Anne« (für Hannely) auf der Liste gestanden hatte, ein sicheres Zeichen, dass sie überlebt hatte, denn wer könnte eine solche Angabe sonst gemacht haben, so glaubten die Eltern, wenn nicht sie selber oder ihre Schwester.

Doch beide kamen nie nach Hause zurück.

Stattdessen erhielten die Eltern drei Anrufe. Den ersten am 28. September 1995, den nächsten ein Jahr später, im Oktober 1996, und noch einen kurz darauf. Die Mutter ist sich ganz sicher: Sie hat die Stimme ihrer Tochter Hannely erkannt, die jeweils nur kurz sagte: »Ich bin's, Anne.« Dann riss die Verbindung ab.

Die Recherchen nach den Veide-Zwillingen führten mich in Stockholm geradewegs ins Huddinge Krankenhaus, und dort sprach ich zuerst mit dem Leiter des Rettungsstabes, Dr. Bo Brisma, der für den ESTONIA-Fall zuständig war, denn er ist gleichzeitig auch Leiter des Krankenhauses.

Dr. Brisma wollte sich aber nicht mehr an diesen speziellen Fall erinnern. Es hätten zu großes Chaos und Verwirrung in den ersten Stunden nach dem Untergang geherrscht... Andererseits seien keine falschen Namen von seinem Stab herausgegeben worden. Seine Leute hätten allesamt ordentlich gearbeitet...

An diesem Tag wurde mir klar, dass jeder, der in irgendeiner verantwortungsvollen Position im Zusammenhang mit der Rettung der Überlebenden stand, an parzieller Amnesie zu leiden schien.

Ich verlangte, persönlich mit der Oberschwester zu sprechen, die dem Veide-Sohn die Auskunft über seine Schwestern gegeben hatte. Tagelang wartete ich in Stockholm. Immer wieder rief ich an, ließ mich dann nicht mehr vertrösten, sondern setzte mich in den Krankenhauskorridor. Als man merkte, dass ich nicht nachgeben wollte, erschien die Schwester endlich. Sie war unglaublich nervös und unsicher, und natürlich war auch sie von Amnesie befallen und erinnerte sich so gar nicht mehr an diesen Fall.

Ich suchte in Turku die Kriminalpolizei auf, sprach mit dem Leiter der Rettungseinsatzzentrale und ging auch dort ins Krankenhaus. Aber auch dort litten alle unter dieser parziellen Amnesie. Und gaben sich alle Mühe, mir das Gefühl zu vermitteln, dass ich geisteskrank sei. Mir wurde klar, dass hier Menschen darauf eingeschworen worden waren, nicht die Wahrheit zu sagen. Eine Spiegel-Kollegin, die im Jahr 1996 ebenfalls sehr intensiv für das Print-Magazin recherchierte, besuchte sogar die Frau des Bordarztes Victor Bogdanov. Illu Erma erzählte ihr, dass am Tag nach dem Untergang der Purser der ESTONIA, Anders Vihmar, bei ihr angerufen hatte, um ihr zu versichern, dass Victor bei ihm sei und sie sich keine Sorgen zu machen brauchte. Leider wurde auch dieser Überlebende später von dem Virus des Vergessens befallen. Illu Erma brachte das in Verbindung mit ihrer Beobachtung, dass ihr Mann in den letzten Wochen vor dem Untergang äußerst bedrückt gewesen war und überhaupt keine Lust gezeigt hatte, seinen Dienst anzutreten. Er hatte sich sogar dahingehend geäußert, dass er sich sehr schnell nach einem neuen Job umsehen wolle.

Ich fasste meine Rechercheergebnisse in folgenden Thesen zusammen:
Der zweite Kapitän, Avo Piht, der offenbar erst zum Militärstützpunkt
Utö gebracht wurde und danach nach Turku ins Krankenhaus, verschwand
im Laufe des Vormittags vom 28.9.1994. Die Spur des Chefmechanikers Lembit Leiger führte eindeutig nach Stockholm in Schweden und verlor sich
dort auf seltsame Weise. Ebenso verschwanden die Zwillinge Hannika und
Hannely Veide, die aber zuerst ins Huddinge Krankenhaus in Stockholm
eingeliefert worden waren. Mehrere andere Fälle waren ähnlich gelagert.
Aber ich durchschaute die Zusammenhänge noch nicht. Was hatten beispielsweise die Zwillinge Veide mit Avo Piht gemeinsam?

Dass der zweite Kapitän als ein möglicherweise wichtiger Zeuge verschwunden war, leuchtet gerade noch ein, aber warum verschwanden auch
der Chefmechaniker, der Bordarzt, eine Verkäuferin vom Tax Free Shop
und die zwei jungen Tänzerinnen? Das machte alles keinen Sinn. Bis ich
die Aussage von Marge Rull, einer Kollegin aus der Tanzgruppe der Veide-
Zwillinge hörte. Sie hatte ausgesagt, dass alle gemeinsam losgelaufen sei-
en, um zum rettenden Deck VII, dem Außendeck, zu gelangen.

Doch unterwegs begegnete ihnen Kapitän Piht, der eine andere Treppe
benutzen wollte. Hannely und Hannika hatten sich Piht angeschlossen.
Später hatte eine weitere Überlebende, Sirje Johansson, ebenfalls Besatzungsmitglied, beobachtet, wie Kapitän Piht Rettungswesten an Passagiere ausgegeben und versucht hatte, die chaotischen Rettungsbemühungen
so weit möglich zu organisieren. Dies bestätigte mir später auch in einem
Interview der Sicherheitsoffizier der ESTONIA Erwin Roden. Er hatte Piht,
der jetzt eine Rettungsweste trug, ebenfalls gesehen, als er Menschen in die
Rettungsinseln half. Das Schiff lag zu diesem Zeitpunkt bereits fast auf der
Seite. Marge Rull hatte auch Hannely Veide in einer dieser Rettungsinseln
gesehen.

War das die Verbindung zwischen den acht Überlebenden, die später auf
so mysteriöse Weise verschwanden? Falls Piht verschwinden musste, weil
er ein wichtiger Zeuge war, dann hatten die anderen wohl nur das Pech
gehabt, zufällig eine Rettungsinsel mit ihm zu teilen und so zu wichtigen
Zeugen zu werden. Durfte niemand wissen, dass Piht lebte? In diesem
Zusammenhang ist besonders auffällig, dass keines dieser acht Besatzungsmitglieder jemals wieder aufgetaucht ist, auch nicht als Leiche, und dass
niemand früher als Piht verschwunden ist. Alle lösten sich erst im Laufe
des 28.9.1994 in Luft auf.

Alle meine Bemühungen, die Videoaufnahmen von Piht zu finden, führten nicht zum Erfolg. Im Archiv des ZDF bekam ich aber die Information, dass einige Wochen vor mir bereits Herren vom BND dort aufgetaucht waren und sich das gesamte Material vom 28.9.1994 angesehen hatten. Auf eine Anfrage eines Kollegen antwortete man beim BND, dass man von der ESTONIA-Sache keine Akte hätte, der Fall in keiner Weise für den BND relevant sei. Vielleicht hatte der Virus des Vergessens auch nach Deutschland übergegriffen? Die gleiche Recherche beim NDR in Hamburg, der für die ARD die Unglücksberichterstattung übernommen hatte, brachte auch keinen Erfolg. Reuter konnte ich ausschließen, denn die Aufnahmen hatte der Spiegel alle archiviert, und ich hatte sie mir dort komplett im Detail angesehen. Von MTV und YLE in Finnland forderte ich alles an, was dort am 28.9.1994 gesendet worden war, und ebenso fragte ich beim staatlichen Fernsehen in Schweden und bei TV4 an.

Schließlich bat ich noch den englischen Sender Sky Channel um Kopien ihrer Berichte, da möglicherweise das Satellitenprogramm über Material verfügte. Doch auch diese Bilder brachten keine neuen Erkenntnisse. Als Letzte bat ich CNN um Kopien. Doch als einziger Sender verweigerte sich CNN. Man verwies darauf, dass man ab 1995 eine Vermarktungsfirma mit dem Verkauf von Archivmaterial beauftragt hatte, Aufnahmen von Sendungen davor seien leider überhaupt nicht zu bekommen. Mit dieser Erklärung hätte ich mich fast zufrieden gegeben, doch ein abschließender Satz des CNN-Mitarbeiters machte mich stutzig: Dieses Material könne ich nur mit einer gerichtlichen Verfügung erhalten. Eine merkwürdige Reaktion, denn die CNN-Kollegen konnten doch gar nicht wissen, was an dem Material so wichtig war. Wieso wurde dann von dort sofort eine »court order«, eine gerichtliche Verfügung, erwähnt? Weitere Anfragen blieben unbeantwortet.

Damit war ich am Ende meines Lateins.

Piht und die sieben Crewmitglieder blieben verschwunden.

Ein paar Jahre später hörte ich von einem hohen schwedischen Beamten, dass Piht und die anderen sich in den USA aufhalten sollen. Sie seien in ein Zeugenschutzprogramm übernommen worden: Piht weil er ein hochkalibriger Zeuge sei, die Übrigen, weil sie unglücklicherweise von Pihts Überleben gewusst hätten und deshalb in den selben Sog gerieten. Dass die Spur der Verschwundenen nach Amerika führt, wurde noch einmal durch einen »Kontakt« der Veide-Eltern bestätigt, die von einem Mittelsmann gelegentlich etwas über ihre Töchter zu erfahren scheinen.

Allerdings machen beide aus Angst um das Leben ihrer Töchter keinerlei Aussagen. Einzelheiten waren deshalb nicht in Erfahrung zu bringen.

Eines der Besatzungsmitglieder soll von einem Kollegen vor ein paar Jahren zufällig in Südafrika auf der Straße erkannt und angesprochen worden sein, tauchte aber schnell in der Menge unter und entkam.

Alle diese rätselhaften Vorgänge sind der Kriminalpolizei dreier Länder bekannt, werden aber total ignoriert. Offensichtlich besteht kein Aufklärungsbedarf. Warum nicht? Weil die Ermittler und Politiker genau wissen, was mit diesen Menschen geschehen ist und wo sie sich heute befinden?

Auf den Listen der Überlebenden, die innerhalb der ersten Tage erstellt wurden, befindet sich auch der Name Kalev Vahtras. Er war Lagerarbeiter an Bord der ESTONIA, und sein Arbeitstag hatte am 27. September wie immer um 07.00 Uhr begonnen und bis 19.00 Uhr gedauert. Während dieser Zeit versorgte er die Läden, die Bars, die Restaurants und die Küche mit Nachschub.

Gegen Mittag des 28. September stand sein Name auf der ersten Liste der Geretteten und wurde in Tallinn über Rundfunk vorgelesen. Ruth Vahtras, die Ehefrau von Kalev, rief daraufhin das Krankenhaus der Seeleute in Tallinn an. Dort versicherte man ihr, dass Kalev im Krankenhaus von Turku liege. Daraufhin fuhr Ruth Vahtras gemeinsam mit einem Bekannten sofort nach Finnland, um sich um ihren Mann zu kümmern. Dort angekommen, erhielt sie von den Krankenhausmitarbeitern die Auskunft, dass ihr Mann in einem Krankenhaus in Schweden liege. Nach unzähligen Telefonaten hieß es plötzlich, dass die Leiche ihres Mannes gefunden worden sei. Angeschwemmt an der Küste Finnlands.

Ruth Vahtras identifizierte ihren Mann anhand eines Fotos, das ihr vorgelegt wurde. Die Meldung über seine Rettung akzeptierte sie als Irrtum und kehrte nach Hause zurück.

Kalev Vahtras Bruder begleitete den geschlossenen Sarg später von Finnland nach Estland. Alle Särge wurden in die Klinik für medizinische Soforthilfe in Tallinn gebracht, wo die Trauernden warten mussten. Als der Sarg von Kalev Vahtras geöffnet wurde, bot sich ein grauenvoller Anblick: Die Leiche war völlig entstellt. Der Bruder wollte der Witwe aber weiteres Leid ersparen und sagte ihr nur, dass es einen himmelweiten Unterschied zwischen den Bildern der Polizei und der Wirklichkeit gäbe. Doch als der Sarg einen Tag später in der heimischen Kapelle stand, fasste Ruth Vahtras sich ein Herz und öffnete ihn. Auch sie war schockiert. Ihr Mann hatte zahlreiche Stichwunden im Halsbereich.

»Er sah aus, als wäre er gequält und geschlagen worden.«

Im Gesicht waren starke Blutergüsse. Die rechte Hand von Kalev Vahtras sah aus, als ob sie etwas festhielte. Der Arm war voller Blutstriemen und Streifen.

Im Totenschein, der von der finnischen Gerichtsmedizin ausgestellt worden war, stand: Ertrunken in der Ostsee, Hypothermie. Aber Ruth Vahtras zweifelte die Todesursache an, holte den Sarg nach Hause und engagierte einen Berufsfotografen. Dann zeigte sie die Fotos einem Sachverständigen. Auch er interpretierte die Spuren als Gewaltanwendung, wahrscheinlich Schläge und Messerstiche.

Eine zweite Bescheinigung, die man Ruth Vahtras später zusandte, war ebenfalls in Finnland, aber von der estnischen Botschaft ausgestellt. Darauf steht: Ertrunken am 28. September. Eine Bescheinigung aber, auf der alle äußeren und inneren Verletzungen aufgezählt wären, hat Ruth Vahtras nie erhalten. Auch kein Protokoll oder einen Hinweis, wohin ihr Mann gebracht worden war, nachdem man ihn aufgefunden hatte.

Ruth Vahtras wollte das alles nicht auf sich beruhen lassen und fragte bei den finnischen Behörden nach. Aber von dort kamen nur ausweichende Antworten. Angeblich erklärten sich die finnischen Gerichtsmediziner die Verletzungen von Vahtras so, dass seine Leiche mehrfach an kleinere scharfkantige Felsen geschlagen sei, bevor er an der finnischen Küste gestrandet war. Doch dann hätten die Verletzungen ganz anders ausgesehen. Außerdem hatte Ruth Vahtras auch die Kleidungsstücke ihres Mannes – ein kurzärmeliges helles Hemd und eine Hose – zurückbekommen. Alles war vollkommen heil, der Kragen vom Hemd aber war blutbeschmiert, und auf der Hose befanden sich einige Blutflecke. Wie konnte das sein, wenn man den finnischen Gerichtsmedizinern Glauben schenken sollte?

Und wie hatten sich auf seinem Hemd und auf der Hose Blutflecke absetzen können, wenn Kalev Vahtras ertrunken war? So reihte sich eine Merkwürdigkeit an die andere. In einer Liste der Geretteten, die Ruth Vahtras später zu Gesicht bekam und die aus dem Krankenhaus in Turku stammte, war nicht nur Kalevs Name verzeichnet, sondern auch seine Körpertemperatur – noch ein Irrtum...

Als Ruth Vahtras ihre Geschichte einem Reporter in Tallinn erzählte und dieser den ganzen Sachverhalt veröffentlichte, bekam sie Drohanrufe. Sie solle die Sache auf sich beruhen lassen, wurde ihr immer wieder geraten, sie traf sich aber trotzdem vorerst weiter mit Journalisten.

Nach einer Verabredung zu einem Interview mit mir im Frühjahr 1995 kamen sogar Todesdrohungen. Ich rief sie noch einmal an, und sie erklärte mir, dass sie blanke Angst um ihr Leben hätte. Danach brach sie den Kontakt ab.

Eine sorgfältige Recherche erschien mir aber ohne die Mithilfe von Ruth Vahtras kaum möglich. So verfolgte ich den Fall zwar noch durch Interviews mit dem Bruder und der Mutter von Kalev Vahtras, die die Angaben von Ruth Vahtras allesamt bestätigten, und befragte auch den Leiter der Gerichtsmedizin in Finnland, der mir allerdings nur zögerlich und sehr unbefriedigend Auskunft gab. Aber weiter kam ich in meinen Recherchen nicht. Bis zum Frühjahr 2001, als ich im Gefängnis von Helsinki ein Interview mit Silver Linde, dem Wachmatrosen der ESTONIA, begann. Silver Linde sagte nämlich etwas, was er bisher aus Angst um sein Leben verschwiegen hatte: Nach seiner Rettung war er in das Krankenhaus von Turku gebracht und in ein Zimmer gelegt worden, in dem sich bereits Kalev Vahtras befand. Kalev Vahtras und Silver Linde waren Kollegen auf der ESTONIA gewesen, eine Verwechslung ist also auszuschließen.

Vahtras war zu diesem Zeitpunkt am Leben und hatte auch keine besonderen Verletzungen. Aber seine Körpertemperatur war noch sehr niedrig, deshalb hatte man ihn in warme Decken gehüllt. Silver Linde unterhielt sich eine Weile mit Kalev. Da Silver Linde dann aber nach anderen Kollegen schauen wollte, insbesondere nach seinem Kollegen Victor Psnetsnoi, der in einem der Nebenzimmer lag, ließ er Kalev allein in dem Zimmer. Als er zurückkam, war Kalev Vahtras weg. Nicht einmal sein Bett war mehr da.

Der verwunderte Silver Linde fragte eine der Schwestern, wo Vahtras abgeblieben sei, und bekam die Auskunft, dass man ihn in ein anderes Krankenhaus hätte verlegen müssen. Später hörte Silver Linde, dass Kalev Vahtras tot an der finnischen Küste angeschwemmt worden sei.

Als er die merkwürdigen Einzelheiten von Ruth Vahtras erfuhr, hatte er ihr gegenüber ausgepackt. Doch als Ruth Vahtras so massiv bedroht wurde, hielt es auch Silver Linde für besser zu schweigen. Aber nur bis zu unserem Interview. Denn inzwischen hatte er den Eindruck gewonnen, dass man ihn mit dem fragwürdigen Prozess, dem man ihm gemacht hatte, aus dem Verkehr ziehen wollte, weil er in Sachen ESTONIA zu viel wusste.

Ich griff die Recherchen wieder auf und wandte mich zuerst an Dr. Atti Järskalinen, den ärztlichen Leiter des Krankenhauses in Turku. Er war zwar am 28. September gar nicht im Haus gewesen, weil er als ranghöchster Arzt die gesamten Rettungsarbeiten geleitet hatte, aber er war der verantwortliche Arzt. Ich kannte ihn schon von früheren Interviews und hatte stets den Eindruck gehabt, mit einem sehr netten, auskunftswilligen und kompetenten Gesprächspartner zu reden – auch als ich ihn im Mai 2001 anrief und fragte, ob er sich daran erinnern könne, dass einer der Überlebenden noch nach seiner Einlieferung in ein anderes Krankenhaus verlegt worden sei.

Järskalinen schilderte mir sofort einen sehr merkwürdigen Fall, über den, wie er sich ausdrückte, er mir aus Datenschutzgründen leider keine näheren Angaben machen könne. Aber für einen der Männer war wegen einer Verlegung nach Stockholm extra ein Hubschrauber angefordert worden. Über die Art der Verletzung und warum diese angeblich nicht im Krankenhaus von Turku behandelt werden konnte, wusste Järskalinen nichts Näheres. Er betonte, dass auch sein Stellvertreter auf Nachfrage nichts Konkretes hätte sagen können, was er selber damals als sehr unbefriedigend empfand. Järskalinen erinnerte sich auch, später im Protokoll gelesen zu haben, dass dieser Überlebende dann noch vor Ankunft des Hubschraubers gestorben sei, sodass ein so kostenintensiver Transport eigentlich nicht mehr nötig gewesen wäre. Außerdem hatte sich der Arzt gefragt, warum ein Toter angeblich nach Stockholm geflogen wird, obwohl die Sammelstelle für die Leichen der ESTONIA in Helsinki beim zentralen Identifizierungsteam, dem DVI-Team der finnischen Gerichtsmedizin, eingerichtet worden war. Er schien über diesen ungeklärten Vorgang einigermaßen besorgt und empfahl mir, mich an die Gerichtsmedizin in Helsinki zu wenden, um mehr zu erfahren.

Mit Unterstützung eines schwedischen Journalisten tat ich das auch. Leider verweigerte man dort jegliche Auskunft unter Hinweis auf den Datenschutz, eine fadenscheinige Begründung, um lästige Journalisten loszuwerden.

Die Ladung – ein Geheimnis

Die zwei mysteriösen Lkws, die erst kurz vor der Abfahrt als letzte Fahrzeuge auf die ESTONIA verladen wurden, habe ich schon in der Chronologie der Ereignisse erwähnt. Dass von diesen zwei Lkws einer nur handschriftlich und ohne Angaben zur Ladung und der andere gar nicht in die Estline-Cargo-Liste eingetragen war, habe ich auch schon berichtet.

Aber was hatten diese Lkws geladen?

Sicher ist, dass es eine wertvolle Ladung war, denn eine uniformierte Militäreskorte hatte die zwei Lkws zum Schiff gebracht, und man hatte sogar für einige Zeit die Autoanfahrt zum Estline-Terminal abgesperrt. Diese Ladung beschäftigte offenbar mehrere Geheimdienstmitarbeiter, denn als Anfang 1996 ein von der russischen Gruppe Felix geschriebener Report über die ESTONIA in Umlauf gebracht wurde, behaupteten die Geheimdienstler darin, in den Lkws habe sich Rauschgift, Kobalt und Osmium befunden.

Die Gruppe Felix war nach Jelzins Machtübernahme bekannt geworden. Sie setzte sich zusammen aus ehemaligen KGB-Generälen und aktiven GRU- und MfS-Offizieren und hatte sich nach dem KGB-Begründer Felix Dzerzinskij benannt. Ihre Mitarbeiter vereinte die Idee, dass sie mit Korruption und illegalem Handel etc. aufräumen wollten. Sie »vollstreckten« Urteile, wenn sie jemanden für schuldig befanden, und sie deckten in ihren geschriebenen Berichten kriminelle Vorgänge auf. Darunter waren viele Straftaten, wie der bekannte Rubel-Coup, an dem vor allem estnische Banker, Diplomaten und Politiker beteiligt gewesen waren, oder diverse Waffenschmuggelgeschäfte, in denen ebenfalls estnische Politiker die Hände mit im Spiel hatten.

Aber die Gruppe Felix verbreitete in manchen Fällen auch bewusst falsche Informationen, um mögliche Untersuchungen in eine falsche Richtung zu locken. So zum Teil im Fall ESTONIA. Denn in Wirklichkeit wussten die Herren von Felix wahrscheinlich nur zu gut, was auf der ESTONIA transportiert worden war.

Der Felix-Bericht wollte nur ablenken von der Tatsache, dass eine ganz legal mitgeführte Lkw-Ladung den eigentlichen Hintergrund des Attentats bildete.

Gleich nach der Wende hatten russische Labore und Forschungsinstitute ganz offiziell Kontakt zur amerikanischen NASA und zum Pentagon aufgenommen und Weltraumbauteile sowie seltene Nukleargrundstoffe angeboten. Die Amerikaner waren erst zögerlich, doch dann immer begeisterter eingestiegen. Da die Russen in ihren Weltraumlabors alles entwickelt hatten, was den Amerikanern noch fehlte, insbesondere hinsichtlich ihrer Ziele Richtung SDI-Programm, wollten sie schließlich in Russland ganz groß »shoppen« gehen.[1]

Doch noch bevor es zu den ersten Ankäufen kam, machte die US-Rüstungsindustrie Ärger. Dort sah man die Gefahr, dass lukrative Entwicklungsaufträge nicht mehr erteilt werden würden und die Einkäufer von NASA und Pentagon sich in Russland zukünftig viel billiger bedienen würden. In der Folge machte das Pentagon wieder einen halben Rückzieher. Aber nur offiziell. Inoffiziell gab man die neuen Kontakte natürlich nicht so schnell wieder auf, und so suchten einige Pentagon-Mitarbeiter einfach nach einer unauffälligen Möglichkeit, die begehrten Teile und Grundstoffe möglichst unbemerkt einkaufen zu können. Es wurden einige amerikanisch-russische Jointventures gegründet, und dann verpackte man Satellitenteile, Antriebsmotoren, Weltraumgeneratoren und andere begehrte Ware sowie einige seltene Rohstoffe, nukleare Grundstoffe und hoch hitzebeständige Metalllegierungen in Lkws und nutzte den Land-Transportweg über das Baltikum und die Fähre bis Schweden. Dort wurde dann jeweils von den Schweden Transporthilfe geleistet, und eine Sondermaschine durfte von Arlanda/Stockholm aus mit der Ladung nonstop einen amerikanischen Zielflughafen anfliegen. Der ganze Vorgang war absolut legal.

Hätte Tallinns Flughafen ein Rollfeld besessen, das lang genug war, um eine Großraummaschine dort landen und starten zu lassen, hätte man wahrscheinlich diesen Transportweg gewählt. So aber musste man den Seeweg wählen. Zumindest bis zum nächsten geeigneten Flughafen. Und das war Arlanda bei Stockholm. Für den Weg vom Stockholmer Hafen bis zum Flughafen Arlanda war sogar eine Begleitung vom schwedischen Wegwerket[2] für den Vormittag des 28.9.1994 bestellt worden. Darüber wurde spä-

---

1 Die *New York Times* vom 4. November 1991 hat darüber unter der Überschrift »U.S. is shopping as Soviets offer to sell once-secret technology« ausführlich berichtet. Wie mir russische Militärangehörige sagten, blieb aber der Transport noch immer ein Problem. Wären amerikanische Transportflugzeuge einfach nach Moskau geflogen und mit Ladungen von Weltraum-Hightech in die USA zurückgekehrt, wäre das der Presse nicht lange verborgen geblieben. Da man aber möglichst den Hightech-Transfer unter Ausschluss der Öffentlichkeit machen wollte, fand man andere Wege.
2 Vergleichbar mit dem Tiefbauamt.

ter in der schwedischen Presse berichtet, doch niemand hat den tatsächlichen Hintergrund dieser geplanten Sicherheitseskorte jemals beleuchtet, obwohl schon bei einem ersten Blick auf die Ladeliste der ESTONIA auffallen hätte müssen, dass keiner der deklarierten Lkws irgendeine Ladung mit sich führte, die eine Eskorte des Wegwerket benötigt hätte.

Als ich den ehemaligen Polizeichef von Estland, Ain Seppik, nach dieser Möglichkeit einer »legalen« Ladung fragte, antwortete er mir während eines Interviews im Mai 2001:

Ain Seppik: Auch wenn ich Details wüsste, darüber darf ich natürlich nicht sprechen.

Jutta Rabe: Gingen diese Transporte immer via Estland?

Ain Seppik: Ich war ein Beamter, der unter einer bestimmten Geheimhaltungspflicht auf einer ziemlich hohen Ebene arbeitete. Ich kann also nur erzählen, was mir möglich ist.

Jutta Rabe: Aber die *New York Times* hat doch schon darüber berichtet.

Ain Seppik: Die *New York Times* darf das sagen. Die machen gute Arbeit.

Ich muss betonen, dass es bisher keinen eindeutigen Beweis dafür gibt, dass die beschriebene Ladung tatsächlich an Bord war. Es gibt aber ein Überwachungsvideo vom estnischen Zoll, auf dem klar erkennbar ist, dass zwei Lkws verladen werden, mit deren Ladung etwas Besonderes los sein muss. Sie hatten nämlich eine US-Militäreskorte. Doch das sagt natürlich noch nichts über die Ladung der Lkws aus. Andererseits ist aber die Tatsache, dass die schwedische Regierung die ESTONIA unter Beton begraben wollte, meiner Ansicht nach das stärkste Indiz für die Richtigkeit der Angaben. Und so erklärt sich auch das massive Abblocken der schwedischen Regierung, sobald es um eine neue Untersuchung im Fall ESTONIA geht, das Tauchverbotsgesetz, die peinlich-nachlässigen Ermittlungen der JAIC und letztlich das politische Verhalten der Länder Schweden, Finnland und Estland insgesamt. Nur wenn diese Länder etwas von solch einem politisch brisanten Ausmaß zu verbergen haben, müssen sie unter allen Umständen verhindern, dass die Wahrheit ans Tageslicht kommt, oder, um eine anonyme warnende Stimme zu zitieren, die mit Nachdruck die Einstellung der Nachforschungen forderte:

»...was den Fall ESTONIA betrifft, so habe ich das Gefühl, dass selbiger inzwischen eine brisante politische Dimension erreicht hat. Ratio und Gerechtigkeit bleiben spätestens da auf der Strecke, wo übergeordnete nationale Interessen auch mittels krimineller Machenschaften gewahrt werden müssen. Dies geschieht vor allem dann, wenn Supermächte wie die USA und Russland involviert sind.

So deutlich sich der wahre Sachverhalt abzeichnet, so sehr wird [...] zum Michael Kohlhaas, wenn sie sich mit den Großen dieser Welt anlegen will. Doch wie heißt es bekanntlich: Was nicht sein soll, darf eben nicht sein! Man muss vor allem aufpassen, dass der Jäger letzten Endes nicht zum Gejagten wird...«[1]

Interessant und bemerkenswert ist auch, dass die estnische Regierung sofort nach dem ESTONIA-Untergang eine Kontrollkommission für den Export von strategischen Gütern etablierte, die bereits am 1. November 1994 Folgendes veröffentlichte:

»ZUR SOFORTIGEN VERÖFFENTLICHUNG   1. November 1994
Nr. 216-E

ESTNISCHE KONTROLLKOMMISSION FÜR DEN EXPORT STRATEGISCHER GÜTER NIMMT IHRE ARBEIT AUF

Seit dem 1. November verlangen die estnischen Grenzbewacher die Vorlage einer Exportlizenz für Strategische Güter, inklusive Waffen und Munition, Güter in Verbindung mit biologischen und chemischen Waffen sowie nuklearem und nuklear-ähnlichem Material und der entsprechenden Technologie.

Wie von der Regierung angeordnet (5. Juni 1994), traf sich die ESTONIAN STRATEGIC GOODS EXPORT CONTROL COMMISSION am 31. Oktober das erste Mal. Diese Kommission operiert unter dem Gesetz für Strategische Güter Export und Transit.

Die Kontrollkommission für den Export Strategischer Güter, die sich zusammensetzt aus Repräsentanten des Zolls, des Außenministeriums, des Verteidigungsministeriums, des Wirtschaftsministeriums und des Innenministeriums, wird ihre jeweiligen Entscheidungen im Einvernehmen treffen.

Eine Regierungsentscheidung vom 5. Oktober 1994 bestätigte die Regularien der Kontrollkommission für den Export von Strategischen Gütern und eine Liste solcher Güter.

---

1 Der komplette Brief liegt in meinem Archiv.

Anträge für Exportlizenzen können beim Außenministerium gestellt werden.

Presse- und Informationsamt
des estnischen Außenministeriums«

Doch dass ausschließlich die Ladung den Hintergrund zum Versenken der ESTONIA bilden sollte, halte ich für unlogisch, denn wäre es nur darum gegangen zu verhindern, dass die amerikanischen Einkäufer in den Besitz der Weltraumwaffen gelangen, dann hätte auch ein Überfallkommando an Land den Transport angreifen können. Offenbar wollten die Attentäter aber mehr erreichen.

Politik und Geheimdienste – oder die etwas andere Fortsetzung eines alten Spiels

Um die möglichen Hintergründe eines Attentats zu verstehen und das Ausmaß der mannigfaltigen Verflechtungen erfassen zu können, muss man sich noch einmal die politische Situation von 1994 ins Gedächtnis rufen und gleichzeitig alle neuen Erkenntnisse über einen international handelnden Terrorismus einbeziehen. Nach dem Fall der Berliner Mauer und dem nachfolgenden Fall des Sowjetreiches war die Welt im Umbruch. Der Kalte Krieg schien zu Ende, die Landkarten wurden neu gezeichnet, neue politische Parteien und Führer meldeten sich zu Wort, und für die westlichen Länder öffneten sich neue Märkte und Chancen. Jointventures und Firmen mit einem westlichen und einem östlichen Partner schossen wie Pilze aus dem Boden, Gesetze und Vorschriften gab es so gut wie gar nicht in dieser neuen postkommunistischen Welt, und schon gar niemanden, der sie hätte überwachen können. Kurzum: Es herrschte eine Stimmung wie im Wilden Westen, nur dass es diesmal geografisch der Osten war. Doch die meisten Menschen standen diesen Wandlungen positiv gegenüber, hegten große Hoffnungen auf eine neue Freiheit, auf Demokratie und auch auf den privaten Anteil am Reichtum des Westens. Aber in dieser Atmosphäre des allgemeinen Aufbruchs gab es auch Gruppen, die mit der Art und Weise, mit der Boris Jelzin das Land an die freie Marktwirtschaft heranführte, gar nicht einverstanden waren. Besonders die Hardliner unter seinen Kritikern und Gegenspielern warfen Jelzin vor, dass er einen Ausverkauf des ehemals so stolzen und erfolgreichen Sowjetreiches betreibe und dass Korruption und die Mafia sich allenthalben ausbreiteten.[1] In der Tat war es so, dass insbesondere Militärangehörige auf der Ebene der Generalität im großen Stil kriminelle Machenschaften abwickelten.[2] Eine wie auch immer geartete Strafverfolgung hatte die schnell wachsende Generalsmafia nicht zu befürchten, denn ganz offensichtlich fehlte es an jedem Konzept, wie man kriminellen Aktivitäten begegnen sollte. In dieser Zeit entwickelte sich sogar ein spezieller Ausdruck fort, der für diese Art von Mafia früher nur benutzt wurde, wenn sich die »Paten« zu respektablen Persönlichkeiten des öffentlichen Lebens entwickelt hatten. Nun aber wurde dieser Ausdruck auch auf die Generalsmafia erweitert: »vor v zakone« was so viel heißt wie »Verbrecher im Gesetz/vom Staat geschützt handelnd«. Vieles drehte sich um den illegalen Verkauf und Schmuggel von Gütern: Waffen, Drogen, Alkohol, Bodenschätze, wertvolle Metalle, Nuklearmaterial, die Palette war umfangreich. Tallinn, das vor 1991 zusammen mit Lettland und Litauen zur Sowjetunion gehört hatte, wurde wegen der Fähren nach Finnland und Schweden zu einem der wichtigsten Umschlagplätze. Etwa acht verschiedene Mafia-Clans betrieben in den Jahren 1992/93/94 hier ihre Geschäfte, so sagte mir Ain Seppik, der ehemalige Polizeichef. Alle diese Clans hatten russische »Paten«, einige davon waren ehemalige russische Militärs, und nur wenige bedienten sich estnischer »Mitarbeiter«.

Die estnische Polizei war in diesen Jahren laut Ain Seppik weder besonders gut organisiert noch ausgerüstet und von einer internationalen Zusammenarbeit mit den Polizeibehörden der westlichen Nachbarn weit entfernt. Alles in allem also ein idealer Tummelplatz für kriminelles Treiben in jeder Couleur.

Gleichzeitig liefen aber auch die politischen Bemühungen Estlands auf Hochtouren, um die ungeliebte russische Armee loszuwerden, die immer-

---

1 Detaillierte Fakten finden sich im Spiegel Nr. 16/1996, in dem viele Beispiele für die Polit- und Militärmafia-Strukturen Russlands benannt werden.

2 In diesem Zusammenhang möchte ich auf eine Panorama-Sendung des NDR hinweisen, in der ich in einem sehr ausführlichen Bericht mit dem Titel: »Die Generalsmafia« die kriminellen Aktivitäten der russischen Armee und insbesondere der Generalität nachgewiesen habe (9.2.1995).

hin noch 130.000 russische Soldaten und rund 500 Militärbasen in Estland unterhielt, darunter einige mit nuklearen Gefechtsvorrichtungen inklusive der Atom-U-Boot-Basis in Paldiski. Estland wollte am liebsten sofort ins westliche Verteidigungslager NATO aufgenommen werden, damit den Russen gar keine Chance blieb, darüber nachzudenken, wie man die kleine Republik nach ihrer Unabhängigkeitserklärung von 1991 wieder zurückholen könnte. Auch der Westen, und hier sogar Bill Clinton persönlich, setzte sich für den schnellen Truppenabzug aus den drei baltischen Ländern ein, doch Jelzin zögerte, so lange es ging, die Zusage hinaus. Am liebsten wollte er einen Truppenabzug seiner Armee ganz verhindern. Ganz besonders verärgerte Jelzin, dass die baltischen Länder bereits einen Antrag auf NATO-Mitgliedschaft gestellt hatten, den der Westen, allen voran die USA natürlich, begrüßte, denn auch für die NATO waren die baltischen Länder strategisch von Bedeutung. Gespräche wurden geführt, und viele politische Aktivitäten gingen in Vorbereitung. Und so unterschrieb Jelzin erst am 26. Juli 1994 auf ganz massiven politischen Druck des Westens das Truppenabzugsabkommen für Estland. Damit verpflichteten sich die Russen, ihre Truppen bis zum 31. August 1994 aus Estland endgültig abzuziehen.

Eine wichtige Rolle in der damaligen estnischen Militärpolitik spielte dabei General Aleksander Einseln. 1931 in Estland geboren, war er als Jugendlicher mit seinen Eltern nach Amerika ausgewandert. Dort hatte er die militärische Laufbahn gewählt und in Korea und Vietnam gekämpft. Er brachte es in den USA bis zum Colonel und war für die USA auch im NATO-Hauptquartier in Brüssel tätig. Dann allerdings entdeckte er nach Estlands Unabhängigkeitserklärung ein »spätpatriotisches« Gefühl, das ihn in seine alte Heimat drängte. Innerhalb weniger Wochen ernannte man ihn zum Oberbefehlshaber der estnischen Armee (1993), und als solcher fungierte er bis Anfang 1995.

Ein hochrangiger deutscher Militärangehöriger hatte mit Einseln am Nachmittag des 28.9.1994 ein Treffen in seinem Büro in Tallinn. Dieser Besuch hatte nichts mit dem ESTONIA-Untergang zu tun, sondern bewegte sich im Rahmen der üblichen Routine der Militärs untereinander. Doch an diesem Tag wurde der Besuch für den Deutschen zu etwas Besonderem, denn Einseln empfing ihn mit den Worten: »...Dieser Anschlag galt uns.«[1] General Einseln verfügte also offenbar bereits wenige Stunden nach dem Untergang der Passagierfähre über die Information, dass es sich um einen

---

1 Der Name des Informanten wird auf dessen ausdrücklichen Wunsch nicht genannt.

Anschlag gehandelt hatte. Eine Erklärung, was er mit »uns« gemeint hat, gab er nicht, und er lehnte im Mai 2001, als ich ihn um ein Interview bat, jede Befragung ab.

Ich kann also nur mutmaßen: Hatte er »uns«, die Esten, oder »uns«, die estnische Armee, oder »uns«, den Westen schlechthin, oder »uns«, die Amerikaner, gemeint? Welcher Interpretation man auch folgen möchte, interessant ist, dass Einseln offenbar einen politischen oder militärischen Hintergrund im Zusammenhang mit dem Untergang der Estonia sah. Und auch bei der NATO muss der Untergang der Estonia Bestürzung ausgelöst haben, denn »zufällig« war es genau der Tag, an dem die Seestreitkräfte der NATO »SACLANT«, ihr erstes gemeinsames Seemanöver zusammen mit den baltischen Marinekräften am Skagerrak starteten.

Doch es gibt weitere Gründe, die einen Anschlag mit politischem Hintergrund wahrscheinlich machen. In engem Zusammenhang damit stand der frühere Oberbefehlshaber der russischen Armee im Baltikum, General Djochar Dudajew, der Tschetschene, der später im ersten tschetschenischen Konflikt mit Russland eine wichtige Rolle spielte.

Er hatte in diesen politisch instabilen Zeiten sehr schnell erkannt, dass man über Tallinn eine erstklassige Transportroute für Drogen aufbauen konnte, und machte mit seinen Organisationen kräftig Gebrauch davon. Einer dieser Schmuggelwege ging über die Ostsee und nutzte die Estonia. Dudajew hatte eine gute Finanzierungsmöglichkeit für den Krieg Tschetscheniens gegen Russland gefunden.

Doch natürlich war das dem russischen Geheimdienst nicht verborgen geblieben. Zieht man die beschriebenen Umstände und die zeitlichen Zusammenhänge in Betracht, wird deutlich, dass es viele politische Hintergründe gab, die einen Anschlag von russischer Seite auf die Estonia motivierten. Mehrere Fliegen ließen sich so mit einer Klappe schlagen: Die estnischen Politiker würden die Warnung verstehen, die in Richtung NATO-Bemühungen ging, und man zerschlug, zumindest für eine Weile, einen wichtigen Schmuggelkorridor. Und schließlich verhinderte man auch noch elegant und unauffällig, dass die Amerikaner ihre Ladung Hightech-Waffen und Ausrüstung erhielten. Gleichzeitig konnten die Russen fast sicher sein, dass keiner aus dem Westen es wagen würde, sie als Attentäter zu beschuldigen, denn dann hätte der Westen eine Konfrontation und womöglich einen Rückfall in die Zeit des Kalten Krieges riskiert. Außerdem hätten die Amerikaner ihr »Interesse« an den Weltraumwaffen erklären müssen und die Schweden ihre Transporthilfe.

Ein perfekter Coup, wie ihn nur Geheimdienste durchzuführen verstehen oder Gruppierungen, die ehemalige Geheimdienstler zu ihren Mitgliedern zählen, wie die Netzwerke von Terroristen gleich welcher Herkunft und Motivation.

Natürlich lassen sich Geheimdienste weder auflösen noch beseitigen. Wer annimmt, mit dem Ende der Sowjetunion und der offiziellen Auflösung des KGB hätte der russische Geheimdienst aufgehört zu existieren, erkennt einfach nicht, dass solche Institutionen immer wieder Möglichkeiten für ihre eigene Erhaltung finden. Sie sind wie Unkraut. Reißt man sie an einer Stelle aus, wachsen sie an einer anderen ganz prächtig wieder nach.

Um die diversen offiziellen und inoffiziellen Aktionen der ebenfalls diversen russischen Geheimdienste zu verstehen, muss man sich auch noch einmal zurückbegeben zum Anfang der 90er-Jahre. Nach dem Ende der Sowjetunion hatte Boris Jelzin den KGB aufgelöst. Nicht etwa, weil er vorhatte, auf seinen Geheimdienst zu verzichten, er wollte sich nur der sehr verbiesterten Sowjetkader entledigen. Außerdem wollte er verhindern, dass diese gewachsenen Strukturen ihn selber wieder zu Fall bringen könnten. So gründete er eine Nachfolgeorganisation, den MSB (später diverse Male umbenannt und heute unter FSB – Bundessicherheitsdienst der Russischen Föderation bekannt). Dorthin wurden nur die Mitarbeiter des KGB übernommen, die Jelzin freundlich gesonnen waren. Das führte dazu, dass im Jahr 1991 im berüchtigten Moskauer Lubjanka-Gebäude, dem Hauptquartier des KGB, und natürlich seinen sämtlichen Außenstellen die Angst umging. Auch Agenten werden nicht gerne arbeitslos. Also stellten viele der Mitarbeiter ihre Fähnchen auf »Jelzin-freundlich«, obwohl sie eigentlich überhaupt nicht mit seiner Politik einverstanden waren. Es gärte fortan im Untergrund, und schon bald formierte sich die geheime Gruppe namens Felix, benannt nach dem Gründer des KGB, der in Polen geboren worden war, als es noch zum Großreich Russland gehörte (1877–1926). Diese Gruppe bestand (und in Teilen besteht sie immer noch) aus aktiven MSB-Offizieren und Agenten und Mitgliedern des militärischen Abschirmdienstes Russlands.

Dazu gehörte auch Igor Kristapovits. Er hatte im Jahre 1992 eine private Sicherheitsfirma in Tallinn mitbegründet, der später diverse Abhöraffären nachgewiesen wurden. Er war also ein Abhörspezialist. Und mehr. Er hatte als stellvertretender Zollchef sofort nach dem Untergang der Fähre die Zoll-Überwachungsvideos konfisziert, auf denen die Beladung der ESTONIA aufgezeichnet worden war. Und dies aus gutem Grund, denn allzu deutlich, so konnte ich später selbst in Augenschein nehmen, ist auf diesen Bändern erkennbar, dass Männer in amerikanischen Uniformen einige der Lkws bis zur Verladung begleiteten.

Drei Wochen nach dem Untergang der ESTONIA wurde er erschossen, in Tallinn, direkt vor seiner Wohnung, durch zwei Genickschüsse, die aus einer Pistole der estnischen Armee abgefeuert wurden. Obwohl das Kaliber nicht so selten ist, lässt sich doch eindeutig herleiten, dass die Tatwaffe der estnischen Armee zuzuordnen ist, denn die ursprünglichen Schalldämpfer passten auf einige neue Waffen nicht ganz präzise. Deshalb weist die Munition, die im Fall Kristapovits von einer Pistole mit Schalldämpfer abgeschossen wurde, ganz bestimmte Merkmale auf, die sich eindeutig identifizieren lassen.[1]

Welchen Grund die offensichtliche Hinrichtung hatte, und wer die Mörder waren, bleibt unklar. Fakt aber ist, dass die Polizei ebenso wie in Sachen ESTONIA so gut wie nichts unternommen hat, um den Fall aufzuklären oder wenigstens zu untersuchen, ob zwischen der Ermordung und dem Untergang der ESTONIA ein Zusammenhang besteht.

In Schweden gehört es zum Demokratieverständnis, dass Dokumente, die einen Vorgang von öffentlichem Interesse betreffen, der Bevölkerung und jedem anderen Interessierten frei zugänglich sind. Davon ausgeschlossen sind unter besonderen Umständen Dokumente in einem schwebenden Verfahren oder Papiere, die mit einem »Geheim«-Vermerk gestempelt worden sind. Bei diesen Geheimdokumenten unterscheidet man zwischen einer niedrigen und einer höheren Geheimhaltungsstufe. Darüber hinaus gibt es dann allerdings noch Dokumente, die »TOP SECRET« sind und deshalb auch niemals öffentlich zugänglich gemacht werden.

Im Falle ESTONIA sollen im schwedischen Außenministerium 500 solcher »TOP SECRET«-Dokumente liegen. Die weniger geheimen Papiere wurden aber aufgrund eines Parlamentsbeschlusses im Herbst 2000 zugänglich gemacht, und bei Durchsicht dieser Unterlagen finden sich einige hochinteressante Dokumente. So z. B. ein Schreiben der schwedischen Botschaft in Tallinn aus den ersten Tagen nach dem Untergang, in dem klar formuliert wird, dass es eine Katastrophe für Estland wäre, wenn bekannt würde, dass entweder ein Versagen der Crew oder, noch schlimmer, Fremdeinwirkung den Untergang verursacht hätte.

Außerdem befinden sich zahlreiche Schreiben an die Regierungen der übrigen EU-Länder und Russland mit der Aufforderung, dem Gesetz

---

1 Als ich in Tallinn Einsicht in die Ermittlungsakte Kristapovits erhielt, machte ich den zuständigen Ermittler auf diese Tatsache aufmerksam. Mit bloßem Auge waren auf den Fotos der Kugeln, die man in einem Labor untersucht hatte, alle Merkmale erkennbar. Doch der Beamte interessierte sich nicht sonderlich für diese Tatsache, denn man hatte den Fall schon zu den Akten gelegt. Der Mord wurde bis heute nicht aufgeklärt.

Igor Kristapovits.

zum Grabfrieden beizutreten. Russland folgte dieser Aufforderung am 25.1.2000 ohne erkennbare Notwendigkeit, während Deutschland trotz mehrfacher Aufforderung bis heute nicht beitrat.

Doch das interessanteste Dokument ist ein offizielles Schreiben der schwedischen Regierung an Irland, dessen Regierung angefragt hatte, wem das Wrack der ESTONIA gehöre.

Eigentlich war man davon ausgegangen, dass das Wrack Schweden gehöre, aber dieses Papier gibt der irischen Botschaft klar zu erkennen, dass man das Wrack als »herrenlos« betrachten dürfe, da die Reederei ihre Eigentumsrechte zu Gunsten der schwedischen Regierung aufgegeben hatte, die Versicherung Skuld ebenso, die schwedische Regierung aber nie in einem juristischen Akt in diese Eigentumsrechte eingetreten ist. Warum dies nicht geschehen ist, obwohl sich die Schweden doch ansonsten zum absoluten Wortführer in Sachen ESTONIA gemacht hatten, bleibt unerklärt.

Dieser Sachverhalt mag letztlich relativ unerheblich sein, aber er ist in einem Punkt sehr wichtig: Jeder, der zum ESTONIA-Wrack taucht und Teile des Schiffes an sich nimmt, macht sich nicht wegen eines Diebstahldeliktes strafbar, denn das Wrack ist »herrenlos«, gehört also niemandem.

Wie geht es weiter?

Es wäre schlimm, wenn der Fall ESTONIA unaufgeklärt bliebe, weil dann ein Stück der Rechtssicherheit, auf die sich die Demokratien unserer gesamten westlichen Welt stützen, ad absurdum geführt werden würde. Regierungen sollten niemals mit einem Cover-up davonkommen, und diejenigen, die zur Versenkung des Schiffes beigetragen haben, sollten zur Verantwortung gezogen werden.

Politiker und Beamte haben bisher verhindert, dass eine sachliche Aufklärung des Unterganges der Ostseefähre ESTONIA durchgeführt wurde. Unterschiedlichste Interessen sind dafür verantwortlich, doch ist dies ohne Gewicht, wenn es darum geht, den Angehörigen der Toten und der Öffentlichkeit die Wahrheit zu offenbaren.

Die Versäumnisse könnten wieder gutgemacht werden durch eine neue Untersuchung, die von einem wirklich unabhängigen Gremium durchgeführt werden sollte. Aber dazu wird Mut notwendig sein. Vor allem Mut der Politiker, auch von Polizei und Staatsanwaltschaft, von Beamten und Journalisten, die die Aufklärung des Falles als eine Herausforderung ansehen müssten und nicht als eine Belastung ihrer Karriere. Mut auch von den Verbänden der Angehörigen, die sich nicht mit laschen Erklärungen zufrieden geben dürften. Mut auch von der Meyer-Werft, die zwar in einer beispiellosen Untersuchungsarbeit etliche Fakten ans Tageslicht gebracht hat, aber bei der Durchsetzung ihrer Interessen gegen die schwedische Regierung noch nicht deutlich genug die Zähne gezeigt hat.

Am 22.12.2000 habe ich zusammen mit zwei deutschen Familien, die Opfer beim Untergang der ESTONIA zu beklagen hatten, Strafanzeige bei der deutschen Staatsanwaltschaft gestellt. Die Anzeige lautete:
»Strafanzeige gegen Unbekannt wegen Mordes an über 850 Menschen.« Vielleicht wird sich auf diese Weise eine neue Untersuchung herbeiführen lassen.

Am 23. August 2001 war ich noch einmal mit Tauchern bei der ESTONIA und habe ein Spruchband am Wrack anbringen lassen. Es darf nicht in Vergessenheit geraten, dass der Fall noch immer nicht geklärt und die Opfer noch nicht geborgen sind.

Dieses Gedenkbanner wurde im August 2001 am Bug des Wracks der ESTONIA von Tauchern befestigt: Jindra Böhm (links), Jutta Rabe.

Zum Gedenken
an mehr als 850 unschuldige Opfer,
unvergessen von den Menschen,
aber verlassen von ihren Ländern
Schweden, Finnland, Estland,
die die Wahrheit verbergen und
sich weigern, die Schuldigen zu finden.

Danksagung

Ich möchte mich ganz herzlich bei der deutschen Expertengruppe und der Meyer-Werft, besonders bei Kapitän Werner Hummel und Rechtsanwalt Dr. Peter Holtappels dafür bedanken, dass mir stets in einer offenen und freundlichen Atmosphäre Einsicht in sämtliche verfügbaren Unterlagen und Dokumente gewährt wurde.

Auch möchte ich den Experten und Sachverständigen Martin Volk, Brian Braidwood, Dr. Michael Edwards sowie Prof. Dr. Volkmar Neubert danken, die mich mit ihrer großen Sachkenntnis unterstützt und beraten haben.

Weiterer Dank für wertvolle Hinweise und Informationen geht an Rechtsanwalt Henning Witte, an meinen schwedischen Journalistenkollegen Knut Carlqwist und den unermüdlichen Schifffahrtsexperten Anders Björkman.

Mein Dank geht auch an die Taucher Jakob Olschewski, Jindra Böhm, Ivan Kovar, Mario Weisensee, Moritz Scheibler, Slawomir Packo, Hubert Hubal, Thomas Leidenberger und Götz Kratzer, die so uneigennützig bereit waren, zur Wahrheitsfindung beizutragen, sowie an meinen »Schutzengel« Andreas Stutz, der mir immer zur rechten Zeit bei den Tauchaktionen zur Seite stand.

Schließlich möchte ich noch allen danken, die mir geholfen haben, dass dieses Buch die richtige Form bekommt. Dazu gehören das ganze Büroteam meiner Firma, alle Übersetzer, die sämtliche Passagen bearbeitet haben, die nicht gesondert ausgewiesen sind. Aus dem Estnischen: Ene Moldau und Hille Kallas; aus dem Schwedischen und Finnischen: Kaj Holmberg. [Die Übersetzungen aus dem Englischen stammen von Jutta Rabe; der Verlag.] Ich danke meiner ausgesprochen gut beratenden Lektorin.

Ein Dank aus tiefstem Herzen geht an Kaj Holmberg für all sein Engagement, das nicht nur in dieses Buch eingeflossen ist, sondern vielmehr die Grundlage dafür war, dass ich in dem Fall jahrelang recherchieren konnte.

Und mein letzter Dank geht an meinen Sohn Henrik, der wochen-, ja monatelang auf seinen Computer verzichten musste und mich trotzdem noch unterstützt und darin bestärkt hat, dass dieses Buch geschrieben wurde.